上海市人文社科基地华东政法大学外国法与比较法研究院建设项目
国家重点学科华东政法大学法律史学科建设项目
中国法学会部级项目“自贡盐井份额权研究”(CLS2015D018)

比较法文丛
何勤华 主编
38

自贡盐业契约研究

徐文 著

法律出版社
LAW PRESS·CHINA

谨以此书献给我的父亲徐云峰先生、母亲贾敏女士

总　序

自1978年改革开放以来，我国在外国法或西方法的研究方面取得了重大成就。这方面的系列丛书可谓琳琅满目，其中，影响较大的有：商务印书馆的“汉译世界学术名著丛书”（法学部分，1981年）及“法学译丛”（2004年）、中国大百科全书出版社的“外国法律文库”（1991年）、中国政法大学出版社的“当代法学名著译丛”（1990年）及“美国法律文库”（2001年）、北京大学出版社的“比较法学丛书”（1998年）、中国法制出版社的“西方法哲学文库”（2001年）、清华大学出版社的“比较法学丛书”（2001年）、上海人民出版社的“世界法学名著译丛”（2001年）、北京大学出版社的“外国法与比较法文库”（2008年），等等。

然而，在上述众多的系列丛书中，真正冠以“比较法”字样的丛书还不是很多。的确，在20世纪80年代到90年代，我国也先后出版了诸如：茨威格特和克茨的《比较法总论》（贵州人民出版社1992年版）、勒内·达维德的《当代主要法律体系》（上海译文出版社1984年版）、梅利曼的《大陆法系》（知识出版社1984年版）、大木雅夫的《比较法》（法律出版社1999年版）等比较法方面的经典。但是，出版这些著作大多都是当时一种零星的、偶尔的出版行为，并非系统策划的比较法系列丛书。

众所周知，21世纪的中国已步入法制建设的攻坚阶段。今后,对于外国法的吸收、借鉴和移植将是我国一项大量的、经常性的任务。要顺利完成这一任务,离不开发达的比较法研究。而当下我国比较法著作缺乏出版途径的现状已严重制约了比较法研究的繁荣和发展。因此,加强比较法方面的研究和出版,成为我国学界和出版界一项刻不容缓的工作。

鉴于此,法律出版社高瞻远瞩,勇挑重担,与华东政法大学共同策划、出版一套《比较法文丛》,以期为我国比较法的研究和出版开辟一个新的途径。本文丛以扶植中青年学者,尤其是法学博士、博士后,为这些法学新秀提供一个出版的平台为目的。为此,特选择一批国内最新且富有特色的比较法著作进行出版,同时,也可容纳部分纯粹的外国法方面的译著、专著。

本文丛的主要原则和特色是:在百花齐放、百家争鸣的前提下,坚持质量第一,宁缺毋滥,不定期出版的原则。具体将体现为以下三点特色:第一,本文丛的著作,应属国内学术界没有涉及的课题,具有填补法学研究空白的特色;第二,本文丛的著作,应是国内学术界都很感兴趣,但还没有系统研究或未及时挖掘的课题;第三,本文丛的著作,应具有比较高的文献史料价值,能为学术界进一步研究提供基础性的资料。我相信,《比较法文丛》的出版,一定会为我国比较法研究的进步与发展作出新的贡献。

本文丛的出版,得到了法律出版社沈小英分社长的全力支持和帮助,也得到了华东政法大学外国法与比较法研究院的建设经费资助。在此,特表示诚挚的谢意。

何勤华

于华政人可居

2010年9月19日

序　自贡区域近代化的法律生成与文化输出

1998年由传统语言文字学转攻法学，深感自贡盐业契约文化之重要；但囿于时间与文献，难以进行研究。后希望研究生中有弟子能致力此项研究并有所发明，但多疑于学科疆界，担心学位论文偏离民商法，此项研究只能搁浅。

2011年年底经朋友介绍，率领硕士、博士研究生前往自贡，拜会中国盐文化研究中心主任曾凡英教授及自贡盐业历史博物馆馆长、副馆长黄建、程龙刚诸先生，商讨共同申报国家社科基金重大项目，蒙各位先生谬赏，达成共识，赠书、参观之外，特邀品尝盐帮菜，把酒言欢，喜不自胜。嗣后，国家社科基金重大项目失于眉睫之间，所幸弟子中终于有数位选择“盐业契约”为论文题目，即便负笈英伦、美国，亦苦读契约不辍，足慰于心。

徐文博士其时刚读博一，积极回应，愿以自贡盐业契约作为博士学位论文选题。嗣后背负契约选辑远赴英伦杜伦大学求学，孜孜矻矻，捡校档案，还得完成杜伦的学业，柔弱红妆不畏青灯黄卷，于今时韩风美雨之博士生群体中，实属罕见。归国以后，又以坚韧意志写就宏文，长达40万余字，单论其用功之勤，已称难能。

自贡盐业契约档案目前与巴山煤档和南部县衙档案可称三座富矿，但其档案卷帙浩繁，所涉领域亦绝非现今单一学科所能涵摄。几经商量，建议徐文博士选择盐业契约制度进行研究，旁涉盐业契约文化生成与传输路径。

随着中国综合国力的增长，中国社会也面临着艰难的世纪转型。契约理念与诚信价值的双重缺失引致中国改革举步维艰。公与私、官与民、价值与科技方面的矛盾激增，垄断、腐败、纯功利考量不仅诱发了长时段、大面积社会矛盾，也内在地限制了中国进一步的纵深、平稳发展。

当此之际，契约精神的培育与契约文化的弘扬远比资本、技术与管理水平更形峻切。而滋生于中国传统社会与文化背景下的契约文化不仅在内在信念、外在行为范式上形成了本土化的静态价值目标体系与动态社会结构，更演绎成为一种举世闻名、卓有成效的时代性成就与可观可感、可贵可亲的精神积淀。基于信任、荣誉、利益而构筑的集合性契约文化外在促进了社会经济的跨越式发展，内在凝聚了人心，积聚了资本。此前之相关区域文化如晋商文化、徽商文化，甚至各类行帮文化的研究无一例外地显示了中国传统固有文化的深邃底蕴及其强大的调控力量。

自贡盐业契约文化代表了中国19世纪的辉煌与荣光。盐业契约文化所孕育的自贡盐场及其资本集团，其实力、盛名、恩荣深达清廷中枢，外及各国考察团、探险队。但个人以为，自贡盐业契约最大的成功即在于推动了自贡盐业区的区域近代化进程，不仅成就了“中国独一无二的”、“巨大的贸易中心”（弗吉尔·哈特《自流井考察记》）和“19世纪中叶中国最大的手工业工场”和“最大的手工资本集团”（许涤新、吴承明主编《中国资本主义发展史》），还产生了世界上第一张股票，形成了完善的议事会制度，有力回击了西方中心论的各种价值立场和判断标准，矫正了国外学界、政界、文化界对中国社会发展及其制度创新力领域的偏见、谬论。就技术层面而论，以契约精神激励开创的凿井技术，使自贡盐商于1835年在无所谓西方先进技术影响下即开凿出世界上最深的千米盐井[约合3300英尺（1005.84米）同期，美国Pennsylvania最深钻井纪录为69.5英尺（21.1836米）]，被西方学者称为中国继四大发明之后的第五大发明（one of ancient China's greatest innovations—comparable to their inventions of paper, printing, gunpowder and compasses）；就社会经济发展层面而论，在远离西方影响的四川内陆，自贡盐商凭借契约文化与市场调控，无须政府介入，仅依靠创新技术，积聚资本，组建行帮等措施，即创建了辉煌的盐业文明。美国伊利诺伊州州立大学Lane. J. Harris教授对此惊叹不已，认为自贡盐业契约文化所铸就的商业经济发展模式挑战了西方主流文化对中国传统社会经济的诸多偏见，如缺乏现代银行系统、缺乏商业立法、官方过分榨取，传统儒家轻商，等等（challenges long-held beliefs that social structure, state extraction, the absence of modern banking, and cultural bias against business precluded industrial development in China)。

自贡盐业文化区创设的“契约 + 市场”模式不仅消解了太平天国运动带来的负面影响力，亦阻却了日本“盐遮断”的战略野心，其历史功绩自有专论，单就契约文化研究层面而言，目前尚存在规模小、影响力弱、史料征引片面、方法论陈旧等问题，徐文博士的论文无论是价值提升，还是制度还原，甚或是方法论更新，都称得上是全新之作。

博士论文答辩期间，有质疑，有争论，但最高人民法院杜万华专委和中国人民大学张新宝教授从选题立论到方法论创新，都给予极高评价和中肯建议。适逢所收录文丛由授业恩师何勤华教授董理其事，于学界辈分而论，算得上是三世同堂，中心欣悦，拉杂数语，记缘记幸！

是为序。

刘云生 *

2016 年 3 月 22 日　重庆　排云轩

* 西南政法大学民商法学院教授、博士研究生导师，法学博士，法史学博士后。

Contents

目录

引 论

一、选题背景

(一)选取契约领域之原因

契约是一个令人着迷的词汇。美国著名法学家安·比尔斯曾经在《魔鬼辞典》中作这样的评述:契约本应当是善良的人们彼此之间签署的,却受到邪恶的人们的追捧和喜爱。[①] 如此矛盾,皆因契约是一个中性的词汇、不偏不倚的载体,它可以为善良的人们所用,体现诚实信用,互利互惠;也可以被不良居心的人们利用,体现恶意欺诈,损人利己。契约几乎覆盖人类生活的整个过程,人穷尽一生也不过是陆续地履行对他人的契约义务以及享受自己对他人的契约权利。人类社会几乎全部行为都可以用契约行为来解释,因为人是社会动物,要生存就要相互依赖,要相互依赖就要相互交换,在合意的基础上达成利益共享。社会转型是社会经济结构、文化形态、价值观念等方面的深刻变化:社会经济结构与人民物质生活水平密切相关;文化形态与人民精神生活水平相连;价值观念则与人民价值观息息相关。因此,要发掘社会转型的切入点,还须从人民生活的构成因素着手。传统契约便是本书所发掘的切入点。

---

① 俞肖云:"契约的效率",载《中国统计》2007年第9期。

（二）选取盐业契约领域之原因

盐业产业资金投入高、技术要求高、面临风险大、收益回报慢。且不论在井盐生产的各环节都有丰厚利润和巨大风险，在开凿盐井的过程中，有的盐商费时几年、耗银数万，即便倾家荡产也无法成功开凿盐井，而有的盐商则九死一生，在命悬一线时却又柳暗花明，始见卤水，从此财源滚滚。身处于19世纪与20世纪之交的盐业契约不仅是封建社会契约文化的集大成者——立约目的成熟、文本载体现代化、契约分类全面、契约格式完整，而且更体现出古代契约在向近现代契约转变过程中的纠结——在权利义务内容的约定上既具有近现代契约的不完全性、超自然经济性，在契约主体与契约履行上却又体现出古代契约的身份性和伦理性。譬如，盐业租佃契约和盐业借贷契约虽然在具体条款上与现代租赁合同和借款合同类似，却从对出佃人和借出人的过分保护上体现出社会资源分配的不均和身份等级制度的余威。盐业契约不仅见证了中国商人们从亲属和陌生人处筹措大量资本的能力，见证了契约主体从家族到个体的过渡，见证了契约文化对市民阶层形成和生长的助力，见证了大量习惯法的形成和系统化，更见证了中国近现代社会由身份向契约的艰难过渡。

（三）选取自贡盐业契约之原因

贡井不仅自然资源丰富，而且历史悠久，文化积淀颇丰。自贡盐业生产始于东汉章帝时期，到北周武帝时期，贡井的大公井和富顺的富世井同时著称于蜀国。虽贡井的生产力在明末清初时期由于频繁的战乱有所下降，但随着清政府鼓励盐业生产政策的实施，贡井的盐业生产迅速得到恢复，不仅凿井技术日臻完善，而且在生产模式、资金融通、管理技术等方面皆得到加强。自清乾隆时期始，贡井盐场已跨入手工工场阶段，咸丰三年（1853年）的川盐济楚更是将贡井的盐业生产推向顶峰，盐产量成倍增加，投资激增，分工越细，劳动力越多。自贡也因此成为中国的“盐都”。至民国初期，以自流井、贡井为主的自贡盐场已然成为中国最大的手工工场。经过2000余年的发展，贡井盐场已形成了在地质勘探、钻井采卤、输卤制盐、运输销售、机器制造、信息交流、质量检测等各方面较为完整的生产体系，虽然工序繁多，但分工细密且配合默契，在中国的手工工场中具有极强的典型性。[①] 在研究初期，笔者也曾经徘徊：是否研究同时间不同地域相同产业的发展情况并做类比更能反映盐业契约和盐业产业对社会转型的推动力？贺雪峰教授

---

① 尹华江著：《贡井盐业历史文化研究文集》，四川大学出版社2010年版，第180～181页。

在《村民组与农民行动的单位》一文中曾经提到,农民的行动单位是多元化的,譬如,核心家庭、联合家庭、户族、宗族、村民小组、行政村等,而多元化的行动单位在不同地域中所获得的认同感和效果是不同的。如果将不同地域的多元化行动单位相比较,可从整体上感知中国乡村社会的原貌。[①] 但是笔者随即意识到,虽然社会是广义的社会,社会转型也并非发生在一个区域中,但如果过于强调宏观的视野而硬将研究对象的范围扩大,会将每一个区域内生的独立而立体的社会演进过程割破,从而硬生生的拼凑起来当时的社会样态。尤其是在时间划定不精确的情况下,在空间层面展开横向比较研究会产生结果的不确定性。换言之,对社会转型影响因素的研究结果可能会缺乏说服力。而缩小视野范围,通过个案研究则更能将理论与实践相结合,更好的推导出影响社会转型的变量和常量,及二者之间存在之关系等。[②] 因此,笔者决定采取浅口深挖的方法,专注研究自贡地区盐业产业。

(四)选取清末时期之原因

在特权阶级盛行于同时期西方国家之时,中国社会并没有受到特权阶级的大范围影响。清朝时期,社会的等级性并不明显。社会群体构建基础呈多元化样态,除了以社会地位分类外,还有以家庭谱系、宗族血缘、出生籍贯和经济活动为聚集元素的社会群体。因此,19 世纪的清朝社会是一个和当时的英国社会程度相当的"开放社会"。[③] 架设于此历史背景下的盐业契约研究不仅能够还原当时社会各阶层对于契约文化的接受程度和运用程度,而且能够展示契约文化在摆脱身份性因素过程中所受到的挫折和取得的成绩。这不仅对确立契约文化在社会文化中的历史地位有益,而且对寻找现代社会转型路径亦有益。

二、研究价值

(一)厘清盐业契约体系

本书希望能够从法学的视角对盐业契约体系作梳理。盐业契约是在盐井的开发与流转过程中在地主、投资人、承首人之间基于合意缔结的,以盐井开凿、卤

---

① 贺雪峰:"村民组与农民行动单位",载《中国农史》2005 年第 4 期。

② 侯猛:"转型社会的乡村法律民族志:方法与对象",载《清华法律评论》2006 年第 1 期。

③ [荷]皮尔·弗里斯著:《从北京回望曼彻斯特:英国、工业革命和中国》,苗婧译,浙江大学出版社 2009 年版,第 63 页。

水开采、食盐冶炼为内容的，以买卖、租佃、借贷、合伙为形式的可执行的债的协议。它以盐业租佃契约、盐业合伙契约为主要形式，凝聚了大量的资本、资源、劳动力，见证了盐业产业的起步、挫折和繁荣。介于中国古代社会与近现代社会之间的盐业契约既具有近现代契约的不完全性、超自然经济性与先进性，亦具有古代契约的身份性和伦理性色彩；既体现出了古代契约的分工，诸如买卖契约、借贷契约、租佃契约，又体现出了近现代契约的革新，诸如自然资源开发契约、合伙契约、份额制经营契约等。具体来说，盐业契约可分为以下五大类：盐井开凿契约、盐业买卖契约、盐业租佃契约、盐业合伙契约、盐业借贷契约。其中，盐业买卖契约根据标的物的不同又可以分为井灶全业买卖契约、盐井买卖契约、井灶土地扫卖契约、基址道路买卖契约、机车买卖契约；盐业租佃契约可分为基址道路租佃契约、机车租佃契约、笕基租佃契约；盐业借贷契约可分为信用式抵押借贷契约和偿债式借贷契约。此外，盐业契约还具有规范交易主体、提供证据等功能。

（二）理解契约术语含义

盐业契约档案在阅读时容易引起术语理解上的困难，诸如"日份"、"火圈"、"锅份"、"推煎"、"红土"、"地脉日份"、"浮锅日份"、"客日份"、"承首人"、"上中下节"、"见功"、"进班"、"分班"、"伙内抬做"等。本书在附录二提供了盐业契约术语释义。

（三）明确盐业契约价值

本书希望通过研究自贡盐业契约为现代中国的社会转型提供借鉴价值。一方面，就转型变量之"人"而言，自贡盐业契约见证了盐商阶层如何形成并成为推动社会经济形态转型的中坚力量、如何通过共同体的缔结强化民众对平等和自由的追求，以及如何在同公权力的角力中取得优势并形成初级自治，更提示了我国在现当代社会环境下如何培育市民阶层，以及如何看待第一、第二、第三产业中市民阶层组成人员所应具有的共性与特色；另一方面，就转型变量之"物"而言，自贡盐业契约建立的盐文化圈不论是在农业产业结构转型上、农民职业转型上，还是在农业社会结构转型上都有值得现代农村社会转型借鉴之处：年限井开凿契约中所体现的土地所有权人和投资人之间建立的"客来起高楼、客走主人收"的原始建设—经营—转让（Build-Operate-Transfer，BOT）模式可为我国集体土地制度所借鉴，不仅有利于引进社会资本，也有利于避免集体资产流失；上中下节契约和承首人契约中体现的建立在租佃基础上的份额合作模式亦可为我国农用地制度改良所借鉴，不仅有利于明晰村集体和土地承包经营权人之间的平等合作关系，将土地承包经营权人从零碎化经营、自给自足式经营的困境中解脱出来，而且有利于通过股权的形态在村集体和农民之间建立土地财产性利益分享机制，促进“农村三结构”的转型；盐业契约缔约主体对身份依附性的突破以及土地所有权人在租佃式合伙中控制性地位的确立更可提示我国如何利用集体土地资产来强化村集体对农村经济发展的导向力。

（四）更正既有盐业契约研究误区

当前研究盐业契约的著述中最为全面记载盐业契约内容及类别的要以自贡市档案馆与北京经济学院合编的《自贡盐业契约档案选辑》为优。但囿于研究人员的专业知识，无不是从历史学与经济学的视角对契约档案进行分析，既未能对盐业契约的类别作准确认定，亦未能从契约内容上分析双方权利义务，造成了理解误区。最明显的误区有三：误将“买卖不破租赁”原则的运用当作盐业预卖契约；误将盐业租佃契约当作盐业预佃契约；未将抵押与典当两种不同的担保方式作区分。本书通过研究认为，如上误区都可得到澄清：其一，至于盐业预卖契约，只是误会一场，不仅标的物及所有权移转规则不符合预卖契约的特征，而且是对“买卖不破租赁”原则的忽视；其二，判断一份盐业契约是否是预佃契约的标准应当是“租赁物已经佃给他人”、“缔约双方之一是原佃约的出佃人”、“原佃约的出佃人在佃约还未到期之时与他人缔结另一份出佃约”且“双方约定在未来某个时间到来之后契约生效”；①其三，如果担保物属于抵押物，则契约中所展现的双方权利义务应当是——到期借款人无法偿还本利则由贷款人变卖抵押物并就变卖价款优先受偿，不足部分由债务人补足。如果担保物属于典当物，则契约中所展现的双方权利义务应当是——到期借款人无法偿还款额则直接由贷款方将担保物收归己有，而无须将担保物价值与借款人所借款项之间的差额退还给借款人。可惜的是，《自贡盐业契约档案选辑》在对借贷契约分类时，并未对抵押式借贷与典当式借贷作明确区分。

① 本书总结出《自贡盐业契约档案选辑》中对预佃约的归类并不合理，详见第三章第一节对盐业预佃契约认定标准的分析。

三、论证范围

(一)以盐业契约为研究对象

契约的本质是社会性,而非法律性,①它是对法律行为结果的主观评估。② 在中国近现代开端,即清朝末年,契约已经随着商品化程度的提高渗入社会经济的方方面面。③ 清朝晚期的契约文化奠定了中国当代契约文化的基础,它的不足可以使我们反思当今中国契约文化先天性缺陷的根源,它的优点可以使我们思考未来引导契约文化发展的方向。④ 在促进中国社会封建经济向商品经济转型的过程中,在一个相对商品化的背景中发展起来的盐业产业所发挥的作用不容小觑。通过对盐业契约的研究能体会中国世世代代人们所持有的不同的契约观念和财产权意识。⑤ 譬如,从交易成本的角度出发,可知盐业契约之所以在近现代中国发展到顶峰,是因为盐商一方面想要通过契约来内化交易成本,通过合作使各自拥有的低效的不动产或动产达到高产出的经济效益;⑥另一方面想要在没有民商事实体法和判例制度存在的清朝晚期通过契约来明晰产权,⑦希望契约能在财产法律关系的建立、确认和履行上发挥巨大作用。正因如此,盐业契约中才会包含详细的权利义务,诸如投资责任由谁承担,付款期限是什么时候,税收由谁交付,红利如何划分,修葺由谁负责,孳息如何再投资等。⑧ 因此,本书希望能够通过研究契约文化进一步展现"自由"、"商人"、"契约"、"平等"四个无法分离的理念。第一,"自由"—"商人"。无论是人身自由还是财产自由,都是商人阶层开展商业

---

① Jonathan Ocko, "The Missing Metaphor", in Madeleine Zelin et al(eds), *Contract and Property in Early Modern China*, Standford, 2004, p. 184.

② Ibid., p. 196.

③ Mark Allee, "The Status of Contracts in Nineteenth-Century Chinese Courts", in Robert Gardella (ed), *Contract and Property in Early Modern China*, Stanford, 2004, p. 173.

④ Madeleine Zelin, "A Critique of Rights of Property in Prewar China", in Robert Gardella(ed), *Contract and Property in Early Modern China*, Stanford, 2004, p. 34.

⑤ Man Bun Kwan, "Custom, the Code, and Legal Practice: The Contracts of Changlu Salt Merchants in Late Imperial China", in Robert Gardella(ed), *Contract and Property in Early Modern China*, Stanford, 2004, p. 270.

⑥ Jonathan Ocko, "The Missing Metaphor", in Madeleine Zelin et al(eds), *Contract and Property in Early Modern China*, Standford, 2004, p. 182.

⑦ Ibid., pp. 184, 189.

⑧ Madeleine Zelin, "A Critique of Rights of Property in Prewar China", in Robert Gardella(ed), *Contract and Property in Early Modern China*, Stanford, 2004, p. 24.

活动的前提。无法决定行动自由的主体谈何通过与他人交换财产从而实现物质利益？尤其是在商人们积累一定财富后，对自由程度的要求更高，不仅希望人身自由得到保证，而且希望商业活动开展的领域能够不受到公权力的干涉。[①] 第二，"商人"—"契约"。商人阶层开展商业活动的基础便是契约，通过缔结买卖、租赁、借贷、抵押等契约，商人们实现了资金的融通以及劳动力的转移，并通过对财产所有权或使用权的让渡取得预期利益。第三，"契约"—"平等"。契约中缔约双方必然是平等的，否则无法在合意的基础上就标的物的使用收益或处分达成共识。可见，在产业领域中，契约的价值理念得到了最为完整的体现，譬如，自由、平等。

（二）以近代产业制度研究为媒介

盐业产业的制度创新不仅体现了契约与资本的结合，亦对现代社会转型难题的破解具有启示价值，在本书中具有承上启下之作用。为了获取充实的启动资本以开凿盐井，盐业人通过年限井契约形成了年限井制度；为了保证日常资本能够维持稳定水平，盐业人通过子孙井契约形成了子孙井制度；为了保证流水资本和接力资本的不间断，盐业人通过上中下节契约形成了做节制度与合伙制度；为了兼得资本流动性和生产稳定性，盐业人通过承首人契约形成了承首人制度。以上制度均可为我国集体土地流转的改良所借鉴，完善集体土地资本化过程以促进社会转型。

（三）以中国农村社会转型为研究重点

我国实行计划经济制度的社会是义务本位的社会，以自然经济为经济基础，以宗法家庭为文化基础，以人治专制为政治基础；我国实行市场经济制度后的社会是权利本位的社会，以市场经济为经济基础，以平等和自由为文化基础，以法治和民主为政治基础。[②] 而我国社会转型的目标也正是从义务本位的社会向权利本位社会的转变。但此目标是否能够达成依旧取决于农村社会转型与城镇社会转型是否能够同步，即农村社会转型是否会成为"短板"。本书认为决定农村社会转型步伐的因素有三：土地、资本、农民。这三个因素的互动程度以及相结合程度将决定农村社会转型的快慢，从而决定整个社会转型的进程。通过盐业契约所构筑的盐文化圈可对上述问题的解决提供借鉴价值，比如，通过农地股份制实现

---

① 赵立行："商人阶层的出现与社会价值观的转型"，载《复旦学报》2000 年第 4 期。

② 贺雪峰："中国农村社会转型及其困境"，载《东岳论丛》2006 年第 3 期。

土地和资本的结合以及农民中市民阶层的培育。

(四)排除的内容

囿于专业知识结构与研究精力,本书仅研究民商事领域的盐业契约特征,及盐业契约对现代社会转型的借鉴价值。对于盐业契约所涉及的公私关系、民事诉讼、盐业开凿的技术指标、盐业生产工具等内容,本书不予涉及或不作重点研究。对于盐业契约相关命题的进一步抽象和归纳,留待本人后续研究。

四、研究方法

根据研究内容的不同,本书采取了不同的研究方法:(1)第一章至第八章采取了演绎推理的研究方法,遵循从一般到特殊的原则,从契约的一般理论推导盐业契约相关理论;(2)第二章至第八章采取了比较研究的方法,将盐业买卖契约、盐业租佃契约、盐业借贷契约、年限井契约、上中下节契约、承首人契约、合伙契约同现代民法相关理论作比较;(3)第一章第三节、第二章第二节采取了法律逻辑学中"三段论"推理方法;(4)全书通篇采取个案研究方法,选取共96份盐业契约文本进行详细分析以佐证观点;(5)全文通篇采用文献研究法与跨学科研究法,综合引用法学、历史学、社会学、经济学等相关资料以佐证观点。

五、需要说明的问题

首先,在探讨盐业契约概念前,有必要说明本书对契约与合同关系所持的观点。契约是否可等同于合同?部分学者认为"契约"与"合同"是两个不完全相同的概念:有学者从外延上对两个术语作了区分,提出契约是种概念,合同是属概念,前者代表平等的权利义务关系,后者代表不平等的权利义务关系;①有学者从内涵上对两个术语做了区分,认为契约表示两个或多个相对方的意思表示一致,即对交换达成合意,如买卖契约等,而合同则表示两个或多个同一方的意思表示一致,即对某个事项达成一致意见,如入退伙合同等;②有学者从实用性上对两个术语作区分,认为法贵简明,在"立约人"、"违约金"、"违约责任"、"从身份到契约"等术语中,"合同"无法与"契约"互换,不可能用"立同人"或"违同责任"等进

① 俞江:"契约与合同之辨——以清代契约文书为出发点",载《中国社会科学》2003年第6期。
② 史尚宽著:《民法总论》,中国政法大学出版社2000年版,第310~311页。

行替代；[①]还有学者从使用用途上对二者作了区分，认为不但契约和合同是适用于不同类别协议的术语，而且“契”和“约”也有不同的用途，例如，“契”用于不动产等物品的交易，而“约”则用于动产等物品的交易。[②] 但大部分学者认为，“契约”与“合同”本就是两个可交替使用的法律术语。[③] 本书亦认为对“契约”与“合同”应不作区分，从盐业买卖契约和盐业合伙契约中便可见一斑：契约中既包括有交换型的合意（盐业买卖契约），也包括有同意型的合意（盐业合伙契约）。前者就盐井、井灶、卤水、器具等的所有权转移达成合意，通过支付对价实现合意；后者则因对盐井的生产经营达成同样认识而缔结契约，希望通过契约实现资本、人力、技术的联合，从而增加产量、赚取利润、分散风险。但因本书研究的是1732～1949年的盐业契约，为了同现代社会的合同区别，将在表述上有意作区分，以观察盐业契约与现代合同的异同。正如梅因爵士在《古代法》中所言，法律概念从古代到现代一直处于不断专门化的过程中，所表达的意思越来越狭窄。因此，古代的一个概念也许和现代的好几个概念都相符合。进入现代社会后，当我们熟悉使用某一事物的现代概念后，会以为旧的概念已经被抛却，但实际上它们仍然存在，只不过所发挥的功用是以前诸多功用中的一种，所指代的事物也是以前诸多内涵中的一个罢了。[④] 其次，需要说明本书在盐业契约分类方面的标准。之所以在第二章至第八章采取“盐业买卖契约”、“盐业租佃契约”、“盐业借贷契约”、“盐业年限井开凿契约”、“盐业上中下节契约”、“盐业承首人契约”、“盐业合伙契约”的顺序，是因为前三种契约属于中国古代契约的传统形态，而后四种契约或多或少体现出时代特色或产业特色。

---

① 贺卫方：“‘契约’与‘合同’的辨析”，载《法学研究》1992年第2期。

② 周进：“清代土地绝卖契约研究”，武汉大学法学系2005年硕士学位论文，第5页。

③ 钱明星著：《中国民法》，中国政法大学出版社1994年版，第280页。

④ ［英］亨利·梅因著：《古代法》，沈景一译，商务印书馆1959年版，第178～179页。

上篇　传统承继

第一章　盐业契约概论

第一节　盐业契约历史地位

民法起源于契约。契约代表交易关系的开始，交易衍生种种私法理念。契约内容不仅反映了人们在日常经济生活中的交换行为，亦反映出人们在交换过程中所遵循的规则。[①] 不可否认，鉴于古罗马的《十二铜表法》对后世的深刻影响，人们通常会产生误解，认为最早的契约出现于古罗马。甚至有人认为，"契约"一词得益于洋务运动，在《社会契约论》于19世纪末20世纪初被传入我国后才存在。[②] 但若认真追究其出现时间，实则中国亦位列最早出现契约的国家之一。[③] 比如，早在西周时期，就有关于契约的描述或记录，如《周礼·天官·小宰》中的"四曰听称责以傅别"、"六曰听取予以书契"、"七曰听卖买以质剂"等，便是最佳佐证。[④] 只不过中国古代的契约确实

① 王坤："财产、契约与企业——商事信用形成的法理分析"，中国政法大学法学系2006年博士学位论文，第55页。

② 卢增荣："福建民间契约文书的最新搜集和论说"，厦门大学历史学系2000年博士学位论文，第9页。

③ 但将"契"与"约"连接成一词使用，却是从西方翻译过来的。参见李倩著：《民国时期契约制度研究》，北京大学出版社2005年版，第6页。

④ 阮元编：《十三经注疏》（上册），中华书局1980年版，第654页。

是实践型的契约,并没有形成如西方社会那般的严谨、系统、抽象的契约概念罢了。①

一、传统契约演变历程

《说文解字》云:“契,大约也,从大从初。”在唐朝有“官有政法,人从私契”的谚语,可见自唐朝始,“契”已成为契约文书的总称谓,买卖契约和借贷契约都可以用“契”来表达。② 若以代表契约演变的主要标志划分,可将传统契约演变历程分为以下四步。

(一)刻木结绳

西周之前,彼时的“契”意为刻画,“约”意为缠绕。“契”字的刻画之意不难理解,即用刀在木头上刻画。而“约”字的缠绕之意可通过《说文解字》和《诗经》中的解释得到引申。③《说文解字》有云:“约,缠束也。从丝。”《诗经·小雅·斯干》有云:“谓以绳束之。”可见,“约”字的缠绕之意可理解为在绳上打结。于是“契约”在西周之前指的是通过在木头上刻画、在绳上打结来记录双方之间的交易。④ “上古结绳而治,后世圣人易之以书契,百官以治,万民以察”,⑤便是对人们从用“结绳”记载物品交换到用“书契”记录商品交易的演变过程的描述。⑥《文心雕龙》也称:“契者,结也。上古纯质,结绳执契。今羌胡征数负贩,其遗风也。”⑦但木头或绳索只是提示对方按照约定履行义务的信物,其本身并非契约。⑧随着社会经济的发展,通过简单的刻木打结来提示对方履行契约义务已无法满足人们的需求,更加无法区别和适应日渐增多的交易。于是出现了用简单文字记录在竹片上的“券”。交易双方在竹片上刻上文字,再将竹片分成两部分,由各方保

---

① 张缨:“信任、契约及其规制——转型期中国企业间信任关系及结构重组研究”,中国社会科学院社会学系2001年博士学位论文,第25~26页。

② 刘笃才:“中国古代民间规约引论”,载《法学研究》2006年第1期。

③ 俞肖云:“契约的效率”,载《中国统计》2007年第9期。

④ 李玉生:“中国古代法与现代民法债和契约制度的比较研究”,载《法学家》2005年第5期。

⑤ 高亨著:《周易大传今注》,齐鲁书社1979年版,第567页。

⑥ 张姗姗:“古代中国的‘契约自由’:文本与实践的考察”,吉林大学法学系2009年博士学位论文,第14页。

⑦ 李昉等著:《太平御览》(卷598),中华书局1960年版,第2693页。

⑧ 但小红:“古代契约制度与现代合同制度之比较”,载《甘肃政法学院学报》2004年第10期;李倩著:《民国时期契约制度研究》,北京大学出版社2005年版,第4页。

存一部分。若各方将自己所持有的竹片合起来能够对上,另一方就必须履行竹片上记载的契约义务。此时,契约已经超出了证据的功能,本身成为一种权利,①这便是“书契”的前身。②

(二)质剂傅别

契约在西周时期已有长足发展。作为奴隶社会鼎盛时期,西周在汲取前朝经验的基础上,强调国家的土地所有权,但与此同时却并没有对私田的开垦严格禁令。于是私田的开垦便利着各地诸侯经济的发展,农业生产资料开始进入人们交换的视野,土地、畜力、奴隶等均被当作标的物频繁予以交换。出土的青铜器上所记载的文字便是有力例证,如《九年卫鼎》、《卫盉》等青铜器上均记载有西周时期契约活动的情况。此外,根据史料,西周时期国家已经设立了司誓、司盟等职位,民间也已经出现质人,如此种种,均表明当时的契约活动日趋频繁,契约不仅已被人们广用于物品的交换和对经济利益的谋取,③而且官方也逐渐具有规范契约活动的意识。虽然当时契约的形式依然采取“一分为二保存,合二为一履行”的分券持有、合券验证的形式,但已开始对契约类别进行划分。根据《周礼·天官·小宰》和《周礼·地官·质人》可知,西周时期的书面契约主要分为“傅别”、“质剂”和“书契”三类。④ 不同的术语适用于不同的情形:听卖买以质剂、听称责以傅别、听取予以书契。质剂适用于买卖,傅别适用于借贷,而书契则适用于赠与。⑤ 郑玄在为《说文解字》做注解时认为:“质剂者,为之券藏之也。大市人民、马牛之属,用长券;小市兵器、珍异之物,用短券。”⑥可见即便在买卖契约内部亦有分类:长的竹简称为“质”,用于买卖奴隶和家畜;短的竹简称为“剂”,用于买卖兵器或珍奇的异物。⑦ “傅”即“傅著约束于文书”,“别”即“别为两,两家各得一也”。⑧

(三)纸为载体

虽然契约种类有了区分,但竹简依旧是一种体积大、携带不便、保存费力的文

---

① 栾群:“论契约效力的根源”,河南大学法学系2007年硕士学位论文,第3页。

② 李玉生:“中国古代法与现代民法债和契约制度的比较研究”,载《法学家》2005年第5期。

③ 程延军、杜海英:“论中国古代契约法律制度的基本特征及成因”,载《内蒙古大学学报》2007年第3期。

④ 周进:“清代土地绝卖契约研究”,武汉大学法学系2005年硕士学位论文,第4页。

⑤ 张姗姗:“古中国的契约概念与契约观——以唐、宋为中心”,吉林大学法学系2006年硕士学位论文,第4~5页。

⑥ 许慎著:《说文解字》,中华书局1992年版,第272页、第314页。

⑦ 李玉生:“中国古代法与现代民法债和契约制度的比较研究”,载《法学家》2005年第5期。

⑧ 王旭:“中国传统契约文书的概念考察”,载《法治论丛》2006年第7期。

书载体。鉴于此，古代契约在东汉年间有了新发展。人们虽依旧采用分券持有、合券验证的方式来订立契约，但契约载体已变更，即不再是在竹简的中缝处书写，而是将两片纸张并在一起后在骑缝处书写记号，或为“合同”，或为“同”等字样。[①]至此，中国古代的契约发展到了一定的成熟阶段，而契约也有了“合同契”的称谓。[②] 汉代除了通过纸张对契约载体的形式有所革新外，还在契约内容、契约种类、契约形式上有较大改善。[③] 暂且以汉朝的买卖契约为例：就订立形式而言，可以口头订立，也可书面订立；就标的物而言，已从动产延伸至不动产；就契约形式而言，立约日期、当事人身份、标的物情况、付款方式、违约责任、保证人、见证人等条款一应俱全。[④]

（四）形式统一

自宋以后，契约形式逐渐统一，官府要求统一使用国家刊印售卖的契纸，百姓起草的契约必须黏贴在官印契纸上才具有法律效力。此举既推动了契约的普及、有效提高了立约效力，同时也间接从官方的角度加强了对契约活动的监督管理。此外，契约的种类于宋朝继续完善中，尤以买卖契约的分类为典型，出现了绝卖和活卖两种买卖契约，适应了当时交易活动的需要。契约在宋朝的发展得益于国策的转变，从西周以来的“重农抑商”转变为“义利并重”，为商品经济的生长提供了喘息的机会。[⑤]

---

① 袁家超：“清代契约法制研究”，中国政法大学法学系2009年博士学位论文，第11页。

② 但值得一提的是，古代的“合同”和现代的“合同”并非同一词。根据史料记载，在唐朝就存在“和同”和“合同”的术语，但前者是作为契约的实践术语而存在；后者却是作为契约的文本术语而存在。可见，即便古代契约法律文化与现代契约法律文化采用同一个术语，也有可能在意思上、用法上有根本的不同。参见李玉生：“中国古代法与现代民法债和契约制度的比较研究”，载《法学家》2005年第5期。

③ 汉代在契约种类方面有了较为突破性的扩展，诸如债权契约、身份契约、合伙契约、承揽契约、委托契约、物权契约等。参见李晓英：“汉代契约研究”，河南大学历史学系2001年硕士学位论文，第1~9页。

④ 契约在汉朝的长足发展得益于较为发达的经济情势。与西周的土地国有制度不同，汉朝的土地私有制度已然确立，契约的形式和内容则在土地交易关系中逐渐趋于完善。不仅延继了西周的契约习惯，即将不动产（土地屋宅）、动产和奴隶作为契约的标的物，而且在买卖契约、租赁契约、借贷契约之外还出现了债务担保的契约。参见但小红：“古代契约制度与现代合同制度之比较”，载《甘肃政法学院学报》2004年第10期。

⑤ 程延军、杜海英：“论中国古代契约法律制度的基本特征及成因”，载《内蒙古大学学报》2007年第3期。

二、盐业契约历史地位

本书所研究的盐业契约选自清朝末年，处于契约发展日渐成熟、契约文化日渐普及的阶段。不仅契约种类有所增加，比如，出现船舶租赁契约、伙资经商契约、典当契约等新的契约种类，①而且在契约形式方面，出现了单契和合同契并行的局面。② 可见，清人已熟知如何运用契约来保证合意的实现，如何通过契约来买卖、租赁、借贷或雇佣，以及如何通过契约来证明法律关系的成立或解除。③ 契约必备条款亦已与现代合同类似，譬如，必须包括标的物条款、价金条款、薪酬条款、契约期限条款、双方权利义务条款、违约责任条款、中人条款等。④ 产生于这样一个历史时期的盐业契约，可谓是传统契约文化的集大成者：一方面体现出封建时期契约文化的积淀；另一方面体现出封建社会向近代社会转型过程中契约文化的更新。随着崛起的盐商而受到发展的商品经济更为契约的订立增添了丰富的色彩：不仅交易物品种类日渐丰富、交换形式逐渐固定、交换内容逐渐类型化，而且人们对财产归属和流转的意识也有所加强。⑤

（一）立约目的较成熟

与西周前期契约所具有的单纯提示性目的不同，盐业契约的立约目的已然具有多元化的趋势，双方当事人不仅希望以契约提示对方履行权利义务，希望能够以契约记录双方的合意内容，并且希望契约能够成为出现纷争时可供裁判的依据。且以《光绪二十六年洪发井杜卖约》⑥为例说明。第一，从“当即凭证三面议定：买价时市铜钱十四吊文正，当即亲手入手，并无少欠，亦无债、账准折。自卖之后，任随买主推淘锉办，一卖千休，永无赎取。任照起限日期，买主接井起推，不与卖主相涉。此系二家甘愿，并无勉勤等情”可知，双方当事人希望以契约记录立约

---

① 张晋藩著：《中国法制通史》，法律出版社 1997 年版，第 239 页。

② 单契即简化版的契约，是缔约双方在相互信任的基础上，由一方向另一方出具的证明。张晋藩著：《中国法制通史》，法律出版社 1997 年版，第 241 页。

③ 叶孝信著：《中国法制史》，北京大学出版社 1996 年版，第 131 页。

④ 程延军、杜海英：“论中国古代契约法律制度的基本特征及成因”，载《内蒙古大学学报》2007 年第 3 期。

⑤ 李声炜：“契约自由研究——一种制度经济学的解释”，吉林大学法学系 2004 年博士学位论文，第 15 页。

⑥ 《光绪二十六年洪发井杜卖约》，光绪二十六年（1900 年），自贡市档案馆藏，档案号：41－1－5485－18。

时双方的合意内容，该契约则详细记录了买卖双方的权利义务，即买方应如约向卖方支付价金，卖方收取价金后不得对买方的处分行为横加干涉。第二，从“恐口无凭，立杜卖盐井日份为据”可知，双方当事人均同意以该契约作为立约证据，避免因任一方反悔而造成另一方损失。再如，在《光绪二十八年盐业专卖证书转让约》中，有“双方都自愿同意签署本契约。如有卖方亲属针对本契约标的物提起诉讼，所有责任由卖方独力承担。为避免出现争端没有证据的状况，缔约双方起草了本契约作为永久的证据”①之文本。

（二）文本载体现代化

盐业契约从载体上已脱离了木头、绳索、竹简等原始形式，承继了自东汉时期以来的纸张。排除契约载体本身发展之规律，结合盐业产业之特色，笔者认为原因如下：鉴于盐业产业的运行周期长、收益见效慢的特点，契约双方当事人在立约后两三年内发生争执可能性不大，而10年以上发生争议可能性巨大，因此以纸张作为契约文本的载体更有利于保存，可避免因年代久远而字迹模糊不清所引起的纠纷。

（三）契约分类多元化

盐业契约分类具有多元化的特征，不仅可从契约标的分类，还可从契约所针对盐业生产之环节分类。若从契约标的上分类，根据生产要素的不同可分为盐井买卖（租佃）契约、井灶买卖（租佃）契约、基址买卖（租佃）契约、道路买卖（租佃）契约、机车买卖（租佃）契约、笕缆买卖（租佃）契约、廊厂红土借贷契约等；若从契约所针对生产环节分类，可分为盐井开凿契约、合伙推煎契约、上中下节契约、承首人契约等。

（四）契约格式较完整

盐业契约在格式上已较为完整，不仅包括标的物条款、价金条款、契约期限条款，双方权利义务条款、中人条款，而且还在契约首部将标的物产权之来龙去脉描述详尽。依旧以《光绪二十六年洪发井杜卖约》②为例：“将先年故夫受分新垱地名趾扶沟洪发盐井每月应占昼夜水火油子孙业净日份一天八时，一井三基、廊厂、柜房、天地二车、财门、铺店、熟土出路，至于井基规模，均照三十天管业，发无提

① 《光绪二十八年盐业专卖证书转让约》，光绪二十八年（1902年），自贡市档案馆藏，档案号：长芦盐场15。

② 《光绪二十六年洪发井杜卖约》，光绪二十六年（1900年），自贡市档案馆藏，档案号：41－1－5485－18。

留，先尽胞弟叔侄，无人承买”既是标的物条款，亦是对标的物产权来源之说明，以及对优先权已被放弃之保证；而“买价时市铜钱十四吊文正，当即亲手入手，并无少欠，亦无债、账准折”则为价金条款，是卖方对买方已履行支付义务所作之承认说明；又“自卖之后，任随买主推淘锉办，一卖千休，永无赎取”是权利义务条款，是对卖方不作为义务的约定；而“任照起限日期，买主接井起推，不与卖主相涉”则为契约期限条款；最后的“情凭族证，出卖与夫嫡堂弟胡光桂名下，子孙永远管业推淘锉办”以及“凭证 胡光镒 胡光煋 胡国桢 胡国宣 罗吉临 同在”则为中人条款。

综上，从盐业契约的历史地位上考量，可得出以下结论：本书所选取的1732年至1949年的自贡地区盐业契约，从时间分布上看属于明清时期，即契约发展史上较为成熟的时期。无论是在立约目的上、契约文本载体上、契约分类上，还是在契约形式上、契约格式上均体现出较为成熟的契约文化，不仅是传统契约的集大成者，亦与现代合同诸类表征接近。研究该历史时期的盐业契约不仅可重现封建社会契约文化的原貌，而且可探究在封建社会向近现代社会转型的过程中契约的历史价值。

第二节　盐业契约概念

一、盐业契约的本质

关于契约的本质，大陆法系和英美法系分别作了与各自法律传统相对应的理解。首先，就大陆法系而言，契约的本质是“可执行的债的协议”。大陆法系对契约本质的理解源自罗马法——罗马法认为契约是“得到法律承认的债的协议”，[①]后来各国民法典纷纷跟随了罗马法对于契约的定义——《法国民法典》的立法者便持有这样的观点，认为契约是建立在合意基础上的债务，而此债务的内容可以

---

① ［意］彼得罗·彭梵得著：《罗马法教科书》，黄风译，中国政法大学出版社1992年版，第307页。也有学者认为这是契约的狭义概念，并认为这种狭义的契约的概念起源于两种债，其一是要式行为，其二是非要式行为的给付行为或是转让行为。并认为根据契约的这一狭义概念可以推导出契约是双方当事人在合意基础上签订的以设立、变更、担保或者消灭法律关系为目的的协议。参见姜栋：“论罗马法契约制度的发展”，载《河南省政法管理干部学院学报》2006年第2期。

是某甲对某乙所承诺的作为义务,也可以是某乙要求某甲遵守的不作为义务;①其次,就英美法系而言,认为契约的本质是“可执行的允诺”——比如,英国的《不列颠百科全书》就将合同(或契约)定义为可以依法执行的诺言,而这个诺言可以是作为,也可以是不作为;再如,美国整编契约法第二次汇编将契约(或合同)定义为一个或一系列的允诺,法律将对允诺的被违反施以救济。而关于对允诺的履行,法律将根据情况将其视为义务。② 虽然字面上理解,大陆法系和英美法系关于契约的本质差异甚巨,但从根本上追究,二者殊途同归。一方面,债的意思是一方当事人对另一方当事人所背负的给付、作为或不作为的义务,将债作为契约本质的核心词说明大陆法系看重的是契约当事人对契约义务的履行,看重的是如何通过契约保证契约当事人的契约利益不会得到落空;另一方面,允诺的意思是一方当事人对另一方当事人通过创设允诺而许下的期待利益,将允诺作为契约定义的核心词说明英美法系所看重的是契约当事人对契约权利的获取,看重的是如何通过契约保证当事人的期待利益不会得到落空。显而易见不论是大陆法系还是英美法系,所追求的目标都是通过契约保证当事人的利益得到实现,只不过大陆法系是从契约义务的层面理解契约,而英美法系是从契约权利的层面理解契约。再者,结合英美法系的法律传统来看,约因(对价)中已然包括大陆法系的债的概念。(约因是指一方使自己的利益受损或容忍他人对自己利益的获取来换取对方对允诺的践行。它有效的要素有二:受约人须在契约中被损害;履约人须在获取对价的基础上按照交易所磋商的约定履行对受约人所作出的允诺,不论该允诺是作为或是不作为。)③可见,英美法上的契约是双方互以受损来换取各自的获益。当我们说在一个契约法律关系中甲对乙负有债务,意即乙已经按照合意完成了对甲的契约义务而甲还未曾按照合意完成对乙的契约义务。更进一步说,也就是乙已经按照约定通过履行契约义务使自己的利益受损,却并没有换来期待中的甲的同样的举措。因此,可以说约因是迟延效果的债,债是不同时发生的约因的法律后果。所以,不论是大陆法系还是英美法系,契约的定义都是无限趋同的,④这一点从英美法系学者所做的带有强烈大陆法系气质的契约定义中可见一斑,比如,

① 王利明著:《合同法新论·总则》,中国政法大学出版社1996年版,第83~84页。

② 张缨:“信任、契约及其规制——转型期中国企业间信任关系及结构重组研究”,中国社会科学院社会学系2001年博士学位论文,第25~26页。

③ 陈融:“论‘约因论’在英美法系的衰落”,载《现代法学》2007年第4期。

④ 谭妤:“契约自由理念的法理分析”,中南民族大学法学系2009年硕士学位论文,第3页。

英美法系学者特内托就认为契约是由法律认可并强制执行的债务的合意,[①]约翰·怀亚特则提出"契约就是关于去做或避免去做某件合法的事情的具有约束力的协议"。[②]

既然本书所研究的自贡盐业契约属于大陆法系,那其本质应当为"可执行的债的协议"。是否如此呢?在此选取盐业买卖契约、盐业租佃契约、盐业借贷契约各一例,以验证盐业契约之核心内容是否是地主或承首人对承佃人或投资人所负有的作为或不作为的债务。

第一,就盐业买卖契约《嘉庆二十五年柏林井出顶约》[③]而言,此约中包含契约双方当事人权利义务内容的条款为"比日凭中三面言明:议定顶价丝银三百二十二两正九七平,牛只、家具外作价银四十两,其银当日亲收明白,并无少欠分厘。自顶之后,任凭王姓推煎,伙内人等不得生端异说"。根据"……其银当日亲收明白,并无少欠分厘"可知买方已履行价金支付义务,即买方对卖方所负有之给付之债已经清偿;而根据"自顶之后,任凭王姓推煎,伙内人等不得生端异说"可知,此约立约目的在于提醒卖家对买家所负有的不作为义务。可见,此买卖契约中,着实包含有一方(卖家)对另一方(买家)所负有的以不作为为内容的债务。第二,就盐业租佃契约《民国四年海顺井出佃约》[④]而言,此约中包含契约双方主要权利义务的条款为"主人外敷起限三个月,无租。每口取预支关交银一百两正,均照九大关分派均扣除,下余火租,按关称纳"以及"自佃之后,限内火有耽延,十日内无补;十日外少煎少算。其有取土取石,抬锅运炭、进灶觅路,主人业内不得阻滞"。一方面,根据"每口取预支关交银一百两正,均照九大关分派均扣除,下余火租,按关称纳"可知,承佃人向出佃人负有给付义务,并且因为分期给付的约定,给付之债并未清偿;另一方面,根据"主人外敷起限三个月,无租"以及"有取土取石,抬锅运炭、进灶觅路,主人业内不得阻滞"可知,出佃人向承佃人负有不作为义务。因此,此租佃契约中亦包含有一方(承佃方)向另一方(出佃方)所负有的给付之债,以及另一方(出佃方)向一方(承佃方)所负有的不作为之债。第三,就盐业借

① 李永军著:《合同法》,法律出版社2005年版,第7页。

② [美]约翰·怀亚特著:《美国合同法》,汪仕贤等译,北京大学出版社1980年版,第1页。

③ 《嘉庆二十五年柏林井出顶约》,嘉庆二十五年(1820年),自贡市档案馆藏,档案号:5-4-53-128。

④ 《民国四年海顺井出佃约》,民国四年(1915年),自贡市档案馆藏,档案号:24-1-118-5。

贷契约《民国十五年成海井借押约》[①]而言，此约中包含双方主要权利义务的条款为“每月每百元行息洋三元照算，如头利不清，愿将己下所有井业抵押，即成海井，一概请黄敬安负责付还，不得异说”。根据“每月每百元行息洋三元照算”可知，借方向贷方负有给付义务，并且根据“如头利不清，愿将己下所有井业抵押，即成海井，一概请黄敬安负责付还”可知，此给付之债尚未清偿。因此，此契约中亦包含有一方(借方)向另一方(贷方)的给付之债。综上，盐业契约的本质的确为“可执行的债的协议”。

二、盐业契约的内容和外延

首先，契约的内容是任意两个主体对某一个事项所达成的合意，在合意的基础上交换各自所有的资源以取得各自所追求的利益。契约依赖于社会而生存，社会却是交换关系的总和。我们可将社会的各种交换关系归为两大类：一类是功利式交换关系；另一类是道德式交换关系。就功利式交换关系而言，顾名思义，双方视交换为手段，视交换的结果为目的，希望通过交换各自所拥有的财产追逐私利。比如，学生去商店购买钢笔，通过向店员支付货币而获得钢笔，而店员则通过出售钢笔获得现金。就道德式交换关系而言，双方并不是以交换为手段，而纯为道德上的因果关系。比如，大众对希望小学的捐赠，并不是想得到希望小学的知识传授机会，而只是对社会福利的一种期盼。[②] 显而易见，功利式交换关系构成契约内容，而道德式交换关系则不属于契约的范畴。若是用法言法语来描绘，则契约必定是使一方对另一方负有作为或不作为的债务的法锁。这也是为什么《法国民法典》中描述契约的法规会围绕相对的人及其相对的法律权利和义务展开。[③] 其次，契约的外延十分宽广。考夫曼曾言，契约几乎覆盖人类生活的整个过程，人穷尽一生也不过是陆续地履行对他人背负的契约义务以及享受他人对自己负有的契约权利。从考夫曼的描述中我们可以得知，人类社会几乎全部行为都可以用契约行为来解释，因为人是社会动物，要生存就要相互依赖，要相互依赖就要相互交

---

① 《民国十五年成海井借押约》，民国十五年(1926年)，自贡市档案馆藏，档案号：42－3－696－50。

② 日后希望小学所培养出来的学生回报社会，也不是对当时大众的捐赠的一种直接交换关系，而只是对社会期盼的一种回馈。

③ 《法国民法典》，罗结珍译，北京大学出版社2010年版，第1101条。

换,在合意的基础上达成利益共享。① 就中国古代社会而言,我们既可以在被统治阶级的日常经济生活中发现契约的踪影,诸如百姓之间就家规、乡约、买卖、借贷、租赁、分家、收养、结婚、遗产等事项订立的契约,也可以在统治阶级的日常政治生活中发现契约的痕迹,诸如邦国之间抑或民族之间就领土达成的盟约或条约,②或又如君主与臣民之间达成的忠诚协议等。③

本书所研究的盐业契约是形成于雍正十年(1732 年)至 1949 年(新中国成立初期)的契约文本。一方面,就其内容而言,是契约当事人之间以不同标的物为核心所达成的功利主义交换关系,譬如买卖契约、租佃契约、借贷契约、合伙契约等。在买卖契约中,契约双方当事人达成了具有对价的合意,出卖人在摘卖或绝卖的形式下将井基、盐井,抑或日份的使用权让渡给买受人,而买受人则支付相应款项给出卖人。在租佃契约中,契约双方当事人亦达成了具有对价的合意,出佃人将井基、盐井、日份的使用权让渡给承佃人,承佃人则为使用权的获得按照约定的方式支付租金,或以实物形式,或以货币形式,一次性付清或分期偿还。在借贷契约中,契约双方当事人仍旧达成了具有对价的合意,贷方将一定数额的款项给予借方,借方为保证债务履行则将不动产抵押或典当给贷方。另一方面,就自贡盐业契约的外延而言,盐业契约是在盐井开凿、卤水开采、食盐冶炼、食盐售卖过程中缔结的契约,但本书所研究的是以盐业生产、经营为目的的契约,譬如,盐业凿井契约、盐业合伙契约、盐业上中下节契约等。至于以盐业销售为目的的契约,因其涉及专卖权,笔者日后另行研究。

三、盐业契约的构成要素

梅因爵士在《古代法》中曾言一个契约有三个要素:要约者和受约者、表示意向、约定要做的行为或不行为。从梅因爵士的这段叙述中可以得出契约的三大构成要素:缔约主体、缔约内容、合意。首先,缔约主体。一方面,契约的缔约主体不一定全是自然人,也可以为法人,或非法人组织,或国家。但一旦国家或行政机构成为契约当事人,其在公法领域内享有的特权即被祛除,在契约中和自然人、法人

① 霍存福:"中国古代契约精神的内涵及其现代价值",载《吉林大学社会科学学报》2008 年第 5 期。

② 余爱缘:"契约精神探源",西南政法大学行政法系 2009 年硕士学位论文,第 10 ~ 11 页。

③ 乜小红:"论我国古代契约的法理基础",载《中国社会经济史研究》2009 年第 2 期。

一样承担同样比例的权利和义务，即缔约主体之间的法律地位须是平等的；[①]另一方面，缔约主体的数目必须为双方或多方，至于每一方具体有几个人，在所不计。其次，缔约内容，亦即英美契约法中所言之对价(consideration)。简言之，即通过契约的缔结，双方乃至多方当事人都可以从对方获得与自己付出成正比的回报。按照大陆法系的传统观点，即当事人之间必须以设立、变更、终止某种民事法律关系为目的。[②] 最后，合意的达成。此要素是契约有效的关键。如若没有合意，即便第一个、第二个要素齐全，也无法称为契约。合意即双方的意思表达有重叠之处，能够就某一事项达成共识。三个要素中，第一个要素和第二个要素是契约成立的充分条件；第三个要素是契约成立的必要条件。三个要素同时具备才是构成契约的充要条件。因此，契约是两方或多方主体之间在合意基础上的一系列允诺。[③]

根据上文论述，契约的构成要素有三：缔约主体、缔约内容、合意。就缔约内容与合意而言，在"盐业契约的内容"一段中已论述，此不赘述，唯就盐业契约的缔约主体进行讨论。根据盐业契约文本可知，盐业契约是在平等主体之间缔结的，而这些平等主体又大致可以分为三类，即地主、投资人、承首人。地主和投资人之间缔结的契约可以是在盐井开凿过程中的年限井契约和子孙井契约，也可以是在盐井经营过程中的合伙经营契约，地主所占份额(日份)为地脉日份，投资人所占份额(日份)为客日份。[④] 地主、投资人和承首人之间缔结的契约同样，既可以是盐井开凿契约，亦可以是盐井经营契约，承首人所占份额(日份)为承首日份或浮锅日份，一般从地脉日份中拨出。就三个主体的身份区别而言，倘若是在盐井开凿过程中未见功[⑤]之前，即纯粹的开凿阶段，地主、投资人、承首人三者主体身份具有明显区别，权利义务亦完全不同——地主不出锉本费，享有见功后的收益；投资人出锉本费，享有见功前后的收益；承首人不出锉本费，负责管理，享有见功后的收益。但若是盐井见大功之后，即由开凿阶段进入运营阶段，地主、投资

---

① 丁长娟："契约自由原则限制研究"，中国政法大学法学系2011年硕士学位论文，第2页。

② 支果、李曜曜："论传统契约中的契约理念——以四川自贡盐业契约为例"，载《四川理工学院学报》2008年第6期。

③ 杨卉青："宋代契约法律制度研究"，河北大学历史学系2008年博士学位论文，第13页。

④ 所谓日份，即可推煎盐井的天数。按照盐场惯例，一般将盐井天数分为30天或24天，地主和投资人对于天数的分配可自行约定。但一般地主所占的地脉日份少于投资人所占的客日份。

⑤ 盐井见功，即在盐井开凿的过程中发现盐脉。盐井见微功或见小功，即盐脉微小，所产卤水较少。盐井见大功，即盐脉强劲，所产卤水丰硕。

人、承首人三者身份不再有区别,均为合伙人,按照所享有的日份比例共担风险、共享收益。

表1 盐业契约缔约主体身份变化

缔约主体＼不同阶段	盐井见功前	盐井见微功	盐井见大功
地主	出佃人	出佃人	合伙人
投资人	承佃人	承佃人	合伙人
承首人	承佃人 &转佃人	承佃人 &转佃人	合伙人

说明:

1. 在盐井见大功前:地主和投资人之间的关系是井基或盐井租赁关系:倘若为井基租赁关系,则投资人希望通过承佃井基开锉井脉寻找卤水;倘若为盐井租赁关系,则投资人希望通过承佃盐井开展复淘工作,即继续下锉盐脉找寻卤水水源。

2. 在盐井见微功后:根据厂规,为了给予承佃人在巨额资金投入中喘息的能力,租佃契约双方一般约定此时地主不进班(所谓进班,即分享收益,获得可推煎卤水的资格),而将井见微功的收益用于承佃人资金回笼,准备继续下锉井脉,期待获取更丰厚的卤水水源。

3. 在盐井见大功后,根据厂规,租佃双方约定租佃关系终止,并自动转成合伙契约,地主、承首人、投资人身份均为合伙人,共享收益、共担风险。

4. 承首人身份相当于投资人的承佃人身份,从地主手中佃得井基或盐井之后,集结一部分投资人展开开凿工作。承首人和其他投资人之间的关系为转佃关系,承首人将从地主处佃得的井基或盐井转佃给投资人,并享有与地主类似的权利义务。

四、盐业契约的类别

我国古代的契约类别甚少,一方面是受到经济因素的影响;另一方面受到政治因素的影响。就经济因素而言,由于自然经济长期占主要地位,使商品之间的交换即便存在也是小范围存在,而交换的规模、交换的频率、交换的目的直接影响契约种类的划分。就政治因素而言,不仅缔约能力受到身份依附制度的影响形成了有限的缔约群体,而且封建社会统治阶级所奉行的“重农抑商”的社会政策使商品经济在压抑中发展,无法形成规模优势,更加无法产生契约类别的细化。因此即便我国早在西周时期就出现了契约的分类,契约类别却原地踏步,并未随着朝代的更替、经济的发展、政局的稳定而有突破性进展,依然苑囿于买卖契约、借贷契约、租赁契约三个类别。而现代社会随着工业革命的推进,社会分工逐渐细化,商品交换逐步扩大,为了满足来自市场的营业者和满足于市场供应的消费者的各式需要,合同的内容在现代社会中于交易种类和交易形式上日渐完善。[①] 比如,我国现代合同制度单就有名合同而言,就有买卖合同、供用电、水、气、热力合同、赠与合同、借款合同、租赁合同、融资租赁合同、承揽合同、建设工程合同、运输合同、技术合同、保管合同、仓储合同、委托合同、行纪合同、居间合同等。介于中国古代社会与近现代社会之间的盐业契约既体现出了古代契约的分工,诸如买卖契约、借贷契约、租赁契约,又体现出了近现代契约的革新,诸如自然资源开发契约、合伙契约、份额制经营契约等。具体来说,盐业契约可分为以下五大类:盐井开凿契约、盐业买卖契约、盐业租佃契约、盐业合伙契约、盐业借贷契约。其中:盐业买卖契约根据标的物的不同又可以分为井灶全业买卖契约、盐井买卖契约、井灶土地扫卖契约、基址道路买卖契约、机车买卖契约;盐业租佃契约可分为基址道路租佃契约、机车租佃契约、笕基租佃契约;盐业借贷契约可分为信用式抵押借贷契约和偿债式借贷契约。

因此,综上所述,盐业契约是在盐井的开发与流转过程中地主、投资人、承首人之间基于合意缔结的,以盐井开凿、卤水开采、食盐冶炼为内容的,以买卖、租佃、借贷、合伙为形式的可执行的债的协议。它以盐业租佃契约、盐业合伙契约为主要形式,凝聚了大量的资本、资源、劳动力,见证了盐业产业的起步、挫折和繁荣。

第三节 盐业契约性质

本书所研究的盐业契约出现在清朝末年,按照契约理论的发展阶段考虑,理应反映出古典契约理论的特点,但是当笔者考察到盐业契约缔约主体之间合作的长期性、契约语言的弹性,以及履约过程中所体现的习惯法时,惊奇地发现盐业契约已然具备了现代关系契约理论的特征——对契约不完全性的克服。在本节中笔者会建立三个假设,分别假设盐业契约是古典契约理论、新古典契约理论、现代

---

① 但小红:"古代契约制度与现代合同制度之比较",载《甘肃政法学院学报》2004年第10期。

关系契约理论的镜像,然后验证三个假设中哪一个是成立的。

一、猜想一:盐业契约是否是古典契约理论的镜像

古典契约法理论是最早形成的关于契约法原则、规则的理论,它不但为稳定契约法秩序、建立契约法体系、打造契约法理念作出不可磨灭的贡献,而且使人们第一次可以根据规则对契约行为的后果进行预测。① 古典契约理论的核心观念是完全竞争和自由选择,认为人的本性之一是利己性,人们在利己性的驱使下进行市场交易。每个人所追求的利益不同,在市场交易中所体现出来的利己性的程度也有所不同。② 简言之:(1)古典契约理论奉行最大程度的契约自由,认为当事人在决定与谁缔结契约,缔结什么样的契约,何时开始、变更、终止契约等方面享有极大的自主权;(2)古典契约理论奉行契约的一次性,认为契约并不是当事人之间的长期合作,而是短期的、单个的、不连续的;(3)古典契约理论奉行契约内容的明确化,不赞成任何兜底性条款的存在;(4)古典契约理论还奉行当事人的一般属性,认为只要在契约关系之中,当事人都是剥离了个人属性和社会属性存在的理性人,能够最大程度为自己打算。③ 暂且让我们分别以古典契约理论的特征(2)、特征(3)为大前提,以盐业契约中表露出来的特点为小前提,推断盐业契约是否是古典契约理论的镜像。

(一)古典契约理论特征验证之一

大前提:古典契约具有一次性而非长期合作性

小前提:盐业契约是长期合作契约

结论:古典契约理论特征(2)是盐业契约的既不充分也不必要条件

且让我们将目光放到《道光十七年万丰井出佃约》中的“年限以十三载为

① 刘承韪:“契约法理论的历史嬗迭与现代发展——以英美契约法为核心的考察”,载《中外法学》2011年第4期。

② 于建星:“罗尔斯契约论方法批判——兼论古典契约论与现代契约论”,载《社会科学论坛》2010年第10期。

③ Lawrence Friedman, *Contract Law in America: A Social and Economic Case Study*, Wisconsin, University of Wisconsin Press, 1965, p. 20.

率”,[1]以及《同治三年济兴井承佃约》中的“子孙为业,永远管理”,[2]可见在盐业契约中无论是年限井(有期限凿井合约)还是子孙井(无限期凿井合约),在契约当事人之间所达成的合作关系均是长期的,而非古典契约理论所认为的短期的、单个的、不连续的合作关系。究其原因,因为盐井的开凿、维系、运营需要庞大的资金、人力、资源的投入,短期的合作关系无法为契约双方带来安全感和默契,也无法在短期的、一次性的合作关系中实现盐井的成功开凿。这一点在第六章“做节制度”中将得到更明显的体现。可见,盐业契约中的确包含长期合作条款,因此不符合古典契约理论特征(2)。

(二)古典契约理论特征验证之二

大前提:古典契约中条款明确具体

小前提:盐业契约条款明确具体,但存在弹性条款

结论:古典契约理论特征(3)是盐业契约的必要不充分条件

且让我们观察《民国八年三江井承佃约》中的“自承佃之后,如有井事不清、交涉不明,由主人自行理好,不与客人相涉,彼此甘愿,并无异议”。[3] 可见,虽然我们从之前的《道光十七年万丰井出佃约》和《同治三年济兴井承佃约》中感受到了地主和客人通过契约对彼此权利义务的明确细致的约定,但是也不乏《民国八年三江井承佃约》中的兜底性质条款的存在。这与古典契约理论所秉持的严格的形式主义原则相背离,不仅表现出盐业契约中的弹性空间,而且表现出盐业契约对未来不可测情势进行自我适应的张力。因此,从古典契约理论特征(3)的内容并无法完全推出盐业契约的特征。

综上:虽然只选取了古典契约理论之特征(2)和特征(3)进行验证,但如果盐业契约是古典契约理论的镜像,就应当完全符合古典契约理论的四个特征,自然也包括对特征(2)和特征(3)的印证。但盐业契约对特征(2)和特征(3)的背离,表明其不是古典契约理论的镜像。

---

① 《道光十七年万丰井出佃约》,道光十七年(1837年),自贡市档案馆藏,档案号:3-5-4017-2。

② 《同治三年济兴井承佃约》,同治三年(1864年),自贡市档案馆藏,档案号:3-5-4016-22。

③ 《民国八年三江井承佃约》,民国八年(1919年),自贡市档案馆藏,档案号:17-1-688-6。

二、猜想二：盐业契约是否是新古典契约理论的镜像

古典契约法理论虽然强化了契约当事人的自由，使19世纪的契约法具备一般规则和原则，有助于人们预测自己的行为后果。但依然存在诸多缺陷，①于是新古典契约理论应运而生。大体而言，新古典契约法理论的核心观念如下：认为契约过程是动态的、弹性的，契约是不确定的。我们不应当因为死守契约原则而容忍其副作用的产生，不应当因死守对价理论而失去契约解释的弹性，②不应当因为赋予当事人绝对的契约自由而忽视社会经济层面上的需要，更加不应当因为对契约法规则的死守而使契约失去"接地气"的可能。③ 新古典契约理论除了部分承继古典契约理论的特征外——契约条款明确具体、缔约当事人拥有绝对自由——还拥有属于自己独特的价值观。比如，它认为契约是连续的，长期的合作关系，而不是一次性的、短期的合作关系；它认为契约是动态的，也是弹性的；它还认为人的理性是有限的，应当通过事前的预防措施或事后的补救措施来克服契约的不确定性。

（一）新古典契约理论特征验证之一

大前提：新古典契约理论条款明确具体

小前提：盐业契约条款虽明确具体亦存在弹性条款

结论：新古典契约理论特征(1)是盐业契约的必要不充分条件

首先，就特征(1)而言，以《嘉庆十二年万丰井承佃约》和《道光十七年万丰井

---

① 第一，古典契约法理论所构想的契约自由很难实现，即便是在排除了社会利益、公共政策之外，这种较大程度的契约自由仍然很难与社会新的经济政治形势相吻合。比如，随着垄断现象的产生，不是所有契约当事人对信息的获取渠道和获取能力都平等和对称，也不是所有契约当事人都能够按照自己的意愿与对方达成合意。第二，古典契约法理论关于理性人的假设过于绝对，并非所有契约当事人都能够在完全理性的基础上与他人缔结契约。因此，契约的公平性与合理性依然应当受到司法机关的审视。第三，古典契约法理论的封闭性、静止性无法适应经济发展的需要。随着社会分工的愈发细化、交换关系的日益扩大，新的契约种类层出不穷。运用静态的古典契约法理论已经无法解释新的契约关系。参见刘承韪："契约法理论的历史嬗迭与现代发展——以英美契约法为核心的考察"，载《中外法学》2011年第4期。

② 赵融："西方契约法理论研究"，吉林大学法学系2007年博士学位论文，第46～48页。

③ 刘承韪："契约法理论的历史嬗迭与现代发展——以英美契约法为核心的考察"，载《中外法学》2011年第4期。

出佃约》[①]为例：可以看出当事人双方不仅就凿井成功后日份的分配做了明确约定（地主和投资人各自份额比例为1∶5），而且还就盐井的推煎满年限后的财产归属、权利义务分配做了明确约定（约定期限届至时，盐井及相关不动产的所有权归地主所有，动产归投资人处分）。前者譬如，《嘉庆十二年万丰井承佃约》，其中约定“井主每月分昼夜水火份五天，张姓伙内每月分昼夜水火二十五天”，又如《道光十七年万丰井出佃约》，其中约定“每月昼夜三十班；井主得地脉井份五天，师、张、马伙等得客井二十五天”；后者譬如，《嘉庆十二年万丰井承佃约》，其中约定“煎满之日，天地车、柜灶房以及筒索、黄桶、全井交还井主；牛只、家（居）等不在井份之内”，又如《道光十七年万丰井出佃约》，其中约定“年满之日，天地二车、灶房、柜房、黄桶、廊厂、筒索等件，全井概归主人；牛只、家具归客顶打”。其次，盐业契约还就盐井淘锉的半途而废做了明确的防御措施：《嘉庆十二年万丰井承佃约》中约定客人不得停工住凿盐井，如若停工则地主有权立即要求分享盐井既有收益而无须等待盐井见大功，即“如若停工，井主即行分班”；《道光十七年万丰井出佃约》中则约定客人一旦停工住锉地主有权收回盐井或在建盐井且客人无权要求地主补偿其既投成本，即“自出佃以后，客人不得停工住锉；如有停工住锉，任主人将井接回，客人不得称说用出锉井工本”。可见，盐业契约满足新古典契约理论特征（1）之契约条款明晰具体。但正如前文对古典契约理论特征验证时所做论证，盐业契约中亦包含有弹性条款，因而盐业契约不完全满足新古典契约理论特征（1）。

（二）新古典契约理论验证之二

大前提：新古典契约理论认为当事人有缔约自由，不存在外部因素干预
小前提：盐业契约当事人虽有缔约自由，但存在软法等对契约的干预
结论：新古典契约理论特征（2）是盐业契约的必要不充分条件

就特征（2）而言，让我们将目光放到《民国八年三江井承佃约》和《同治三年

① 《嘉庆十二年万丰井承佃约》，嘉庆十二年（1807年），自贡市档案馆藏，档案号：3－5－4－16－10；《道光十七年万丰井出佃约》，道光十七年（1837年），自贡市档案馆藏，档案号：3－5－4017－2。

济兴井承佃约》，①两份契约中均有“彼此甘愿，并无异议”、“此系二家甘愿，并无屈强等情”的文本。这说明双方是在完全自由的基础上，根据合意达成而缔结的契约，没有任何胁迫、乘人之危、欺诈的情形。这在封建社会末期实属难得，是对个人意志的尊重，亦是对缔约自由的强调。可见，盐业契约在一定程度上的确满足新古典契约理论特征（2）之缔约自由，但同时亦需要提及的是，鉴于本书所研究的盐业契约处于从封建等级社会向近代社会转型的过程中，从身份到契约的转变完成并非一蹴而就，既然盐业契约的缔约主体有宗族家庭（堂）和个体两类，便说明在履约上依旧会受到宗族家法的影响。

（三）新古典契约理论验证之三

大前提：新古典契约理论中当事人具有长期合作关系

小前提：盐业契约当事人之间关系为长期合作性

结论：新古典契约理论特征（3）是盐业契约的充分且必要条件

其实就特征（3）而言，在前文对古典契约理论的分析中，本书已经论证了无论是年限井还是子孙井，鉴于盐井开凿的困难和规模，盐业契约当事人之间必定是长期的、连续的合作关系，绝非古典契约理论所认为的短期的、不连续的合作关系。因此，就新古典契约的这个特征而言，它与盐业契约之间的关系是充要关系。

（四）新古典契约理论验证之四

大前提：新古典契约理论允许弹性条款的存在

小前提：盐业契约允许弹性条款的存在

结论：新古典契约理论特征（4）是盐业契约的充分且必要条件

就特征（4）而言，以《民国八年三江井承佃约》表现最为明显，②譬如其中称“自承佃之后，如有井事不清、交涉不明，由主人自行理好，不与客人相涉”。这相对于同一个文本中的其他关于权利义务的约定，相对于前述其他三个例子中关于

① 《民国八年三江井承佃约》，民国八年（1919 年），自贡市档案馆藏，档案号：17 - 1 - 688 - 6；《同治三年济兴井承佃约》，同治三年（1864 年），自贡市档案馆藏，档案号：3 - 5 - 4016 - 22。

② 《民国八年三江井承佃约》，民国八年（1919 年），自贡市档案馆藏，档案号：17 - 1 - 688 - 6。

盐井开凿事务的具体约定，已经体现出极大的弹性，带有兜底条款的色彩。双方当事人约定：自该契约成立后，如果有其他与盐井相关的未尽事宜，客人概不负责，均由主人自理。这与现代合同制度中的“所有解释权归某某所有”有异曲同工之妙。

三、猜想三：盐业契约是否是现代关系契约理论的镜像

现代契约理论是对新古典契约理论的批判，认为经由新古典契约理论建立起来的契约模型是空中楼阁，虚无缥缈。[①] 现代契约理论认为，不仅所有契约都具有不完全性，而且契约的订立成本是无法通过收益抵消的，因为契约的成本远高于收益。此外，变化无常的政治、经济、文化环境会对契约的订立和执行产生影响，而这种影响是契约当事人难以预知、利用、避免抑或掌控的。现代契约理论的核心理念是对古典契约法理论和新古典契约法理论的颠覆且平衡，认为虽然社会已经完成“从身份到契约”的质变，但随着社会分工的细化、交易关系的扩大、契约自由原则的修正，人文主义色彩渐浓，社会正在经历“从契约到身份”的回归。[②] 契约关系已不似古典契约法理论所认为的那般绝对化，也不似新古典契约法理论所认为的那般弹性化，而是在弹性化和绝对化之间的一个阶段，好似格式合同，其所踩踏着的正是契约关系绝对自由化和相对弹性化之间的界限。不论是契约的履行过程还是契约责任的产生标准，都已将合意之外的社会因素考虑在内。[③] 合意不可抛弃，因为合意是启动整个契约程序的按钮；但合意并非唯一，因为契约关系如何发展还要受到社会因素的调整和影响。如何对契约的不完全性进行克服？解决之道应当从现代社会中搜寻还是应当回顾历史？假设人们之间的交易活动是建立在宗亲关系上，契约双方是宗族与个人或宗族与宗族，是否会在一定程度上克服契约的不完全性？关系式交易的最大优势即灵活变通稳定，若当事人之间知根知底彼此熟悉，经济人的投机主义欲望会受到大大的抑制，而对契约的履行

---

① 关系契约理论由麦克尼尔提出。他认为契约是一个动态的交换过程，在这个过程中，它所体现的不单单是当事人之间就标的物达成的合意或计划，还体现出当事人所受到的社会地位、交易习惯、宗教义务等诸多非契约的社会因素。参见[美]麦克尼尔著：《新社会契约论》，雷喜宁、潘勤译，中国政法大学出版社1994年版，第1页。

② 王杰、李金静：“现代契约理论的法哲学基础及其经济学方法论”，载《经济评论》2006年第2期。

③ 刘承韪：“契约法理论的历史嬗迭与现代发展——以英美契约法为核心的考察”，载《中外法学》2011年第4期。

也会自主自觉地进行，能够最大程度避免第三方执行机关的进驻。[①] 具体而言，现代契约理论的观点主要表现在三个方面：(1)虽然承认合意在契约的缔结和履行中的重要角色，但并不认为合意是唯一起作用的因素；(2)就契约的缔结过程而言，应该是张弛有度的，所谓“张”，即在契约权利分配方面应当体现出当事人之间以标的物为中心所形成的竞争关系；所谓“弛”，即在契约义务分配方面应当体现出当事人之间相互体谅的合作关系；(3)就契约的履行过程而言，应当是自我约束、相互尊重的，即通过道德、宗法等非法律因素进行内心的自省，并通过这种自省来保证对契约的适当履行，保证对方应得利益的不受损害。

(一)现代契约理论验证之一

大前提：现代契约理论认为合意与软法同为影响契约履行的因素

小前提：除合意外，软法厂规亦是影响盐业契约的因素

结论：现代契约理论特征(1)是盐业契约的充分且必要条件

就关系契约理论的特征(1)而言，盐业契约表现出商业习惯、交易惯例对契约缔结的影响。从《道光十七年万丰井出佃约》中的“其井出油，主人照厂规十中抽二”[②]便可见一斑，即当盐井见功后，主人可以按照5:1的比例提成，此处的提成比例便是当地盐场商人在交易中所形成的习惯，是不成文的规定。再看其他契约中对盐井荒废的处理——《嘉庆十二年万丰井承佃约》中的“伙内自出佃之后，不得停工住凿；如若停工，井主即行分班”、《道光十七年万丰井出佃约》中的“自出佃以后，客人不得停工住锉；如有停工住锉，任主人将井接回，客人不得称说用出锉井工本”[③]可知，一旦盐井无故停废，按照盐场通行惯例，地主会立即将井收回，而投资人不得为此要求地主对其所付出的锉井成本给予补偿。因此，盐业契约中体现了关系契约理论特征(1)之软法对契约缔结和履行的影响，也证明了中国古代的契约并非是在真空中缔结和履行的，而是以社会为背景，以地方交易文化为基础的存在。

---

① 苏梅芳：“古典契约论与现代契约论的关系”，载《求索》2007年第4期。

② 《道光十七年万丰井出佃约》，道光十七年(1837年)，自贡市档案馆藏，档案号：3－5－4017－2。

③ 《嘉庆十二年万丰井承佃约》，嘉庆十二年(1807年)，自贡市档案馆藏，档案号：5－4－53－128；《道光十七年万丰井出佃约》，道光十七年(1837年)，自贡市档案馆藏，档案号：3－5－4017－2。

(二)现代契约理论验证之二

大前提:现代契约理论认为契约当事人之间除却竞争关系,还有合作关系。

小前提:盐业契约(盐业开凿契约、盐业合伙契约)体现竞争与合作。

结论:现代契约理论特征(2)是盐业契约的充分且必要条件。

就现代契约理论的特征(2)而言,盐业契约体现出契约当事人之间的竞争与合作关系。此处以《同治三年济兴井承佃约》①为例,其中的"井见功日,或水、火、油,除修置廊厂、缴井报课之外,如有鸿息,照三十天均分"便体现出现代契约理论中的竞争观念,即在权利分配方面当事人双方存在此消彼长的关系。而依旧在此约中的"已见大功,修置廊厂、取土取石、牛马出路、抬锅运炭、安笕放卤、挑水出渣,均在地主业内,不得阻滞;如有阻滞,一切有地主承当"则体现出现代契约理论中的合作观念,即在义务分配方面当事人双方存在合作关系,有共同目的与共同利益。

(三)现代契约理论验证之三

大前提:现代契约理论认为履约过程中有宗法道德的干预。

小前提:盐业契约中通过亲邻优先购买权和家父权体现出宗法道德的干预。

结论:现代契约理论特征(3)是盐业契约的充分且必要条件。

就特征(3)而言,本书所研究的盐业契约背景注定了其对传统中国文化的吸收和体现,恰是对特征(3)的映射。究其原因,可以归结为:处于近代社会转型时期的盐业契约表现出对传统中国契约文化的传承和吸收。就第一点而言,主要体现在对"德治"政治文化的吸收。传统中国契约文化的精髓之一便是德治。所谓德治,即是通过对忍让、宽容等民族文化的宣传,使民众在发生争执的时候互相体谅,减少由不确定性可能造成的成本和损失。② 盐业契约大多是在宗族之间缔结的,即契约中所提及的"堂"(在第九章第二节"培育市民阶层"中会有更多的关于"堂"的分析)。这种通过家族内部的血缘关系、亲族关系进行的约束,以及亲邻优先权,均表现出了盐业契约当事人之间的自我约束,以及对具有亲邻关系的人

---

① 《同治三年济兴井承佃约》,同治三年(1864年),自贡市档案馆藏,档案号:3-5-4016-22。

② 孙莉:"德治及其传统之于中国法治进境",载《中国法学》2009年第1期。

的体谅与照顾。

综上，在验证盐业契约理论与古典契约理论、新古典契约理论、现代契约理论各自特征相符程度后，可知只有现代契约理论与盐业契约的关系为充要关系，即盐业契约唯有与现代契约理论三个特征完全符合，因此可得出结论——盐业契约理论是现代契约理论的早期镜像。

第四节　盐业契约特征

一、不完全性

契约的不完全性一方面来源于契约内部；另一方面来源于契约外部。就前者而言，契约的不完全性主要来自缔约双方的有限理性、交易对象的有限性、所仰仗条件的有限性、所使用缔约技术的有限性、所需要信息的不完整性、所花费成本的巨额性以及缔约双方对契约认知的差异性等。[①] 就后者而言，契约的不完全性主要来自交易物品的公共性所带来的制约，任何物品都与社会有着千丝万缕的联系，具有公共性质的物品与社会福利、公共利益直接相连，而具有私人性质的物品则会间接受到社会政治秩序、社会经济秩序、社会文化秩序、社会正义、社会基础设施、社会福利等的影响。

一方面，契约内部的不完全性是契约当事人难以克服的，因为它伴随契约的自然属性而存在。其一，交易标的物的有限性难以克服。不论交易标的物是特殊物还是种类物，不论交易标的物是可再生资源抑或是不可再生资源，缔约双方都会面临与其他契约的当事人进行资源竞争的情势。一旦面临竞争，契约所花费的成本便会攀高，此时契约的不完全性凸显。其二，缔约技术的有限性难以克服。虽然从古代社会到近现代社会，人们在缔约技术上一直有所改进和创新，从口头缔约到书面缔约，从书面缔约到电子缔约，却仍然无人能确保在任何一种缔约方式中信息的表达或传达不会出错。而只要任何一个环节出现信息传递的失误，便会使缔约双方受到契约不完全性的困扰。其三，缔约双方之间能力的差异性难以消除。一个契约可能有二至多方当事人，而当事人生活与教育背景的不同可能会产生对契约内容理解的差异性，尤其是当契约是在组织和个人之间缔结的时候，

---

① 杨宏力、宁朝山："西方不完全契约理论前沿进展"，载《江苏社会科学》2012 年第 5 期。

缔约双方的社会地位、谈判能力、履约能力更会有明显差异，此时契约的不完全性亦凸显。[①] 其四，履约过程中的不可预见性难以消除。契约会否按照自己的意思表示由对方适当履行，契约履行的结果会否同时满足缔约双方的期待，在履约过程中又会否出现不适当履行或者根本不履行……这些皆是履约过程中所存在的可能增加契约当事人成本的不可预见因素。这些不可预见因素增加了契约的不完全性，并且难以采取相应措施进行克服。[②] 另一方面，契约外部的不完全性是契约当事人无法选择的，因为它伴随契约的社会属性而存在，取决于社会政治、经济、文化环境是否康健。人是社会动物，每一个个体都不可能脱离社会而存在。契约作为人们追逐利益的工具自然也同样。如果一份契约的标的物是私人物品，契约的目的是满足个人利益，那么该契约的外部不完全性可能可以克服。但如果一份契约的标的物已经脱离了私人物品的范畴，进入了公共物品抑或准公共物品范围，则该契约目的是否能够达成已经不仅仅涉及缔约当事人本身，而已扩及社会经济秩序、政治秩序乃至公共福祉了。[③]

从以上两个方面的证明来看，盐业契约具有不完全性的特征。一方面，就盐业契约的内部关系而言，契约的不完全性明显。其一，盐业契约的标的物具有特殊性和不可再生性。盐业契约的标的物可以是盐井的开发、井灶的建立、笕的修建，也可以是卤水的运输、食盐的专卖许可证等，而不论哪一种都具有稀缺性，都面临盐商之间对资源的识别和竞争。其二，本书所集中研究的盐业契约出现在1732年至1949年，彼时的立约技术仍显稚嫩和繁琐，难以保证信息的传达或表达不会歪曲缔约双方的意思表示。其三，盐业契约缔约双方之间能力的差异性明显。虽然普遍受教育程度偏低，但是差异性并不会因为当事人普遍偏低的文化水平而有所缩小，缔约双方之间依然会因身份和地位的不同而产生悬殊较大的谈判能力、协商能力和履约能力（缔约方所掌握的资源丰足与否、资金充足与否直接决定了该方在订约过程中所处的优势或劣势），例如，在宗族和个人之间所缔结的盐业契约，又如在地主和投资人之间所缔结的盐业契约等。其四，盐业契约履约过程中依然存在较大的不可预见性。比如，在盐井开凿契约当中，无人能够知晓盐井是否会见功、何时会见功、何时会大量产出卤水。一旦开发多年未能见功，投资

① 杨宏力、宁朝山："西方不完全契约理论前沿进展"，载《江苏社会科学》2012年第5期。

② 孙朝阳："不完全契约的结构特征及其规制"，载《理论探索》2007年第4期。

③ 同上。

人自然会放弃盐井,终止契约的履行。再如,当盐业契约双方产生争议的时候,需要将争议上呈地方官进行裁决,在裁决过程中投入的时间、精力、金钱自然也增加了盐业契约的成本;另一方面,就盐业契约的外部关系而言,契约的不完全性同样明显。盐业契约,不论是盐井开凿契约也好,卤水运输契约也罢,都是为了产出食盐,获取出售食盐的利润。但是食盐自古以来就是国民经济的重要命脉,是社会产品而非私人产品。正因为此,盐业契约自一开始就同社会经济秩序、社会政治秩序紧密相连,会出现垄断,也会出现产业联合;也正因如此,盐业契约自一开始就要受到国家的强制干预和监督,也要受到自治组织的规制。契约的自给自足性由此被破坏,不完全性显现。

二、超自然经济性

自然经济是以自给自足为基础的,以满足个人生存生活需要为目的而存在的一种经济形式,它出现于生产力不发达和社会分工不成熟的社会中。从原始社会到半殖民半封建社会,自然经济一直是主要的经济形式。因此,中国古代契约一般体现出典型的自然经济特性。正因为缺少商品经济的支撑,中国古代契约关系一直止步不前,所交换的物品范围狭窄,主要集中于对土地、田宅、农产品的交换。① 不仅仅由于自然经济始终是社会经济的主要形式,而且也因重农抑商经济政策的影响、等级身份制度的压迫,商品经济发展苗头即便存在也受到打压,这也是为什么当时的法典编纂体例会采取"诸法合体,重刑轻民"的立法模式。但虽备受自然经济的排挤,商品经济依旧步履维艰的向前行走着。从西周时期到清朝末年,受契约行为推动的商品经济一直存在,只不过发展步伐有缓有急罢了。比如,西周时期的青铜铭文就已经对确认财产让与的契约和诉讼有了记录,而两晋时期"民有私约如律令"的谚语也证明了契约在民间的功用。②

盐业契约所反映出的不仅仅是自然经济的特性,更多的是具备了商品经济的色彩,映射出简单商品经济在自然经济中努力生存的局面。在盐业契约中,食盐不再是产品,而成为商品;交换也不再是手段,而成为目的。与此同时,契约的内容也扩大到食盐的生产、交换、出售三个环节。虽然在当时的社会经济中,盐业契

① 张姗姗:"中国古代契约主体资格的限制及其文化分析",载《河北法学》2011 年第 10 期。

② 张晋藩著:《中国法律的传统与近代转型》,法律出版社 1997 年版。转引自但小红:"古代契约制度与现代合同制度之比较",载《甘肃政法学院学报》2004 年第 10 期。

约所反映出来的简单商品经济只处于从属的地位,但它已经具备发达商品经济所拥有的特征。第一,盐业契约已反映出商品经济之交换型经济的特征,尤其体现在盐井开凿契约当中。在商品经济条件下,商品生产者主要依靠市场交换来获得大部分生产资料,并以追求利润为主要目的。在盐井开凿契约中,拥有土地的地主和拥有资金的投资人合作开采盐井,通过互利互惠从对方手中获取自己需要的生产资料或技术,从而共享盐井成功开采之后的利润。第二,盐业契约已反映出商品经济之开放型经济的特征。商品经济的开放型是指在商品的生产、分配和销售过程中商品生产者之间的经济关系不是静态封闭的,而是动态流动的,会随着商品生产、分配、交换关系的扩大而愈发紧密和多元化。这一点在盐业契约中的上中下节契约中可以得到较为明显的识别。上中下节契约是开放型的契约,当原有的契约当事人无能力或无资金继续开采盐井或火井的时候,新的当事人会进入原有的契约关系当中,原有的当事人也不会退出原有的契约关系。于是契约当事人变得多元化,彼此之间的法律关系愈发紧密的同时也扩大了盐业经济的规模。第三,盐业契约已反映出商品经济之开拓进取型经济的特征。在商品经济中,商品生产者为了不在激烈的市场竞争中处于劣势甚至惨遭淘汰,都会努力改进生产工艺,提高生产效率,降低成本,获取更大利润。这种商品生产者的开拓进取的精神鲜见于自给自足的自然经济中,因为该类经济受到市场冲击较小,无须改善生产工艺也能满足日常的生产生活需要。盐业契约中所反映出来的盐商对食盐冶炼工艺的改进正是商品经济之商人开拓进取精神的反映:比如,从最初的用火力对卤水的冶炼到后来的通过天然气井的开发冶炼卤水;再比如,从最初所采取的人力式卤水运输方式到后来的笕缆式卤水运输方式,都不同程度地反映了盐业商人对生产技艺的改进。但与其说是盐商主动改进生产工艺,不如说是盐商在市场竞争压力的驱动下被迫改进生产工艺,因为对生产工艺的改进毕竟也需要试错时间与试错成本。第四,盐业契约已反映出商品经济之扩大再生产的特征。在商品经济中,商品生产者为了形成规模优势、集中利用资本,会逐渐从粗放式经营向集约式经营转变。盐业契约中所反映出的家族企业的经营模式和管理模式正是对商品经济之扩大再生产特征的反映。以自贡富顺盐场为例,盐商以宗族财产为依托,展开家族式经营和管理,纵向发展生产规模。不仅将业务向上延至盐井开发阶段,而且还向下延至食盐销售阶段。通常而言,家族企业可通过对盐井的拥有满足卤水的供给,通过对笕缆的拥有保证将卤水运输到井灶,以及通过对零售商铺的拥有保证食盐的销售渠道。

三、弱身份等级性

在封建社会土崩瓦解前，社会的身份等级特性体现在社会生活的方方面面，从经济生活到政治生活，从文化生活到家庭生活，故而契约生活也无能幸免。不仅在缔约能力上表现出身份特性，在契约内容上也体现出人与人之间的身份不平等性或人身依附性。比如，在田宅买卖契约、人力雇佣契约、租佃契约中所规定的亲邻优先权，它虽然一定程度上保证了社会秩序的和谐，方便财产的让与和使用，但同时也对所有权人自由处分财产形成了限制，构成了对财产自由流转的阻碍，抑制了交易的繁荣发展。就缔约能力而言，传统契约实践只承认家长的缔约能力，因为在以家庭为基本单位的同居共财的传统中国社会中，唯有家长才能够处分共同财产，其他家庭成员既无权表达自己的意志，更无权代表家庭参与经济活动。① 而即便是家长，在决定是否缔结契约、与谁缔结契约方面也没有完全的自主权，依然要受到宗族利益的牵制。这也是为什么会有亲邻优先购买权的存在。② 所谓亲邻优先购买权，是指宗族成员在欲与他人缔结契约时，必须先问询家族成员，再问询宗族成员，如果无人愿意买受，才可以出卖给外人。正如《宋刑统·户婚》中所言："应典、卖、倚当物业，先问房亲；房亲不要，次问四邻；四邻不要，他人并得交易。"③

盐业契约虽也不可避免地体现了当时社会主流之身份等级性，但更体现出盐商对身份等级性的抗争。一方面，盐业契约中确实存在身份等级制度的影响，主要通过两方面表现出来。其一，主要表现在契约当事人的类型化。盐业契约当事人一般可分为两大类，家庭和个人。家庭即以"堂"的名义缔约的当事人，个人即以个体姓名为名义缔约的当事人。家庭在传统中国不仅是政治统治的基本单位，而且还是经济关系的基本单位。在传统中国社会，以家庭为基本单位对财产的占有几乎占据了当时政治经济面貌的中心版图。④ 其二，主要表现在各类基于身份关系产生的优先购买权上。除了前述的亲邻优先购买权，为了保护投资者，保证资本稳定，盐业买卖契约还会在亲邻优先权之前加上伙内优先购买权。⑤ 但另一方面，盐业契约中也表

---

① 朱勇著：《清代宗族法研究》，湖南教育出版社1987年版，第64页。

② 李倩著：《民国时期契约制度研究》，北京大学出版社2005年版，第24页。

③ 同上。

④ Jonathan Ocko, "The Missing Metaphor", in Madeleine Zelin et al (eds), *Contract and Property in Early Modern China*, Standford, 2004, p. 179.

⑤ 李倩著：《民国时期契约制度研究》，北京大学出版社2005年版，第25页。

现出对封建身份等级制度的抗争,此处举两个例子说明。其一,在天津长芦盐场的盐业专卖权契约中,与一般不动产或动产契约不同的是,出卖人并没有在食盐专卖权契约中保留亲邻优先购买权,而是保证了所有的买卖都是绝卖,保证了买受人所获得的是没有瑕疵的所有权,保证了出卖人对财产的处分完全受个人意志的操控,同时也保证了出卖人不会保留任何可能影响买受人对标的物实施处分的权利。[①]其二,在自贡盐场的盐业契约中,盐场女性同男性一样具有缔约能力,可以代表自己或子孙与家族外的人缔结契约——"立昼夜水火油盐崖子孙盐井日份合约人郭家坳天龙井上中下节三十天全体股伙毛志远堂,高经畲堂、李柏权、李五美堂、李四友堂、廖忠厚堂、李思九、李笙九、李靖候、颜念陶、颜崇福永、陈伯群等,缘毛志远堂及高经畲堂,先年以德合号名义,买明袁罗氏同子秀洋、秀治名下富厂长垱郭家拗原名莲海井,继改新海井……"[②]在这份契约中,袁罗氏及其子是出卖人,德合号是买受人,契约标的物是莲海井。可见,在盐业契约中,传统封建社会中唯有男性有缔约能力的观念被打破,女性也可成为契约当事人,通过处分财产而获益。以上两例表现出盐业契约的弱身份性与盐商对封建等级制度的抗争。

四、先进性

此处所谓之先进性,是指与同时期其他产业契约相比,盐业契约缔约者为了使契约更加贴合盐业产业的发展并保护缔约人利益而对契约内容和形式所做之改进。盐业契约与清朝末年的其他契约相比具有先进性。该先进性不仅体现在对契约形式的改进上,还体现在对契约内容的修正上。

(一)对契约形式的改进

盐业契约在两个方面对契约形式进行了改进。(1)增添了立约历史和立约动机。当时的契约除了采用统一由官府规定的格式外,还有一点与现代合同形式显著不同,即除了载明契约双方的名字、契约的类型外,往往还会在契约中列出本交易的历史,并解释为何契约双方要进行本交易,以及本次交易的内容。比如,《民国二十二年春龙井出佃约》中"立出佃昼夜水火油盐岩锉办下脉年限井日份文

① Man Bun Kwan,"Custom,the Code,and Legal Practice:The Contracts of Changlu Salt Merchants in Late Imperial China",in Robert Gardella(ed),*Contract and Property in Early Modern China*,Stanford,2004,p.279.

② 契约全文参见自贡市档案馆、北京经济学院编:《自贡盐业契约档案选辑(1732~1949)》,中国社会科学出版社1983年版,第380页。

约人同春灶股伙黄辉廷等，情因佃得易启承堂佃铿王崇德堂所有富厂大坟堡张家湾多年停废之万福盐井一眼，出资淘铿，更名春龙井。今凭中证，出佃与……”[①]就详细叙述了盐井的产权并非出佃人所有，而是由出佃人向所有权人承佃得来。这不仅体现了盐业契约开放型的特性，有利于后来的立约人了解前次交易的情况，还可有效地防止欺诈，便于双方了解对方的交易动机。[②]（2）为保证契约的公开性，盐业契约一般在公开场合签订。以自贡富顺盐场为例，契约的签署一般在公开场合进行，不单是为了向他人宣布开采工作即将开始，还是为了表示从此之后与该盐井有关的一切财产权利和利益都有了归属。后来在新中国成立初期，随着契约的增多，为了节省时间提高效率，立约不再在这样的专门场合进行，但盐业契约的立约人依然会将契约张贴在大街小巷以示公开。[③]

（二）对契约内容的改进

契约内容方面，盐业契约在以下三个方面体现出先进性。（1）契约包含不得损害第三人利益的内容。比如，在盐业租佃契约中，地主通常会要求佃户不得因行使租赁权造成对第三人的损害。（2）盐业契约中广泛使用证人条款，或者在签署处有证人的签名。证人条款的使用有两个目的：一方面希望通过证人证实签约当时双方的真实意图；另一方面希望通过证人证明立约当时的情况。[④]当双方对契约性质有所争议的时候，比如，一方坚持该契约是买卖契约但另一方坚持该契约是租佃契约，而从契约文本又无从考证的时候，[⑤]地方官一般会问询立约证人的意见，并在证人证言的基础上做出判定。[⑥]（3）盐业契约中体现了习俗的巨大影响力：一方面体现在宗亲制度对不动产转让的限制上，即要求转让人必须首先将机会提供给亲属或邻居，当亲邻无意购买的时候，才能考虑将财产转让给他人；另一方面体现在活卖制度对买方权利的限制上，即赋予出卖人对赎回权的保留以及对财产增值利益获取的可能。因为在活卖的情况下，卖方会低于市场价格出售标的物，所以法律一般承认卖方在选择不赎回的时候有权要求买方支付购买时市

---

① 《民国二十二年春龙井出佃约》，民国二十二年（1933 年），自贡市档案馆藏，档案号：房 1-35。

② Madeleine Zelin, "A Critique of Rights of Property in Prewar China", in Robert Gardella (ed), *Contract and Property in Early Modern China*, Stanford, 2004, p. 24.

③ Ibid., pp. 25-26.

④ Ibid., p. 25.

⑤ 关于盐业契约中买卖契约性质辨析见第二章。

⑥ Mark Allee, "The Status of Contracts in Nineteenth-Century Chinese Courts", in Robert Gardella (ed), *Contract and Property in Early Modern China*, Stanford, 2004, p. 170.

场价格和售出价格之间的差价。① 值得一提的是，除了在契约形式和契约内容方面体现出盐业契约的先进性外，当时社会亦已出现指导人们如何起草契约的手册。最早的有光绪二十一年(1895年)匿名汇编的手册《书契编蒙》以及司徒安编写的《最新契约大观》，最广为流传的有1933年由董建制汇编的四卷《现代实用契约礼帖程式全书》。这些手册既启蒙了人们的契约意识、训练了人们的立约技巧，又传授给人们运用契约保护自己权益的意识。②

本章小结

盐业契约是在地主、投资人、承首人之间基于合意缔结的，以盐井开凿、卤水开采、食盐冶炼为内容的，以买卖、租佃、借贷、合伙为形式的，以给付、作为或不作为为义务的，受到法律保护的债的协议。它以盐业租佃契约、盐业合伙契约为主要形式，凝聚了大量的资本、资源、劳动力，见证了盐业产业的起步、挫折和繁荣。盐业契约可谓是现代契约理论的早期镜像，张弛有度。所谓“张”，即双方通过契约对权利义务、违约责任等有明确约定；所谓“驰”，即双方对契约履行过程中的不可知因素以及地方交易文化的影响均有考量，载明弹性条款以灵活处理相关事宜。它既具有现代合同的不完全性、超自然经济性、弱身份等级性，又在契约内容和契约形式上针对传统契约做了相应改进，能够在提供公平磋商平台、规范债权行为、提供纠纷评判证据、弥补法律空白等方面满足交易需求。本书所研究的盐业契约是出现在清朝末年的契约，它不仅代表着中国古代契约发展最成熟阶段，也代表着传统契约从古代向近现代转变的阶段。它不仅在不动产交易方面形成了较为成熟的流转制度，通过盐井井基、盐井井灶的买卖、租佃契约建立了不动产交易市场，而且在契约种类方面也是中国古代契约的集大成者，包含买卖契约、借贷契约、租佃契约、析产契约等；它不仅形成了以权利、动产和不动产为混合标的物的契约模式，而且还出现了近现代才发展成熟的契约种类，如盐业合伙契约、盐业凿井投资契约等。

---

① 正因为活卖制度对买卖契约双方权利义务关系造成不稳定的局面，1730年清朝法典才规定了一旦买卖契约没有明确契约性质，即默认该买卖为绝卖。参见 Madeleine Zelin, “A Critique of Rights of Property in Prewar China”, in Robert Gardella (ed), *Contract and Property in Early Modern China*, Stanford, 2004, pp. 26 – 27。

② Robert Gardella, “Contracting Business Partnerships in Late Qing and Republican China”, *Contract and Property in Early Modern China*, Standford, Stanford University Press, 2004, pp. 330 – 332.

第二章　盐业买卖契约

第一节　盐业买卖契约特征分析

一、缔约主体不乏女性

根据民法学理论中对民事法律关系概念的描述，但凡要在买卖契约中行使权利、要求他人对自己履行约定义务的人，与买卖契约主体脱离不了关系。那么，在盐业买卖契约中，是否如同现代合同制度一般，对契约主体（合同主体）作出了相等同或者相类似的限制？且让我们先回溯到买卖契约的始祖——罗马法买卖契约中一探究竟。首先，罗马法并没有同等地赋予所有自然人缔约权。根据罗马法关于法律上的人的规定，并非所有的自然意义上的人都是法律上的人，比如，奴隶可以被用来交换、买卖，具有财产的属性，其法律地位因缺乏“自由”、“家族”和“市民”的身份而只能是权利的客体。因为根据罗马法关于人格和人格权的规定，必须同时具有自由的权利、家族成员的身份和市民的身份才可以是权利的主体。[①] 再如妇女，虽然具有前两个因素，但却因为缺乏第三个因素而必须受到家父的控制，不得私自缔结契约，更

① 曹险峰：“罗马法上的人格和人格权”，载《安徽大学法律评论》2007年第2辑。

不得私自做出可能产生法律后果的行为。其次，罗马法对于契约成立的首要条件硬性规定为注重缔约人的意愿，换言之，没有意愿或者无法正常理性表达意愿的人便无法成为被法律承认的适格契约主体。因此，以法律主体的民事能力为标准，不具备或不完全具备民事能力的法律上的人皆无法缔结法律承认的契约，如幼儿，如身体残疾的人或心理能力残疾的人。但此处需要特别提及的是，罗马法理论中，正如前文所述之人格减等之原因，对于妇女——身体心理均健康的妇女——也持有同幼儿一样的态度，即必须在监护人（家长）的同意下才能缔结契约。现代合同理论与罗马法理论有稍许不同。根据《民法通则》第11条至第14条可知现代合同制度与罗马法理论相同的地方便在于对幼儿缔约能力的处理上，即允许其在监护人的代理下缔结合同；不相同的地方便在于对精神病人和妇女的缔约能力的处理上。就前者而言，赋予他们与幼儿相等同的法律待遇；而就后者而言，从根本上转变了罗马法拒绝承认其民事法律地位的状态。因此，从罗马法契约理论和现代合同理论关于契约（合同）主体的规定上，可以得出如下结论：非法律主体一定不是民事主体，法律主体不一定是民事主体，但民事主体一定是法律主体。本书所关注的盐业契约，从其所处的社会发展阶段而言应当具有罗马法契约理论的特色，即具有与罗马法家父权相媲美的家长制特征，但盐业契约所体现出的家长制是不完全的，因为妇女也可以成为独立的卖方或买方。具体分析如下。

在《同治七年泩洪井杜卖约》中，可以从“情因负债难偿，禀明祖母，情凭中证，将存留地脉水火日份一天零三时，扫卖与堂叔王培信名下，子孙永远管业”看出，当时所处的社会所依托的仍然是家长制的文化底蕴。[①] 从“禀明祖母”可以推测出在卖方王氏三兄弟家族中，很有可能祖父已经过世，所以由最为年长的祖母享有对家族财产的最终决定权。“禀明祖母”不仅为我们揭示了盐业买卖契约的背景，即家长制的社会文化，而且也从侧面反映出妇女地位比封建社会鼎盛时期已经有所提升，可以独立做决定。如果说此约中的“禀明祖母”尚无法说服读者，那么另举一例。在《光绪二十六年河丰井杜卖约》中，首部说明卖方情况以及标的物产权由来——“立杜卖盐井日份文约人胡黄氏，情因负债维艰，请凭族证，将先年故夫受分新垱地名趾扶沟河丰井应占每月昼夜水火油子孙业净日份一天三

① 契约全文参见自贡市档案馆、北京经济学院编：《自贡盐业契约档案选辑（1732～1949）》，中国社会科学出版社1983年版，第380页。

时，一井三基、天地二车、廊厂、井基，均照三十天规模管业”。[①] 其中，卖方赫然写着“胡黄氏”。从中可以看出，盐业买卖契约的适格主体可为妇女。首先，胡黄氏作为卖方陈明了出卖日份的缘由。其次，胡黄氏作为卖方作出了允诺，即“井事不明，一切有胡黄氏承担，不与买主相涉”。用现代合同术语解释，即胡黄氏作为卖方承诺将保证标的物的权利无瑕疵。由此可见，胡黄氏虽是一名妇女，却是切切实实的可独立为民事法律行为的卖主，而非只是需要在监护人的同意或代理下缔结契约关系的法律主体。

二、缔约主体可为“堂”

民法史上的缔约主体经历了从“人可非人”到“非人可人”的发展历程。[②] 首先，所谓“人可非人”，是从有血有肉的生物人角度进行描述。前一个“人”指生物人，即人类；而后一个“人”指法律人，即能够为法律行为并产生法律效果的主体。之所以“人可非人”是受到封建身份等级制度的影响，其中最典型的“人可非人”代表便是奴隶。《法学阶梯》认为，法律上的人或者说拥有法律认可可以为法律行为的主体概念中并没有奴隶，换言之，即便奴隶同其他没有受到任何人格减等的人做了同样的行为，也不会导致同样后果的产生，因为奴隶只是财产中的一类。[③]而“人可非人”产生的根本原因可归咎于家族意志的强势以及对个体意志的压制，家父权的行使不仅使奴隶成为财产，而且使家父之下的子孙、女性也无法成为法律适格主体，更遑论表达自己意志并缔结有利于自己的契约。其次，“非人可人”是从法律主体的角度描述的。前一个“非人”是指非生物人，即不符合自然人生物特性的存在物，如合伙、公司、国家等抽象存在；后一个“人”是指法律人，即可独立为法律行为的适格主体。之所以“非人可人”会发生得益于“从身份到契约”运动的成功，不但自然人之间的平等地位被成功赋予，而且从符合法律主体具象标准的法律人身上抽象出了一般标准，即民事权利能力，这使不具有血肉之躯

① 《光绪二十六年河丰井杜卖约》，光绪二十六年(1900年)，自贡市档案馆藏，档案号：41-1-2329-12。

② 李拥军：“从‘人可非人’到‘非人可人’：民事主体制度与理念的历史变迁”，载《法制与社会发展》2005年第2期。

③ [奥]凯尔森著：《法与国家的一般理论》，沈宗灵译，中国大百科全书出版社1996年版，第107页。

的抽象存在也被纳入民事主体的范畴。① 盐业契约中的缔约主体“堂”便是“非人”的“可人”。

在盐业买卖契约中，除了以妇女可以成为独立契约关系主体为特色外，还有一点与现代合同制度不同，即以“堂”为单位，而所谓“堂”便是宗族——这与古罗马的法律制度类似，强调家族意志；但这与古罗马的法律制度又有少许不同，并没有压制或是忽视个人意志，而是允许个人脱离家族签署代表自己利益的契约。因此，若是将身份至上的理念和契约至上的理念形容为一个平衡架两端的摆锤，可以说盐业买卖契约体现出当时的契约文化在这两个摆锤之间的摇晃与纠结，更体现出“从身份到契约运动”在我国古代社会向近代社会转型过程中的曲折。为体现“堂”的缔约主体地位，此处且举《光绪廿九年宝生井绝顶约》②为例。在该约中，通过契约首部的“立出绝顶子孙业盐井文约人颜四箴、颜觉吾、叶海西，情因先年在富邑坵垱马窝子大山坪坎下李姓业内，锉办宝生井一眼，应占日份二十天，颜、叶二家商议，自愿将伊所占日份绝顶，今凭中证，出顶与守经堂名下，子孙永远管业”契约文本可知，买方是守经堂，卖方是颜四箴、颜觉吾、叶海西三人。此处的堂，即是一个家族。家族内部可分诸多支。之所以盐业契约普遍采取以堂为单位的方式，笔者认为主要因为这种以堂为单位的投资模式可以保持家族的兴旺。堂通过一代代的传承的确为家族生命力的延长做了显著贡献，因为既然是以整个宗亲为投资者，那么其中任何个体的死亡都不会影响投资者的存在。即便当时代表“堂”订立契约的当事人死亡，也不会影响契约的效力，可以达到子孙永远管业的目的。③

三、标的物以有形财产和无形财产结合为特色

就标的物而言，它是买卖契约的核心要素，因为不论买卖契约采取什么形式，都要有权利义务作为内容，而这个内容便是围绕标的物的交付、标的物的接受、标的物交付后的风险转移、标的物的价金交付等事项而约定的彼此对对方当事人所

---

① 李拥军：“从‘人可非人’到‘非人可人’：民事主体制度与理念的历史变迁”，载《法制与社会发展》2005 年第 2 期。

② 《光绪廿九年宝生井绝顶约》，光绪二十九年（1903 年），自贡市档案馆藏，档案号：8－1－679－168。

③ Madeleine Zelin, “Managing Multiple Ownership at the Zigong Salt Yard”, *Contract and Property in Early Modern China*, Standford, Stanford University Press, 2004, pp. 244－245.

应当履行的义务和可以要求对方当事人为一定行为的权利。罗马法中的物和当今社会的物的概念并不相同,此处的不相同主要体现在物的外延上。比如,但凡是不属于人的范畴的、有财产价值的、可流通的物体,都可以称为买卖契约的标的;不论该标的物是动产抑或不动产;是有形物抑或是无形物;是自己所有的抑或是他人所有的;是已经所有的抑或是将要所有的。需要指出的是,在罗马法中,权利也可以作为买卖契约的标的物,无论是物权还是债权。就物权而言,在设定标的物的时候,会根据建立于其上的物权是已设还是未设来分情况讨论。对于初始设定的物权,一般情况下是没有限制的只要双方达成合意即可,诸如在他人土地上的通行权等;对于已经设定的物权,则只有在不会影响权利主体的前提下可以买卖,诸如对已经设立的租赁权、抵押权、质权等。就债权而言,根据债的相对性,在罗马社会早期是无法缔结以债权为标的的买卖契约的,但随着商品经济发展,人们要求在买卖契约中订立债权让与和债务承担的条款,故债权也和其他财产一样,成为买卖契约标的之一。① 此外,标的物除了必须是物之外,还须满足三个要件:切实存在的、明确具体的、国家允许流通的。首先,就第一个要件而言,切实存在并非意指标的物必须是出卖人在缔结契约的时刻实在占有的。对于即将占有,但此时此刻还未实施占有的物体,亦可以作为买卖契约的标的物。但是对于将来可能占有,也可能不占有的物体,则不能作为买卖契约的标的物。换言之,“切实存在”并不要求标的物的存在是在出卖人的管辖或占有领域内,只要其在缔结契约当时切实存在于社会中,无论当时是由他人监管或是由出卖人自己监管,均可以作为买卖契约的标的。② 其次,就第二个要件而言,标的物必须明确具体,即必须对一般物体、种类物进行特定化。最后,标的物必须是国家允许流通的。在任何国家,出于对公共利益维护和社会秩序稳定的需要,官方都会明令禁止民事主体对某些物品的交易。而被禁令交易的物品,要么对社会经济秩序的维持有十分重要的作用,要么对社会政治秩序的维护意义深远。比如,在查士丁尼时代,那些以供人们实现宗教信仰的满足感的场所,和那些以供人们公开开展官方准许的活动的场所为标的物的买卖契约便是无效契约。③

中国自古以来盐铁官营,故盐业买卖契约的出现可谓是自给自足的自然经济

① 宋顺喜:“罗马法买卖契约理论研究”,吉林大学法学系2005年硕士学位论文,第8页。
② 黄风著:《罗马私法导论》,中国政法大学出版社2003年版,第297页。
③ 冯卓慧著:《罗马私法进化论》,山西人民出版社1992年版,第228页。

向互易互换的商品经济转变的里程碑。盐业契约是指在盐井的开发与流转过程中自然人之间或自然人与合伙组织之间设立、变更、解除民事法律关系的协议，而盐业经营往往涉及土地（井基地）、井灶、盐井、卤水及份额问题，故包括盐业凿井契约、盐业买卖契约、盐业合伙契约、盐业析产契约、盐业租佃契约、盐业借贷契约等类别。可见盐业契约客体之复杂，因而盐业买卖契约的形式、内容和性质亦具有繁杂化和特殊化。若从契约内容上区分，可分为：井灶全业买卖契约（“全业”包括盐井、天地二车、柜房、灶房、楻桶房、一切廊厂等）；盐井买卖契约（只卖盐井）；田井合并买卖契约（“田井合并”是指将土地及其上附着物盐井一并出卖）。此处暂举扫卖契约一例——《道光二十二年天宝井扫卖约》——以一览盐业买卖契约的客体。首先，此份扫卖契约中描述标的物的文本为“立出扫卖井份地脉文约人堂叔王明信，今将祖遗桐梓垱石塔上天宝井，每年每月水火昼夜净日份二十七天四时有零，一并扫卖”可知，标的物首先满足“切实存在”的要件——立约人王明信在第一句就指出该买卖契约的标的物是祖上遗留下来的所占天宝井的日份。其次，满足“明确具体”的要件——不仅明确约定了扫卖的对象，即“天地二车、廊厂、柜房、财门、灶房、厨房、牛棚、车房、大楻桶”，而且还明确描述了四周界址“界前抵财门外大路，与买主连界，后抵高坎石为界，左抵钟姓海洋井石墙为界，右抵天全井石垣墙直下财门，与买主合界”，以免引起不必要的误会。最后，此份扫卖契约的标的物是典型的“混合物”，即将天地二车、廊厂、柜房、财门、灶房、厨房、牛棚、车房、大楻桶和日份一同出卖，换言之，即是以用益物权（日份）为中心，①将与日份有关的动产和不动产一同出卖。从扫卖契约法律关系的标的物中可以总结出盐业买卖契约的标的物范围，即日份（火份）、动产（天地二车和大楻桶）、不动产（廊厂、井基、柜房、财门、灶房、厨房、牛棚、车房）。可见，盐业买卖法律关系的标的物是多元化的，以不动产和动产结合为特色，以有形财产和无形财产（日份）结合为特色。②

第二节　盐业买卖契约性质辨析

买卖契约并非同时出现于东方与西方社会，不同社会土壤的孕育注定不同特

① 关于日份性质的分析，见第六章第一节。

② 《道光二十二年天宝井扫卖约》，道光二十二年（1842年），自贡市档案馆藏，档案号：8-1-714-171。

质的产生,这使将东方买卖契约的早期形态与西方买卖契约的早期形态作对比成为必要,它将是下文对盐业买卖契约作性质推论的前提。传统中国是否存在买卖契约?如果存在,与现代买卖合同是否有差异?这不仅涉及对契约与合同的辨析、对传统买卖契约的考察、对传统买卖法律关系与现代买卖法律关系和现代典权法律关系的比对,更涉及对中国传统买卖契约性质的发展方向分析。盐业买卖契约既与土地流转相关,又与不动产转让相关,且契约中频频出现的"杜卖"、"摘卖"、"预卖"、"回赎"等条款更为辨清其性质蒙上了扑朔迷离的面纱——既名为买卖契约,又为何涉及典当术语?是独具买卖合同的性质?还是兼具典当合同的性质?抑或是具备其他合同的性质?值得一探。

一、东西方买卖契约早期形态

对西方买卖契约早期形态的分析理应从古罗马的契约制度开始,既是因为西方社会最典型的成文化契约出现于公元前451~450年古罗马所制定的《十二铜表法》中,亦是因为买卖契约是诺成契约中最典型的类型,而诺成契约又属古罗马契约法中发展最为成熟的类型。根据罗马法的理论,假如将出卖人设为甲方,将买受人设为乙方,买卖便是甲方将自己财物自愿提供给乙方并承诺乙方可以对该财物在和平的状态下永续的使用和占有,[①]而乙方则在提供甲方接受的价款之后如约对该财物实施占有。[②] 其中,"和平、适用、永续"是对买受人享有占有权的限制,支付价金是交易条件,而买受人对标的物"占有"的完成则是整个买卖契约效力所在。可见,不论是周枏还是黄风,都明确地指出了罗马法诺成契约的买卖效力与现代合同效力不同之所在——不会发生所有权转移的效果。[③] 分析到此处,不禁要提问:为什么早期的买卖契约无法如现代合同一般完成所有权的转移,而只能完成标的物占有权的移转?是否是因为当时社会对所有权移转的严格掌控和限制所致,使市民在商品流通效益所带来的刺激下和在不触犯规则的前提下,只能变通性地使买卖契约中的出卖人只能将自己财物的占有使用权让渡给买受人?[④] 既然罗马法的买卖契约发展动力被有的学者归纳为坚持改变那种只能转

① 周枏著:《罗马法原论》,商务印书馆2001年版,第742~743页。
② 黄风著:《罗马私法导论》,中国政法大学出版社2003年版,第296~297页。
③ 宋顺喜:"罗马法买卖契约理论研究",吉林大学法学系2005年硕士学位论文,第4页。
④ [英]巴里·尼古拉斯著:《罗马法概论》,黄风译,法律出版社2000年版,第189页。

移物品占有权的试图,[①]那么东方社会早期买卖契约发展历程中又是否呈现出相同的努力方向——从仅仅让渡占有权到圆满让渡所有权的努力?

《周礼·地官·质人》有曰:"质人掌成市之货贿,人民(奴婢)、牛马、兵器、珍异,凡卖值者,质剂焉。大市以质,小市以剂。"[②]因东方社会买卖契约最早可查的记录是西周时期,从交换契约发展而来,故相较于西方社会买卖契约早期形态中对占有权移转的强调,东方社会买卖契约早期形态更烙有交换的色彩。从《周礼·地官·质人》相关文字并无法得出当时的买卖契约所完成的法律效力究竟是占有权的移转还是所有权的移转,而只能根据买卖契约所出现的社会背景判断为:在商品经济处于萌芽而非成熟阶段的社会中,标的物的占有与所有的概念还未被契约当事人进行有意识的区分。但按照经济形态决定发展阶段的原理,东方社会买卖契约早期形态所具有的交换色彩应是暂时的,如对其后各朝代买卖契约进行详细分析,应不难发现随着商品经济逐步走向发展、成熟、繁荣,东方社会买卖契约也可能会被赋予与西方社会买卖契约同样的命运,即经历从完成占有移转到完成所有权移转的买卖契约效力发育历程。而正是盐业买卖契约所具有的三种形式中的"杜卖"、"摘卖"、"预卖"形式,使笔者对买卖契约的性质产生质疑——"杜卖",又称绝卖、杜顶、出卖,根据自贡盐场通行规则,是指永不赎回的交易;"摘卖",是指出卖人对自己所有的全业有保留的出售;"预卖",即将一定期限后才兑现的日份提前出卖,是指在凿井过程中或井见功后,出卖人将自己尚在租佃期内的所占份额(日份)予以出卖,待租期届满后由买受人接受管业。究竟盐业买卖契约是名为买卖实为典当?还是二者合一,以买卖契约为内容,典当契约为载体?抑或是当时社会经济条件的限制使所有权无法转移只能采取特别形式?以下将分别就性质的设想进行分析与推断。

二、盐业买卖契约性质假设一:买卖合同性质

买卖合同的特征有哪些并不难推出,除了在平素生活中对自己所为交易的感受以及对他人所为交易的观察,在《合同法》中也有立法者对买卖合同特征的描述,比如:(1)标的物所有权的转移性;(2)双务性,出卖人与买受人均负担相应义

---

① [意]桑德罗·斯契巴尼著:《法律行为》,徐国栋译,中国政法大学出版社1998年版,第373~374页。

② 张传玺著:《中国历代契约会编考释》,北京大学出版社1995年版,第21页。

务；(3)有偿性，以支付价金为代价；(4)诺成性，未规定特定形式。虽买卖合同是双务有偿合同，但此处须对双务与有偿作出说明：双务合同一定是有偿合同，但有偿合同并不一定是双务合同，如自然人之间的有偿赠与合同。关于买卖合同当事人双方的权利义务，表述如下：(1)出卖人义务在于：负责向买受人交付标的物；负责向买受人完成标的物所有权的移转；负责向买受人承担标的物瑕疵担保义务和权利瑕疵担保义务。(2)买受人义务在于：负责向出卖人支付价款；负责从出卖人处及时受领标的物。

根据前文所述自贡盐业买卖契约所具有的三种形式，即杜卖、摘卖、预卖，在此处先举出三个典型盐业买卖契约作为分析参照物。第一，就采取杜卖形式的契约《道光二十三年添花井杜卖约》而言，此份契约特征如下：①(1)根据“添花井水货地脉井份”、“天地二车、柜房、灶房、楻桶房、厨房，以及一切廊厂等项”可知，出卖人王李氏在契约中陈述买卖缘由，并将标的物特定化后欲卖给买受人李四友；(2)根据“卖价铜钱三十一串文正，其钱即日亲收，并无少欠分文”可知，双方自愿商定价款后，买受人在受领时完整支付价款，并无亏欠，此乃双务有偿；(3)根据“自卖之后，任随李姓子孙永远推荐管业”可知，出卖人通过完全转移占有使用收益的权益给买受人而撇清标的物与卖主关系；(4)根据“祖遗受分桐梓坳添花井每月昼夜水火地脉井份三十天”可知，出卖人向买受人陈明标的物来自继承祖上财产，从而向买受人保证权利无瑕疵。第二，就采取摘卖形式的契约《光绪二十一年长流井摘卖约》而言，契约特征如下：②(1)根据“王宣信率子愿将祖遗新垱地名豆芽湾先年锉办盐井一眼，原名长流井，更名自福井，每年每月宣信名下应占子孙地脉净日份一天半，年满后子孙业共七天半。今提留现日份半天，又提留年后井二天半，摘出现日份一天，又十四年后子孙业地脉净日份共计五天”可知，出卖人王宣信将自己所占自福井日份确定化后欲卖于买受人王穀诒堂，履行出卖人交付义务；(2)“摘卖与王穀诒堂名下，子孙永远推煎锉办管业”乃厘清标的物与买受人关系，“永远推煎锉办管业”则表明标的物占有使用收益三权益的永久性移转；(3)根据“祖遗留新垱地名豆芽湾先年锉办盐井一眼，原名长流井，更名自福井”可知，出卖人通过向买受人陈明标的物由来及名称变化来保证标的物权利无瑕

① 《道光二十三年添花井杜卖约》，道光二十三年(1843年)，自贡市档案馆藏，档案号：42-1-1922-4。

② 契约全文参见自贡市档案馆、北京经济学院编：《自贡盐业契约档案选辑(1732~1949)》，中国社会科学出版社1983年版，第501页。

疵。第三,就采取预卖形式的契约《民国十二年天成井预卖约》而言,[①]契约特征如下:(1)根据“郭联清将先父郭双发所做富邑三口塘黄四和业内天成井日份一天。又,郭九如、郭善成等将先父郭双兴所做天成井日份一天,共成子孙基业二天,一并杜顶与黄习之名下”以及“其井于辛酉年全月二十五日,经王石泉手出佃与王俊候名下推煎,该已年全月三十日限满”可知,出卖人郭联清、郭九如、郭善成将天成井日份确定化后卖于买受人黄习之,但因当时标的物已出佃给王俊候,为了不损害承佃人的利益出卖人无法立即完成交付义务;(2)根据“该已年全月三十日限满,该买主接回,子孙永远管业”可知,标的物租期届满交付买受人黄习后,出卖人与标的物不再相干,“子孙永远管业”表明完全转移占有权;(3)根据“先父郭双发所做富邑三口塘黄四和业内天成井”、“先父郭双兴所做天成井”可知,出卖人通过向买受人陈明标的物由来而担保标的物权利无瑕疵。

上述三个契约,分别是从道光年间、光绪年间以及中华民国时期的买卖契约中抽选,虽细节不完全(因并非所有契约都如同《道光二十三年添花井杜卖约》般言明出卖人与买受人所商议的价金),并且均未言明所有权的移转(“永远管业”并不一定代表所有权的移转),但已可大致观察出盐业买卖契约具备买卖合同的形式与内容,而关键性要素所有权是否移转,尚且不清。

三、盐业买卖契约性质假设二:典当合同性质

《合同法》目前所列有名合同中并不包括典当合同,故笔者以台湾地区“民法典”为例分析典当合同的性质。在“民法典”中,典当法律关系的一方被称为典权人,另一方被称为出典人。后者在向前者为典当之意思表示后;前者通过向后者支付一定数量的价金以取得对典当之物的占有使用收益权。[②]故典当合同完成的效力是典权人在向出典人支付典价后实现对合同标的物的占有,并且除当事人双方有特别约定,典权人可在合理用途内自由行使占有、使用、收益之权利。典当合同的特征在于其期限性,即当双方所约定的典当物品的期限到期时,若当初典当物品的人没有如约向典权人支付价金对物品进行赎回,典权人便从此享有对该物品的完全的所有权,即包括处分权在内的权利。故典价和典期被认为是典权合

① 契约全文参见自贡市档案馆、北京经济学院编:《自贡盐业契约档案选辑(1732~1949)》,中国社会科学出版社1983年版,第569页。

② 佟柔著:《中国民法》,法律出版社1990年版,第278页。

同成立的必要条款。而关于典权合同双方当事人的权利义务,表述如下:(1)出典人的权利包括对典价的请求权和对典物的赎回权,让与典物权,设定抵押权;出典人的义务包括瑕疵担保义务和费用偿还义务。(2)典权人的权利包括对典物的占有、使用、收益权,流转典物权(转典、让与、出租、抵押),对破损的典物进行修理的权利、对在典物维护期间所支付的费用向出典人请求补偿的权利、当出典人到期并未如约赎回典物时的典物所有权。除此之外,典权人还有支付典价的义务、妥善保管并适时返还典当物品的义务。①

盐业买卖契约中"杜卖"("杜顶"、"绝顶"、"绝卖")形式买卖契约似乎带有典当合同色彩,但是否是典当合同性质,则不能妄下结论。举例三份买卖契约以验证。第一,在《同治三年洪海井杜卖约》中有"王世勋等将祖遗洪海盐井一眼并天地二车廊厂基址一并杜卖与王纶享、王发享名下承买推办管业,永不找赎"的契约文本;②在《道光二十二年天宝井扫卖约》中有"扫卖人王明信将其祖遗桐梓坳石塔上天宝井所占日份及灶业一并扫卖,业内荒废井眼,牛马出路,抬锅运炭,寸土寸石寸木寸竹片瓦一并扫卖,并无提留"的契约文本;③在《民国十一年玉龙井杜顶约》中有"俟佃限满时,由杨启贤堂直接在刘焕斋手内接回锅份,煎烧管业,并无敷补,义兴不得干涉、赎取等语"的契约文本④。笔者已将易引疑问的字句画线。倘若买卖契约是纯粹的买卖性质,就意味着契约签订之后标的物所有权的转移,又何来"永不找赎"、"不得干涉、赎取"的特别约定?杜卖(绝卖)是典当术语,是指一旦交付永不赎回。既然有绝卖,必定有"活卖"存在,即交付后可以赎回。但如果这种假设成立,买卖契约所具有的契约有效,所有权转移的特征就被彻底打破,又何来该契约是买卖契约一说?要么这是当时买卖契约格式条款中的一部分,实际情况中确实存在出卖人在将标的物出卖之后欲赎回的情况,说明"永不找赎"、"不得干涉、赎取"实乃为了保证契约效力,即每份"杜卖"式买卖契约都必须在最后说明此条。要么当时没有典当契约的存在,只有通过买卖契约的形式完成。而不论是运用第一种情况还是第二种情况进行解释,均无法得出当时盐业买

---

① 肖宇:"典权制度法律问题研究",中国政法大学法律系2011年硕士学位论文,第5~8页。

② 《同治三年洪海井杜卖约》,同治三年(1864年),自贡市档案馆藏,档案号:3-5-4020-6。

③ 《道光二十二年天宝井扫卖约》,道光二十二年(1842年),自贡市档案馆藏,档案号:8-1-714-171。

④ 《民国十一年玉龙井杜顶约》,民国十一年(1922年),自贡市档案馆藏,档案号:17-1-652-9。

卖契约可以完成的法律效果——所有权转移。而这恰是买卖契约(合同)最典型的特征,是将其与租赁、借贷、抵押等契约(合同)相区别开来的关键。第二,《民国二十九年泗荣井押借约》与《民国十五年成海井借押约》是《自贡市盐业档案选辑》典当式契约类别中所列《交利式典当契约》与《交业式典当契约》。① 笔者亦赞同其为典当契约。且以《民国二十九年泗荣井押借约》为例分析:根据“立押借文约人王德君,今将祖遗敦德堂之业阮家大坟堡地名半边山业内之泗荣井一眼,此井系敦德堂四房公有,德君名下应占日份五天,兹凭证完全出押与胞叔秉之即璋裕即经理人名下”和“比日凭证三面议定:押定法币一百五十元正,其洋当即亲收入手,并无少欠角仙,另立有收字为据。此井定押年限七年,自民国二十九年十一月一号起,至三十六年十月底为满限之期,限内不能取回,亦不得外佃、外押、外卖”可知,典权人为璋裕,出典人为王德君,典价为法币150元整,典期为七年,典物为泗荣井。因契约中“限内不能取回”、“至限满之时”、“如头利不清”字样,可知典物所有权并未在签订时转移。② 这份契约中典权法律关系甚为明了,说明当时确有典当契约的存在,而上文《民国十一年玉龙井杜顶约》同为民国时期契约,恰好证明并不存在笔者于前一段落中对买卖契约代行典当契约之责的假设,而只能得出当时买卖契约性质确模糊不清的结论。

四、推　论

经过上述分析,矛盾点凸显:盐业买卖契约若为典当合同性质,为何明显缺乏典当合同的特征(契约中须言明典期、典价);盐业买卖契约若为买卖合同性质,为何其中又频频出现“回赎”、“提留”等字样,并且采取杜卖、摘卖等形式?笔者认为,辨明盐业买卖契约的关键在于对“所有权转移”的理解。

第一,古代契约中的所有权转移与现代合同中的所有权转移明显不同。现代民法理论一般认为所有权是“作为财产归属关系在法律上的表现,其最本质的东西,是权利人在法律上排除他人,将某项财产据为己有,由自己享有独占性的归属

---

① 《民国二十九年泗荣井押借约》,民国二十九年(1940年),自贡市档案馆藏,档案号:5-4-40-48;《民国十五年成海井借押约》,民国十五年(1926年),自贡市档案馆藏,档案号:42-3-696-50。

② 《民国二十九年泗荣井押借约》,民国二十九年(1940年),自贡市档案馆藏,档案号:5-4-40-48。

和支配”。[①] 它具有独占性、回复力，权利人可对所有物行使占有、使用、收益、处分的权利。但古代契约中的所有权转移却存在“不完全转移”的现象，大部分是由所有权存在一物二主现象造成，譬如在清朝普遍存在一田二主乃至一田多主的现象（此处之所以以清朝土地为例进行分析，其一是由于本书所探讨的盐业买卖契约是从1732年至1949年之间的契约；其二是由于土地作为不动产的典型、作为盐业买卖契约必须涉及的要素，讨论土地的所有权概念更能发掘它与现代民法中所有权概念的异同）。当时的土地分为上下两层，上层的土地称为田皮，下层的土地称为田骨。而田皮和田骨可分别为不同所有者拥有，二者对土地的所有相互独立且并存。田骨所有人可每年向田皮所有人收租，田皮所有人可自由对土地进行流转，无须征得田骨所有人的同意。并且，田皮所有人与田骨所有人的变更对于彼此对土地的所有并不构成影响。[②] 因此，即便田皮买卖契约当事人双方意欲通过契约移转所有权，也会因为田骨所有权的尚未移转而出现所有权并未完全移转的契约法律效果。盐业买卖契约所有权的不移转同理，因大部分盐业买卖契约中的出卖人对标的物的获得是通过家庭其他成员先前的租佃行为，所以在出卖人和买受人之间所达成的“标的物所有权的移转”只是承佃人对租赁物用益物权的移转，并非是对盐井及其所在土地田皮和田骨所有权的同时移转。

第二，至于前文所列举契约中所提到的“子孙永远推煎锉办管业”中所提到的“业”也是理解所有权概念的关键。有学者认为，清代民间契约中的“业”包容广泛，是一种与标的物有关，但并不必然表现为对物的以物的收益权为核心的权利。[③] 日本学者寺田浩明在研究清代土地买卖时指出“管业”的含义，即在负有缴纳税粮义务的土地上自由进行经营收益。而土地买卖则是指出卖人将自己对某块土地进行管业的地位卖于买受人。[④] 如此类推，盐业买卖契约中的“子孙永远推煎锉办管业”即是出卖人承诺买受人可以永久对该标的物享有占有、使用、收益的权利。

行文至此，所有疑惑随着对所有权概念的辨明迎刃而解。解释一，盐业买卖

---

① 马俊驹、余延满著：《民法原论》，法律出版社2005年版，第319页。

② 邹亚莎：“从一田二主到永佃权——清末民国民法对永佃制的继承和改造”，载《政法论坛》2010年第6期。

③ 李力：“清代语境中‘业’的表达及其意义”，载《历史研究》2005年第4期。

④ ［日］滋贺秀三等著：《明清时期的民事审判与民间契约》，王亚新、梁治平编，法律出版社1998年版，第197～198页。

契约所移转的并不是现代民法上的所有权，而是用益物权。而用益物权所具有的法律性质恰能解答为何买卖契约中频频出现买卖合同所不具有、典权合同也不具有的特别约定。正因为用益物权是物权的一种，它拥有法定性、有限性、排他性，所以可解释盐业买卖契约中出现的优先权；①正因为用益物权是他物权，它有受限制性、派生性、不完全性，所以可解释盐业买卖契约中出现杜卖、摘卖、预卖形式；正因为用益物权具有独立性、占有性、用益性，所以可解释的"永不赎回"、"不得异议"等保证标的物不受出卖人干涉的条款以及盐业买受人对标的物的"推煎管业"权利。解释二，盐业买卖契约所移转的是不完全所有权，受到盐井所修建土地的田皮田骨所有权人分离的影响，契约双方难以做到两种所有权的同时移转。

本节在第一部分阐述西方社会早期契约形态时曾提出疑问：罗马法中所显现的买卖契约发展历程——从只能让渡占有使用权到彻底让渡包括处分权在内的四种权能的命运是否同样适用于买卖契约在中国的发展历程？从盐业买卖契约所具有的性质观察，答案是肯定的。虽然传统意义上的买卖契约并不典型，但它确是我国现代民法意义上买卖合同成熟的必经阶段，会随着商品经济的发达而逐渐完成从残缺性到完善性的转变——从只移转用益物权到不断寻找方法以达到彻底移转所有权。

第三节　盐业预卖契约性质分析

在自贡市档案馆和北京经济学院合编的《自贡盐业契约档案选辑》中，在盐业买卖契约下单设了一节，即"预卖预顶约"。《民国三十三年源燕井摘卖约》即是其中一份契约。然而，笔者对该类契约的性质归属产生了疑问，究竟此份契约是预卖契约，抑或普通契约中所体现的"买卖不破租赁"原则？下文将比较现代预售合同的特征与盐业预售契约的特征，通过分析二者是否相似或吻合来判断盐业预卖契约的性质。

一、从标的物类型分析

预售合同一般指房屋预售合同或不动产预售合同。本书选取具有典型性的商品房预售契约（合同）进行分析。我国当前历史上最早的预售（预卖）契约（合

① 盐业买卖契约中的优先权主要表现为亲邻优先购买权。

同)出现在20世纪50年代,以商品房预售合同为代表,由香港立信置业公司首创。[①] 它同一般的房屋买卖合同不同之处在于所采用的"分层售卖、分期付款"的合同条款。在这种房屋预售合同中,标的物还没有完全形成,要么处于建设的过程中,要么处于完善的状态中。卖方会根据标的物的实际情况确定价格,买方则只须在标的物开始建设的时候支付全部价金的10%,在标的物建设到一半的时候再支付10%,当标的物建设完毕可以完成所有权转移的时候再支付剩余的80%。这样的方式不仅可以解决卖方资金短缺的难题,而且也有效缓解了买方在以往一次性价金交付上的压力。[②] 但在《合同法》中并没有关于预售合同的规定,因此只有从学界的说法中一探究竟,暂且以商品房预售合同为例来讨论预售合同的定义。根据学界主流观点,商品房预售合同是以建设中的房屋为标的物的书面协议。买卖双方约定权利义务如下:就预售方而言,须在合同规定时间内,将建成的房屋交付预购方并转移所有权;就预购方而言,须在合同规定时间内,将价金交付预售方收讫。[③] 因此,在预售合同中,标的物并不是切实存在的,而是将来之物,对于商品房预售合同而言,即是一种以未来不动产所有权为标的的买卖合同。《自贡盐业契约档案选辑》中所称之"盐业预卖预顶契约"的标的物有权利,诸如《民国三十三年源蒸井约》中的日份;有动产,诸如《民国三十三年源蒸井约》中的天地二车;也有不动产,诸如《民国三十四年坤洋井约》中的廊厂。[④] 而传统的预售合同中,对象一般是不动产,没有动产,也没有权利。此处不禁要问,权利和动产是否可以作为预售合同的对象?

就标的物的性质而言,根据上文对预售合同的分析,其标的物应当是在预卖预购双方缔结契约时尚不存在的物体。首先,如果预售合同的对象是动产,那么便意味着在合同缔结的时候动产还不存在。同不动产一样,动产也有生产、创造的过程,比如,将一匹布料裁剪成衣物,玩具的制造,纸张的生产等。因此,预售合同的对象可以是动产。其次,如果假设预售合同的对象是权利,那么便意味着在合同缔结的时候权利还不存在。什么样的情况下会造成缔约时权利还未存在?

---

① 邢国强:"商品房预售合同若干法律问题的探讨",内蒙古大学法学系2012年硕士学位论文,第3页。

② 陈明:"商品房预售合同研究",西南政法大学民商法学系2010年硕士学位论文,第2页。

③ 符启林著:《商品房预售法律制度研究》,中国政法大学出版社2002年版,第21页。

④ 《民国三十三年源蒸井约》,民国三十三年(1944年),自贡市档案馆藏,档案号:7-1-380-24;《民国三十四年坤洋井约》,民国三十四年(1945年),自贡市档案馆藏,档案号:8-1-761-15。

且让我们以现代社会与日份性质类似的股权为例进行分析。如果甲方在和乙方订立合同的时候,甲方的股权还未形成,那只能说明甲在缔约当时还不是欲售出权利的所有人,试问一个人如果对自己不拥有之物体进行售卖,那合同是否有效?就笔者所知,权利的形成并不同于动产或不动产,不需要一个长时间的创造、生产、修建的过程,譬如股权,当一个人买入某个企业的股票的时候,就可以即时取得股权,并不需要经历所谓股权的"制作"过程。因此,笔者认为,只要标的物并不需要经历长时间,或相当一段时间的制作、修建、创造,只要标的物是可以即时取得的,就不应当成为预售合同的标的。故以权利为标的的契约无法成为预售性质的契约。故盐业契约中以日份、锅份等为标的的契约应当不是预售契约。

二、从所有权是否拥有及行使程度分析

如果真如《自贡盐业契约档案选辑》中所称,《民国三十三年源蒸井摘卖约》和《民国三十四年坤洋井杜卖约》是盐业预卖预顶契约,则买方的所有权只有待约定期限到来后才能取得。撇开"日份"的权利性质不谈,每一份《自贡盐业契约档案选辑》中所称的盐业预卖预顶契约中买卖双方之所以约定"将来佃限满时,即由承顶人按约直接接收日份"、"自顶之后,任随买主于年限满时接受管业"都是由于卖方在与买方订立契约前已经将标的物租佃给他人,比如,《民国三十三年源蒸井摘卖约》中的"惟此井日份,前出佃与同记推煎,年限未满"(已经出佃给同记合伙,租佃期间未届满)和《民国三十四年坤洋井杜卖约》中的"此于民国二十八年十二月一日,由王禹畴经手,出佃与同春灶经手王光,年限至民国三十九年六月底为满限"[已经出佃给同春灶合伙,租佃期间从民国二十八年(1939年)至1950年六月月底]。因此,笔者不免要问,《自贡盐业契约档案选辑》是否将买卖契约中出卖人对承佃人的承诺误以为是承佃人对出卖人出卖行为的阻止了呢?

买卖不破租赁的由来得益于人们对物权债权彼此关系的认识和优化,因此也被称为"所有权之让与不破租赁"。① 顾名思义,即所有权的易手不会影响租赁关系的存在。买卖不破租赁规则被创造的初衷便是避免承租人因具有债权性质的租赁权在面对具有物权性质的所有权时所处的弱势而受到伤害。罗马法中,物权法是以所有权为中心进行构建的,对于租赁权,自然被划入了债权法的范畴内,从而租赁权丧失了对抗第三人的法律效力。从而,一方面,承租人无法以租赁权对

① 王泽鉴著:《民法学说与判例研究》(第6册),中国政法大学出版社2005年版,第186页。

抗所有权；另一方面，出租人无须取得承租人同意就可出卖租赁物，这便意味着承租人随时可能因为无法预见、无法阻止租赁物所有权的易手而面临租赁法律关系被终止的状态。因为鉴于租赁法律关系的相对性，租赁物的买受人并不受到约束。所以买受人完全可以因为要实施对所有物占有的目的，要求承租人返还租赁物，从而终止租赁法律关系。于是为了避免承租人的权益受到租赁物出租人和租赁物买受人的肆意侵害，罗马法规定“出租人通常应当在买卖契约中要求买受人尊重承租人对物的租用”，[①]但是如果买受人没有按照出租人的要求尊重承租人对租赁物的占有使用和收益，承租人也无法针对买受人提起诉讼，这便是所谓的“买卖击破租赁”。[②] 但是在近现代社会，随着商品经济、市场经济的高度发展，人们开始意识到强调租赁权的债权性质对有效利用资源、最大限度发挥财产价值并无好处。于是开始转变对租赁的态度，逐渐从重视物的所有权关系过渡为重视物的利用关系，从而租赁权的物权属性也被日渐认可，主要表现之一便是各国在民法典或与民法相关立法中对“买卖不破租赁”的吸纳。比如，在德国民法典中，便直截了当地规定如果出卖人在为买卖交易行为前已经将标的物出租给他人，那么在该买卖交易行为完成后的买受人便等同于租赁法律关系中的出租人，享有出租人对承租人可以行使的权利，并应承租人要求作为或不作为。[③] 我国《合同法》则间接表示了对该原则的赞同和吸纳，并没有从买卖合同或租赁合同当事人的角度来描述，而是直接从两种法律关系中同一标的之角度来观察，规定如若租赁法律关系的标的物在租赁期限并未届满时出现被交易的行为，租赁法律关系的效力不受影响。[④] 故如果说买卖不破租赁是对具有相对性的债权法律关系的具有绝对性的物权化，也不为过。[⑤] 其内容是，承租人（承佃人）在租赁关系存续期间对租赁物的占有和使用不受租赁物所有权变化的影响，可以凭借租赁法律关系对抗买卖法律关系，从而不仅限制所有权人的处分，而且达到按照原租赁合同向租赁物的买受人主张承租人权利的目的。关于买卖不破租赁规则的适用要件，笔者赞同王泽鉴先生提出的三要件说，即（1）租赁关系之存在；（2）承租人已接受租赁物的

---

① ［英］巴里·尼古拉斯著：《罗马法概论》，黄风译，法律出版社2000年版，第195页。

② 梅仲协著：《民法要义》，中国政法大学出版社1998年版，第381页。

③ 《德国民法典》，杜景林、卢湛译，中国政法大学出版社1999年版，第133～135页。

④ 胡卫国：“论买卖不破租赁规则”，湘潭大学法学系2006年硕士学位论文，第12页。

⑤ 张玉敏著：《民法》，高等教育出版社2007年版，第447页。

交付；(3)所有人将租赁物转让于第三人。[①]

三、推　论

反观《自贡盐业契约档案选辑》中的盐业预卖预顶契约，完全符合“买卖不破租赁”规则的适用。

首先，就《民国三十三年源蒸井摘卖约》而言，契约中提到“惟此井日份，前出佃与同记推煎，年限未满；将来佃限满时，即由承顶人按约直接接收日份”。[②]（1）详细分析此句话之“惟此井日份，前出佃与同记推煎，年限未满”可得出三个结论。其一，满足“买卖不破租赁”规则适用要件之一，即租赁关系已然存在。立约人在与买受人缔结缔约前就已经将标的物出佃给同记推煎；其二，满足“买卖不破租赁”规则适用要件之二，即出租人和承租人之间已经完成了租赁关系标的物的交付；其三，该租赁关系是有期限的，但约定向出租人返还租赁物的时间还未到。（2）详细分析该句话后半句之“将来佃限满时，即由承顶人按约直接接收日份”可得出两个结论：其一，期满才能接回，即买受人（承顶人）不得因取得标的物的所有权而要求承租人（承佃人）即时终止对日份的推煎并返还，而要等到出卖人（立约人）和承租人（承佃人）租约到期后才能要求返还；其二，期满即接回，即买受人（承顶人）取代立约人之出佃人的法律地位，享受出佃人在与承佃人的租赁法律关系中的权利并承担相应的义务，即期满可要求租赁人返还租赁物。

其次，就《民国三十四年坤洋井杜卖约》而言，契约中提到两句，分别是“此井于民国二十八年十二月一日，由王禹畴经手，出佃与同春灶经手王光，年限至民国三十九年六月底为满限”和“自顶之后，任随买主于年限满时接受管业，行使主权”。[③]（1）从第一句中可以得知：其一，在买卖契约缔结前，立约人已经将锅份出佃给同春灶推煎；其二，该租约是有期限的，自民国二十八年（1939年）开始持续11年，直至1950年结束，虽然此处并未如同前例《民国三十三年源蒸井约》般言明年限未满，但从立约时间之“民国三十四年”可以推算出该租约并未到期；其三，该标的物已经在立约人和承佃人之间完成了交付，因为立约日之“民国三十四

---

① 王泽鉴著：《民法学说与判例研究》（第6册），中国政法大学出版社2005年版，第179页。

② 《民国三十三年源蒸井摘卖约》，民国三十三年（1944年），自贡市档案馆藏，档案号：7-1-380-24。

③ 《民国三十四年坤洋井杜卖约》，民国三十四年（1945年），自贡市档案馆藏，档案号：8-1-761-15。

年”距离租约成立日之“民国二十八年”已然有6年时间，承佃人在此期间一直对标的物实施占有并收益。(2)从第二句可以得知：其一，立约人要求承顶人不妨碍承佃人对租赁物的行使，须等到年限届满即1950年方可要求返还租赁物；其二，承顶人在年限届满时便可行使原出佃人的权利，即要求承佃人返还租赁物。

因此，笔者认为，《自贡盐业契约档案选辑》对盐业预卖预顶契约的性质理解有误，误将“买卖不破租赁”规则理解为对未来存在之物的预卖。实际上，《民国三十三年源蒸井摘卖约》和《民国三十四年坤洋井杜卖约》中的买受人在契约缔结的时候就已经获得所有权，只是所有权的行使受限，并不是如同《盐业预卖预顶契约》的名字所表示的那样，是对一定期限后才会存在的所有权的买卖。

本章小结

不论是在东方还是西方，古代契约当事人期望通过买卖契约达到的目的并不是转移所有权，而是祈求能够“公开、和平、永续”地拥有标的物。就盐业买卖契约而言：一方面，其主体体现对传统因素的承继和挑战，虽允许妇女为缔约主体，可又以代表宗族的“堂”为主要缔约单位；另一方面，其标的物则体现出对现代因素的渴望，以不动产和动产结合为特色，糅合有形财产和无形财产（日份）。通过比较双方当事人在盐业买卖契约与现代买卖合同、典当合同中的权利义务，可推导出盐业买卖契约的核心并非移转标的物所有权，而是对其用益物权的移转。此外，就盐业预卖契约而言，恐怕只是误会一场，是对“买卖不破租赁”原则的忽视和曲解。

第三章　盐业租佃契约

第一节　盐业租佃契约分类

若根据形式不同，盐业租佃契约可分为盐业转佃契约、盐业续佃契约和盐业预佃契约。若按照标的物不同，盐业租佃契约可分为以日份、火圈、锅份、盐井开凿相关设备四类要素不同排列组合为标的物的契约，诸如有以纯日份或火圈为标的物的盐业租佃契约，也有以日份、火圈、盐井相关设备为混合标的物的盐业租佃契约。① 本节将按照租佃形式的不同选取契约讨论盐业租佃契约的类别，顺带展示标的物的多元化。

一、盐业转佃契约

盐业转佃契约是以盐业生产要素为标的，在承佃人和第三人之间缔结的租佃契约。有的盐业转佃契约中，承佃人在与第三人缔结租佃契约后，退出原佃约，由第三人完全替代原承佃人的角色；有的盐业转佃契约中，承佃人将自己所佃得的部分标的进行转佃，不退出原佃约，依然作为承佃人向佃主负责。值得注意的是，由于盐井的

① 日份、火圈、锅份都是盐井经营合伙人之间对收益损失分担比例的划分单位——日份是针对盐井卤水提炼而言；火圈与锅份是针对在灶中通过卤水烧制食盐而言。

淘办推煎需要大量的人力、物力、财力作支撑，所以很多时候，承佃人虽然在与原佃约的出佃人缔结契约的时候拥有充分的信心可以对租赁物进行高效率的利用，但也无法保证会在长达10年甚至更长的佃期内一直保持良好状态，因为既有可能会因为盐井所出产卤水的突然增多而人手不足，也有可能因为承佃人自身经济情况的恶化而无力推煎，因此承佃人将自己在原佃约中所佃得的租赁物部分甚至全部转佃出去是十分普遍的现象。如此，既有效地利用了租赁物使其不至荒废，也通过收取转佃租金而不致使自己对原佃约中的出佃人违约。根据承佃人在盐业转佃契约中的不同角色以及转佃约的不同标的，本书选取了以下4例，试图为读者展现盐业转佃契约的全貌。

（一）《光绪三十年神涌井转出佃约》①

在这份契约中所反映出来的租佃契约法律关系有两对。第一对是原佃约法律关系，出佃人是刘呈埙，承佃人是张可风和曾三友。第二对是转佃约法律关系，转佃人是张可风和曾三友，承佃人是双兴宝灶。契约条款分析如下。

1. 关于标的。根据"情因去岁九月佃明刘呈埙新垱地名金龟山神涌井盐岩井壹眼，每月三十天照算，内佃明日份十天，并佃明天地二车、廊厂、柜房、车房、牛棚、踩架、楻桶一切等项，概行转出佃与双兴宝灶伙等名下推煎裕课"可知，两对租佃法律关系的标的是同样的，即神涌井盐岩井30天日份中的10天及其相应的推煎设施，含天地二车、廊厂、柜房、车房、牛棚、踩架、楻桶等项。

2. 对于租赁物的佃价。契约中详细列明为1350两整，租金缴纳的方式为一次性交清，即契约中所言之"其银当即亲收入手明足，并无少欠分厘，亦无货、债准折"。此处的"亦无货、债准折"即佃价是全额交付的，并不存在双方之间因货物或债务而发生价款抵扣的情况。

3. 关于佃期。此份契约对原佃约的佃期并没有提及，只是对转佃约的佃期做了约定，即佃期7年，自乙巳年（1905年）正月初一日起至辛亥年（1911年）全月三十日止。

4. 关于转佃人角色。从契约中的"自佃之后，井事不明、外债不清，如有兴讼费用，一力由张、曾二姓承担，不与双兴灶相涉"可知，一旦有与租赁物相关的权利瑕疵或者债务纠纷，全部由转佃约中的转佃人暨原佃约中的承佃人张可风、曾三

① 《光绪三十年神涌井转出佃约》，光绪三十年（1904年），自贡市档案馆藏，档案号：3-5-916-2。

友承担，与转佃约承佃人双兴宝灶没有任何关系。此外，因原佃约和转佃约中的标的物范围一样，并且转佃约中未明确提到转佃的期限，可推定原佃约中的承佃人通过将自己原来所租佃的标的物全部转佃给第三人而退出了租佃法律关系，从此由转佃约中的承佃人向原佃约的出佃人履行义务。

5. 关于通行地役权。转佃约规定，虽然此约是在转佃人和第三人之间缔结的，但是关于通行地役权的规定仍然要遵守转佃人和出佃人之间的原佃约，即不论是劳工与牲畜的出入还是对推煎卤水生产设备的运输，不论是对盐井内的木竹的修整还是对盐井周围风蔑桩的修建，都须按照转出佃人和原出佃人之间的佃约行事，此转佃约并没有对通行地役权作进一步的限制，此即契约中所谓之"其有井内刁下木竹、人畜出入路径、抬锅运炭、运盐运水、取土取石、风蔑桩，概照张、曾二姓佃明刘姓出佃约规模行事"。

（二）《民国二十九年古来龙井转出佃约》①

此份盐业转佃契约中所展现出来的民事法律关系如下。第一对民事法律关系是租佃契约法律关系，出佃人是陈积光，江家坝、杜家坝、阮家湾经手陈清和、陈永清，承佃人是杨心田。暂且将此租佃法律关系称为原佃约。第二对民事法律关系是转佃契约法律关系，转佃人是杨心田，即原佃约中的承佃人，而承转佃人是舒银章。

1. 关于标的。根据"今将所佃明三余堂经手陈积光，江家坝、杜家坝、阮家湾经手陈清和、陈永清等所出佃祖遗自井长垱下桥古来龙井，四十天内四大房共占八天零六时三刻水火油昼夜净日份，并全井柜房、车房、牛棚、廊厂、车子、井基、地坝，前抵河心，后齐悬岩，概照三十班管理，一并佃明"和"今在佃明八天零六时三刻内，拨出五天零十时净日份，凭证转佃与舒银章名下承佃推煎"可知，原佃约和转佃约中的标的并不完全一致，转佃人只是将自己在原佃约中所佃得的租赁物的一部分转佃给第三人。原佃约中，转佃人（承佃人）所佃得的标的是古来龙井净日份八天零六时三刻，及相应的设备诸如天地二车、廊厂、井基等。而在转佃约中，转佃人只将八天零六时三刻中拨出了五天零十时的净日份给承转佃人，自己留下了三天五时三刻的净日份继续推煎。

2. 关于租赁物的佃价。佃价计算的方式已有了不同。一方面，在计租方式上

---

① 《民国二十九年古来龙井转出佃约》，民国二十九年（1940年），自贡市档案馆藏，档案号：3－5－4025－11。

有了改变,以天计租,并详细对每天、每时的时间如何量化做了约定,即“每天法币洋一百八十元正照算,每天以十二时、每时以十刻计算”;另一方面,在交租方式上有了改变,不再是一次性付清,而是分三期交付,并对交付日期做了约定,即“以接井之期头关交付四成,本年阴历年关三成,明年阳节三成即楚”。

3. 关于佃期。此份转佃约在佃期上约定转佃约与原佃约的佃期一致,均为18年,即“自庚辰年阴历八月三十日起限,至戊戌年八月三十日止满限”。

4. 关于转佃人角色。转佃人自然不会退出原佃约,因为转佃人并未将自己在原佃约中所佃得的租赁物全部转租出去,自己依然存留一部分推煎营业。当两份佃约限满之日(因为两份佃约的佃期相同),转佃约中的承佃人便应按照约定向转佃人履行交还租赁物的义务,而转出佃人则应按照原佃约向出佃人履行交还租赁物的义务。此份转佃约中的“如有内事不清、外事不明,该转佃人承担,不与承佃人相涉。限满之日,原样交还转佃人,由转佃人直接交还主人”即说明了转佃人在转佃法律关系和租佃法律关系中的地位和角色。

(三)《民国三十年三海井转出佃约》①

此份盐业转佃契约中展现出来的民事法律关系较复杂,同样的标的物经过了两次转佃,此处对该约所反映出来的法律关系简要分析如下。第一对民事法律关系是租佃契约法律关系,出佃人是黄姓,承佃人是王姓。第二对民事法律关系是转佃契约法律关系,转佃人是王姓,即原佃约中的承佃人,而承转佃人是洪荣灶经手黄成熙。第三对民事法律关系仍然是转佃契约法律关系,转佃人是前转佃约中的承佃人,即洪荣灶经手黄成熙,承转佃人则是洪荣灶经手钟秉章。需要注意的是,只有第三对民事法律关系中的双方才是本转佃约的甲方乙方。

1. 关于标的。根据“今凭证将前佃明王姓所佃黄姓自贡市桐垱镇第二保地名老新桥三海井全井三十天,及火圈一口,一并转佃与秉记洪荣灶经手钟秉章名下淘推煎烧”可知,此份转佃约和原佃约中的标的物一致,都是三海井全井日份30日与火圈一口。转佃人并未提留部分日份自行推煎营业。

2. 关于租赁物的佃价。根据“比日三面议定:佃价法币一万零六百元正,其洋当即收清,并无少欠”可知,此份转佃约中的佃价是10 600元整,租金缴纳的方式是一次性交清。

① 《民国三十年三海井转出佃约》,民国三十年(1941年),自贡市档案馆藏,档案号:3-5-4023-108。

3. 关于佃期。此份转佃约中的佃期同原佃约中的佃期，一佃9年，即“所有年限一切手续，概照王姓出佃约，毫无提留，自民国三十年十月二十七日起，至三十九年六月底为满”。

4. 关于转佃人角色。转佃人看似退出了租佃法律关系，笔者也曾一度疑惑“主人不得言及赎取，自此脱离一切关系，所有权利、义务，自佃之日起概归客人享受”是否意味着转佃人黄成熙通过与钟秉章缔结此转佃约而使钟秉章代替自己行使承佃人的权利义务。因为虽然在此约中，“主人”是指转佃人，即立约人，而“客人”是指承转佃人，主人从此脱离一切关系应当是意味着由客人替代主人向原佃约中的主人履行权利义务，但是紧跟着后面的一个条款却又约定“如井灶有井事不清、外事不明，应归转佃人黄成熙负责理楚，不与客人相涉”。后面这个条款是否是指转佃人黄成熙没有退出租佃法律关系，仍然由自己向原佃约的主人负责？经过详细考量，本书仍然认定此转佃约中的转佃人黄成熙退出了租佃法律关系，因为“如井灶有井事不清、外事不明，应归转佃人黄成熙负责理楚，不与客人相涉”的条款是在转佃约中订立的，意即所有条款所涉及的权利义务的约定都是在转佃人黄成熙和承转佃人钟秉章之间进行的。转佃人的原意只是想通过此条款保证自己所转佃给承转佃人的租赁物不会有权利瑕疵或相关债务，就好似在买卖契约中，出卖人向买受人所作出的权利瑕疵保证的承诺。通过此条款并不能有力地证明“转佃人已经退出租佃法律关系”这个命题的错误性。

（四）《民国三十二年长发井转出佃约》①

此份盐业转佃契约中所展现出来的民事法律关系如下。第一对民事法律关系是租佃契约法律关系，出佃人是王天馨堂经手王绍阳、王绍康、王誉堪、王敬专、王君实、王剑秋，承佃人是王兆奎。第二对民事法律关系是转佃契约法律关系，转佃人是王兆奎之子王晋坚，即原佃约中的承佃人，而承转佃人是孟季泉。

1. 关于标的。根据“愿将先严王兆奎名下所佃得王天馨堂经手王绍阳、王绍康、王誉堪、王敬专、王君实、王剑秋等先辈锉成新垱镇长冲长发井应占子孙业净日份三时三分三厘，应派占现火圈五分一厘八、盐锅，所有一井三基、天地二车、柜房、车房、碓房、灶房、盐仓、牛棚、廊厂，暨一切应用家具应占份股份，应有尽有，完全出转佃与经手孟季泉名下推煎锉办”可知，转佃人并没有对自己在原佃约中所

① 《民国三十二年长发井转出佃约》，民国三十二年（1943年），自贡市档案馆藏，档案号：3－5－4022－132。

佃得的租赁物作任何保留，而是将其全部转佃给承转佃人推煎锉办，从“完全出转佃与经手孟季泉名下推煎锉办”中即可看出。

2. 对于租赁物的佃价。佃价采取定额租的方式，一次性交清，从“议定共计佃价六千四百元正，其洋当即亲收入手，并无少欠角仙”中即可看出。

3. 关于佃期。此转佃约并没有对原佃约的佃期作任何提及或说明，而是直接与承转佃人约定佃期为 1 年 10 个月零 3 天。从此约的佃期可以推论出是转佃人在承佃推煎大部分佃期后，才决定将租赁物转佃与他人。因为就盐业租佃契约而言，佃期一般在 5 年以上，并且是整数，像本约中的佃期十分少见，并且转佃约中的佃期只能等于或小于原佃约的佃期。

4. 关于转佃人角色。本约中虽没有明确约定转佃人是否退出租佃法律关系，但从“限满之日，由孟季泉自向原出佃人续佃；如不续佃，照原有一切交还”的条款中可知一二。考量到租佃法律关系的相对性，假若转佃人不退出租佃法律关系，那么佃期满之后是否续佃，应当由转佃人同原出佃人相商，而不是由承转佃人直接向原出佃人相商续佃事宜。因此本约中的转佃人是通过转佃使承转佃人概括承受了自己在原佃约中的权利与义务。

综合上述分析，可以得出盐业转佃契约的判断标准：(1) 契约是在原佃约承佃人和新承佃人之间缔结的；(2) 佃期小于或等于原佃约佃期；(3) 标的物范围少于或等于原佃约标的范围；(4) 佃约中提及三方或多方主体；(5) 双方会对转佃之后的责任承担进行约定。

二、盐业预佃契约

盐业预佃契约是指以盐业生产经营要素为标的，在原佃约未到期时，在出佃人和第三人（意向承佃人）之间缔结的租佃契约，约定当原佃约到期后，租佃契约始生效。因此，盐业预佃契约的实质是附生效期限契约。本书根据预佃目的的不同选取了四个契约以展现盐业预佃契约的特点。

（一）盐业预续佃契约

《民国八年罗资善堂火圈预续佃约》和《民国三十七年天成井预续佃约》都属于预续佃契约，缔约双方仍然是原佃约的缔约双方，本应归入续佃契约，但考虑到双方续佃的时间并非在原佃约届满时，而是提前续约，因此将其归入预佃契约更为恰当。① 首先,就契约双方而言,没有变动。根据"立出预续转佃火圈文约人洪昌灶经手陈仲宣,因乙卯年将罗资善堂火圈八口,转佃与大生筧名下煎烧,应庚申年四月底满。今仍同大发灶在资善堂预续佃成交,乃仍预续佃与大生宝筧名下煎烧"可知,《民国八年罗资善堂火圈预续佃约》中的原出佃人和出佃人均为洪昌灶经手陈仲宣,原承佃人和承佃人均为大发灶大生宝笕;根据"以上已有及佃明共计实有日份七天八时一分九厘,请凭中证,完全预出佃与现煎户刘醴泉经手蒸源灶伙等名下,前轮限满,接续淘銼推煎"可知,《民国三十七年天成井预续佃约》中的原出佃人和出佃人均为出佃人福记经手颜天育,原承佃人和承佃人均为蒸源灶经手刘醴泉。其次,就佃约生效时间而言,均在未来。根据"其年限自庚申年五月初一日起,至丙寅年十月三十日为满"可知,《民国八年罗资善堂火圈预续佃约》中的生效期限是庚申年五月初一日,也就是在原佃约期满后(庚申年四月底)即刻生效,根据"此井先年出佃,应于癸巳十底满限;俟限满敷补清楚,除蒸源灶现煎日份外,由预出转佃人接回,交足转佃日份,始行起限,不得异言"可知,《民国三十七年天成井预续佃约》中的生效期限是癸巳十月底,即原佃约满限时,但双方约定并非由原承佃人在佃约到期后直接继续推煎,而是要先交还给出佃人,再由出佃人补足日份后续佃给承佃人。最后,《民国八年罗资善堂火圈预续佃约》中的标的"罗资善堂火圈八口"和双方权利义务不变,仍然按照原佃约行使,即约中所载明的"此八口火圈,照大发灶与资善堂永出佃约行事";《民国三十七年天成井预续佃约》中则没有约定照原佃约,而是由出佃人和承佃人对条款进行了重新约定。概言之,此份预佃约中所包含的民事法律关系较为简单,因为缔约主体并无变动。

(二)盐业预出佃约

此处本书之所以选取了两份同属一个类型的契约——《光绪丁未年海流井预出佃约》和《民国三十七年天成井预承佃约》,是因为意图从两份契约的对比中抽离出异同,论证盐业预出佃约的特点。②

相同点(1):契约中均涉及三方法律关系,缔约双方均为原佃约的出佃人与

---

① 《民国八年罗资善堂火圈预续佃约》,民国八年(1919年),自贡市档案馆藏,档案号:3-5-916-3;《民国三十七年天成井预续佃约》契约全文参见自贡市档案馆、北京经济学院编:《自贡盐业契约档案选辑(1732~1949)》,中国社会科学出版社1983年版,第649页。

② 《光绪丁未年海流井预出佃约》,光绪丁未年(1907年),自贡市档案馆藏,档案号:42-1-1934-10;《民国三十七年天成井预承佃约》契约全文参见自贡市档案馆、北京经济学院编:《自贡盐业契约档案选辑(1732~1949)》,中国社会科学出版社1983年版,第672页。

新的意向承佃人。根据“今将新垱地名高洞现推海流井所占日份十五天零一时半,今凭证出佃与尹依仁堂名下推淘煎烧凿办。其井现佃与尹四全推办一轮年限为满,俟至丙辰年九月卅日退满期限,主人接回,始将太平好井交与依仁堂推办起限,一佃十载”可知,《光绪丁未年海流井预出佃约》中无论是原佃约的出佃人还是预佃约的出佃人都是王德信、王政信弟兄,但预佃约的承佃人则是尹依仁堂,而非原佃约中的承佃人尹四全;《民国三十七年天成井预承佃约》亦同样,根据“立承预佃盐井水火油昼夜净日份文约人福记经手颜天育,今凭证佃得颜四语堂经手颜伯华、颜宋氏、颜宗仪、颜明钦等祖遗之业”和“此井先年出佃,尚有年限数年未满;俟满时,由承预佃人接办无异”可知,预佃约的承佃人是福记经手颜天育,而非原佃约中的承佃人。相同点(2):出佃人均明确的在契约中告知对方租赁物目前的已被出佃状况。《光绪丁未年海流井预出佃约》中的“其井现佃与尹四全推办一轮年限为满,俟至丙辰年九月卅日退满期限”和《民国三十七年天成井预承佃约》中的“此井先年出佃,尚有年限数年未满”,均在契约中告知对方租赁物当前的状况,即处于原佃约未到期,租赁物已出佃尚未交还给主人的状态。

不同点(1):虽然两份契约都提及了生效日期,但《光绪丁未年海流井预出佃约》明显比《民国三十七年天成井预承佃约》详细具体。《光绪丁未年海流井预出佃约》中双方明确约定生效期限是自“丙辰年十月初一起推,至丙寅年十月三十日”为止,而《民国三十七年天成井预承佃约》中则模糊约定待原佃约到期后即生效——“俟满时,由承预佃人接办无异”。不同点(2):预佃约开始生效的方式不同。就《光绪丁未年海流井预出佃约》而言,双方约定由出佃人从原佃约的承佃人处接回租赁物,再将租赁物交付给预佃约中的承佃人——“主人接回,始将太平好井交与依仁堂推办起限,一佃十载”。就《民国三十七年天成井预承佃约》而言,双方则约定由预佃约中的承佃人直接向原佃约的承佃人接回租赁物——“俟满时,由承预佃人接办无异”。笔者认为综合两个不同点考量,《民国三十七年天成井预承佃约》中的承佃人显然比《光绪丁未年海流井预出佃约》中的承佃人处于更为劣势的地位:其一,《民国三十七年天成井预承佃约》中并没有揭示原佃约中的承佃人身份,也没有对原佃约中的佃期说明,而只是模糊的提及原佃约期限未到,这对预佃约中承佃人维护自己权利义务极为不妥;其二,若由预佃约中的承佃人直接向原佃约中的承佃人要求交还租赁物,则很有可能发生不利于自己的情况,比如,原佃约中的承佃人并未如约爱惜相关不动产或动产,并造成了严重程度的磨损,那么当租赁物没有经过出佃人而直接交付给预佃约中的承佃人后,新承佃人将会代原承佃人行使相应的赔偿责任。

此外,为了展现在盐业预佃契约中较为复杂的法律关系,列出《民国三十五年天涌井预出佃约》进行分析。[①] (1)《民国三十五年天涌井预出佃约》中所提及的第一对租佃法律关系是出佃约。根据条款"应占日份一天半,该火圈半口,在荣森灶二口内拨出,先年由王三益堂经手王文奎、王文林、王砚渠等,出佃与煜发灶颜煜之淘办煎烧"可知,租佃法律关系缔结于王三益堂经手王文奎、王文林、王砚渠与煜发灶颜煜之之间,标的是日份1天半,火圈半口,佃期不明。(2)《民国三十五年天涌井预出佃约》中所提及的第二对租佃法律关系是转佃约。根据条款"不意限未满井耽延火即停煎,复由煜之承续人颜韵琴请凭井主王文林等,从场将伊父煜之所佃之剩余年限,尚有五年零八月,一并转佃与同记经手魏全廷伙等淘办煎烧"可知,租佃法律关系缔结于煜之承续人颜韵琴和同记经手魏全廷之间,因盐井微火产量甚小停搁,于是原佃约中承佃人之继承人颜韵琴决定将标的转佃给魏全廷,佃期5年零8月。(3)《民国三十五年天涌井预出佃约》中所提及的第三对租佃法律关系是预佃约,发生在原佃约出佃人和新承佃人之间。根据条款"兹因本堂所有日份人王刘氏、王吴氏、王文汉、王燮明等均需用孔急,自愿提前预佃。旋由王文林令王燮明约承佃人同记股伙谢吉昌当面相商预佃,特请托张文杰为中,愿将本堂日份一天半应占火圈半口(即现火四分计算),所有井灶基址及红土灶身,完全一并预佃与同记经手魏全廷伙等名下续佃淘办推煎"可知,在出佃人同承佃人颜煜之(继承人颜韵琴)之原佃约还未到期时,出佃人即决定与第三人魏全廷缔结租佃契约。既然在第三对租佃法律关系和第二对转佃法律关系中的承佃人都是同一人,那么第三份租约是否如同《自贡盐业契约档案选辑》所认定是续佃约呢?笔者认为并不然。虽然第三份租约和第二份租约中的承佃人都是同一人,但第二份租约是在颜煜之(颜韵琴)和魏全廷之间订立的,根据债权的相对性,这份租约只能约束颜与魏,而与出佃人王思义堂无关。因此,第三份租约应当视为新的租佃约,是在出佃人王思义堂和魏全廷之间订立的,属于预出佃约。

综合上述分析,可以得出判断一份盐业契约是否是预佃契约的标准:(1)租赁物已经佃给他人;(2)预佃约的缔约双方定有一方是原佃约的出佃人;(3)原佃约的出佃人在佃约还未到期时与他人缔结另一份出佃约;(4)双方约定在未来某

① 《民国三十五年天涌井预出佃约》,民国三十五年(1946年),自贡市档案馆藏,档案号:7-1-379-41。

个时间到来后契约生效。笔者认为,满足这四个标准的即可归类为盐业预佃契约,不论该约是预续佃约抑或是预出佃约。根据这三个标准可知出《自贡盐业契约档案选辑》中对预佃约的归类并不合理。其中,第342号约、第352号约、第349号约、第350号约、第351号约、第353号约、第354号约、第355号约、第356号约、第357号约、第361号约、第362号约并不是预佃约,而是一般的租佃契约,只不过佃期并不是在契约缔结当时即时生效,而是在未来某个点生效。笔者认为,仅凭在未来某个点生效而将其归类为预佃契约是不科学的,因为它们只满足上述四个标准之第四个要件罢了。而如果说《自贡盐业契约档案选辑》一书因对未来期限的偏爱而将以上契约误归类入盐业预佃契约尚情有可原的话,那么该书对第358号约的性质认定则令人费解,因为第358号约明显是续佃约。①

三、盐业续佃契约

盐业续佃契约相较盐业转佃契约和盐业预佃契约而言较为简单,是在出佃人

---

① 此段提及的12份性质认定错误的契约均是由于误将附期限生效的契约认为是预佃约,以下契约的立约日期均早于租佃契约生效日期。其中:(1)第342号契约的立约日期是1935年古历九月初一,双方约定的租佃期限是从1937年古历丁丑岁九月初一日至1949年古历八月底;(2)第352号契约的立约日期是1938年戊寅岁古历八月初四,双方约定的租佃期限是从庚辰年古历冬月初一日至己丑年十月底;(3)第349号契约的立约日期是1937年古历丁丑岁全月二十二日,双方约定的租佃期限是从戊寅年古历九月初一日至丙戌年八月三十日;(4)第350号契约的立约日期是1937年古历冬月二十五日,双方约定的租佃期限是从庚辰年古历八月初一日至己丑年十月底;(5)第351号契约的立约日期是1938年古历二月七日,双方约定的租佃期限是从庚辰年至己丑年古历十月;(6)第353号契约的立约日期是1938年古历七月廿五日,双方约定的租佃期限是从庚辰年古历八月初一日至己丑年古历十月底;(7)第354号契约的立约日期是1938年古历九月二十四日,双方约定的租佃期限是自庚辰年古历八月初一日至己丑年十月底;(8)第355号契约的立约日期是1938年古历冬月十五日,双方约定的租佃期限是自庚辰年至己丑年十月;(9)第356号契约的立约日期是1939年国历六月二十四日,双方约定的租佃期限是自1941年古历全月初一日至四十三年;(10)第357号契约的立约日期是1940年古历十月一日,双方约定的租佃期限是自己丑年古历冬月初一日至戊戌年十月底;(11)第361号契约的立约日期是1943年国历七月三日,双方约定的租佃期限是自1946年古历三月二日至1958年古历三月一日;(12)第362号契约的立约日期是1946年国历九月十六日,双方约定的租佃期限是自1949年十一月一日至1959年十月底。而第358号契约的立约日期是1941年古历正月十八日,虽租佃契约的生效日期依然晚于立约日期(己丑年古历冬月初一至戊戌年古历十月),但立约时的承佃人和所约定生效时期时的承佃人相同,故应当是续佃约而不是预佃约。此12份归类错误的契约全文参见自贡市档案馆、北京经济学院编:《自贡盐业契约档案选辑(1732～1949)》,中国社会科学出版社1983年版,第653页、第663页、第661页、第661页、第662页、第664页、第664页、第665页、第666页、第666页、第669页、第670页、第667页。

和承佃人之间缔结的，以延续租约为目的的契约。概言之，续佃约并不一定意味着新佃约将和原佃约在双方权利义务方面保持高度一致，而只要求缔约双方没有变更即可。具体言之，在盐业续佃契约中，有依照原租约不做任何内容的改变的，也有对主要条款进行变更的，譬如，对计租方式、租金缴纳方式做出新约定的契约。本书选取了两份盐业续佃契约进行分析，第一份契约是常见的续佃约，即没有特别理由，而在原佃约到期后在出佃人和承佃人之间缔结的。第二份契约则不常见，因其续约理由十分特别。详细分析如下。

（一）《民国三十五年星龙井续佃约》①

此份续佃约特征明显：（1）根据“今凭证将先年在小溪上坵垱地名石板田同伙锉办星龙井一眼，全井内应占水火油锅份四口，应烧之火圈十二口，以及天气二车、车房、牛栅、柜房、盐仓、楻桶、盐槽、浆桶、脚缸、进水码头、笕杆、笕路、羊耳、人畜吃水、出入路道、抬锅运炭、堆渣放卤、牵扯风蔑、取土取石等项，一并续出佃于中兴灶经手黄象权、黄切思名下推煎”可知，相较于原佃约而言，出佃人和承佃人并未改变；（2）佃约内明确指出契约性质为续佃约，即“一并续出佃于中兴灶经手黄象权、黄切思名下推煎”；（3）并无任何条款表示此约是在原佃约到期日之前所订立。②

（二）《民国三十二年双海井续佃约》③

此份契约特殊之处在于续佃理由。一般续佃契约，诸如前例《民国三十五年星龙井续佃约》，均是因为出佃人和承佃人在原佃约中形成了良好的租佃关系，认为继续出佃或承佃对双方均有好处。但本约的续佃却是出于补偿的动机。具体而言，根据“情因甲方自业贡井场萝卜土双海井全井日份，暨现煎火圈三十六口，全部廊厂，曾经抵佃债团，嗣由乙方承佃。殊因腔发火微，几至停废，乃由乙方淘井补腔，耗时近三年，耗资约数十万元”可知，是由于乙方对盐井质量提升所作出的努力并非承佃人义务，而甲方作为出佃人无端收益。因此，对于乙方作为承佃人所付出的心血，甲方决定通过续佃 3 年的方式来补偿乙方因此而花费的成本。

---

① 《民国三十五年星龙井续佃约》，民国三十五年（1946 年），自贡市档案馆藏，档案号：8－1－728－100。

② 根据本书在盐业预佃契约中对盐业预续佃契约的特征分析，如果有条款表明此约是在原佃约到期之前订立，则应归类到预佃约类型中。

③ 《民国三十二年双海井续佃约》，民国三十二年（1943 年），自贡市档案馆藏，档案号：8－1－768－61。

第二节　盐业租佃契约内容

一、盐业出佃契约之内容

《民国三十五年天成井出佃约》是所有租佃契约中在形式上较为明晰,并最类似现代合同的一份。其标的是天成井日份29天半,租期是10年。此处简要分析双方权利与义务如下。①

(一)出佃方权利与承佃方的义务

1.收取租金方面。根据"议定出佃日份二十九天半,佃价法币一百二十万元正,另出收约为据"可知,出佃方有向承佃方收取租金法币120万元整的权利,而承佃方则负有向出佃方缴纳租金的义务。

2.租赁物交还方面。根据"本井所有天地二车、草车房一向、瓦灶房一向,限满时照样交还"的条款,可知出佃方有租期届满要求承佃方原样交还租赁物的权利,而承佃方则负有向出佃方按时按原样交还租赁物的义务。

3.借用物交还方面。根据"本井动用家具客人借用,另立点单,限满时照样交还;如有损坏,客人赔偿"的条款,可知出佃方有要求承佃方期满按照借用清单原样交还借用物的权利以及当承佃方违约时要求赔偿的权利。相应地,承佃方则对出佃方负有期满按时、按原样、按清单交还借用物的义务,以及未按时、按原样、按清单交还时按约赔偿的义务。

4.租赁物维修方面。根据"本井木柱浸漏,客人扦正;如发现棚崩,客人刁下,主人照耽延日期、用度数目,核计年限敷补"可以得知对租赁物的维修所采取的是客人修补主人补偿的方式。当盐井的木柱浸漏以致无法推煎卤水的时候,或者当牛棚崩塌的时候,均由承佃方负责维修,但出佃方会根据维修所耽搁的天数对租佃期限予以延长。

5.红土灶身方面。所谓红土灶身,即是在推煎盐井的过程中所积累起来的含有盐分的土壤,十分珍贵。因此关于红土灶身的条款一般都是契约中的必备条款。就本租约而言,根据"本井出佃时,概无顶打。至红土灶身,在佃限将满之五

---

① 契约全文参见自贡市档案馆、北京经济学院编:《自贡盐业契约档案选辑(1732~1949)》,中国社会科学出版社1983年版,第670页。

年内不得挖取,限满时不得顶打"可知,佃主言明因为盐井在出佃的时候并没有向他人买卖的经历,因此红土灶身应当完全属于佃主所有。故承佃人负有不破坏、不挖取、不转卖红土灶身的义务,而出佃人则享有对承佃人在佃期内对红土灶身所做贡献的所有权。

6. 关于地上附着物。根据"客人如有建筑房屋,限满时自行拆去,主人不得异说"可知,承佃人负有恢复原状的义务,即当租约到期的时候,不得要求出佃人对自己在承佃期间因为推煎盐井需要所建造的建筑物进行购买,必须自行拆去,将佃主业内恢复到租赁前的状态。

(二)承佃方权利与出佃方义务

1. 关于通行地役权。根据"出佃限内取土取石、堆渣取卤、出入路径、凡在主人业内,概系佃明,毫无阻滞"可以得知承佃人享有在佃主业内的通行地役权。由于在所租赁的日份内推煎卤水的需要,承佃人不得不在出佃人地产境内取土取石、堆渣放卤,更加无法避免人畜等劳动力在佃主的业内出入,因此双方约定承佃人享有在佃主业内自由进出的权利,无须为了通行地役权再另立佃约或另缴纳租金。故而,出佃方也负有对承佃人的如上行为宽容的义务。

2. 关于租赁物的维修。根据"主人照耽延日期、用度数目,核计年限敷补"可知,承佃方有根据自己在租赁物维修中所付出的成本、所耽误的天数,向出佃方要求敷补日期即延长租佃期限的权利。

3. 关于盐井的内事外债。根据"出佃之后,如有内事不清、外事不明,主人负责理楚,不与客人相涉"条款,出佃方负有保证租佃物权利无瑕疵的义务,不论该租佃物是权利还是动产抑或不动产。如果有第三人针对租赁物发出权利诉求,则由出佃人负责与第三人相商解决,不能损及承佃人的利益。相应地,承佃人则享有不被第三人就租赁物进行困扰、阻碍的权利。

4. 对解约权的限制。根据"自成约后,水火消涨,盐政改变,各听天命,无赎无悔"可知,出佃方负有不随意解约的义务。盐井的经营与一般不动产的经营不同:一方面,盐井状况的好坏直接影响卤水的质量以及产量,而且这种状况是无法预测的;另一方面,官方对于食盐生产、食盐销售的政策会影响卤水的价格。因此,在盐业契约中,一般会事先约定,如若在缔结契约后,遇见盐井的产量大增或者大降,双方都不得以此为理由毁约。虽然这个条款看似是对双方解约权的限制,但是实际上,承佃方不会轻易解约,因为在缔结租佃契约后,承佃方已经投入大量的资金、人力、物力来组织生产,即便盐井产量微弱,也不会轻易放弃。但出佃方则不同，很难保证出佃方在看到所佃出的盐井日份井见大功时不会反悔，要求承佃方撤出业内，返还所承佃的日份而改由自己推煎营业。因此这个条款更多的是针对出佃方。

二、盐业转佃契约之内容

此处以《民国二十八年如川井转出佃约》分析盐业转佃契约内容。[①] 此份契约标的物是如川井日份26天，租期是12年零6个月。此处将根据条款逐一分析双方权利义务如下。

（一）出佃人权利与承佃人义务

1.关于锉井费用。根据“下挫费用，由客人完全负担”可知，锉井费用由承佃人一力承担，因为在契约的立约背景中，根据“缘好德堂所占如川井日份二十六天，曾于民国二十二年出租与咸昌灶淘推；嗣因咸昌灶无力进行，以致停废。复于民国二十八年九月，将所余限十二年零六个月，转租与崇义灶淘办推煎”可知，转出佃人之所以要将日份转佃给此承佃人，是因为之前的承佃人无力推煎致使盐井荒废，而转出佃人也无力使废井重拾，但更不愿盐井荒废，所以想要寻求一个有能力将废井重拾的承佃人。因此，如果承佃人愿意同转佃人缔结此契约，就意味着其自己将一力承担锉井的费用。因此，出佃人享有不负担盐井任何锉井费用的权利，而承佃人则负有全力负担锉井费用的义务。

2.关于增建之不动产。根据“增建天车廊厂所有费用，客人担负，年满由井主无顶打接受，不得借故拆去”可知，承佃人不仅向出佃人负有增建锉井、推煎盐井日份所必需的天车廊厂的义务，而且还向出佃人负有租赁期满不得借故拆除天车廊厂的义务。而“年满由井主无顶打接受”则意味着出佃人则享有在佃期届满时无偿拥有所增建之天车廊厂的权利，以及阻止承佃人在届满前或届满时将所增建的不动产拆去的权利。

3.关于增建之动产。根据“机车锅炉，由客人自安自拆，不与主人相涉”的条款可知，承佃人负有自行购置推煎卤水所需之机车锅炉的义务。出佃方不提供任何设备，佃约届满后也不要求承佃人无偿交付动产给转出佃人。

4.关于敷补佃期。根据“所有井内一切耽延，概在二十年限内，不得再言敷

---

① 《民国二十八年如川井转出佃约》，民国二十八年（1939年），自贡市档案馆藏，档案号：7－1－1249－45。

补”可知，承佃人不得因为对井内设施的修补而要求出佃方对自己所投入的资金进行货币补偿，而出佃方则通过此条款完全撇清自己对与所租赁日份相关的设备的维修所应当担负的责任，只需在20年限内敷补日期即可。

5. 关于盐井所产天然气。根据“如井见火，客、主两方平均煎烧，所有建设费用，各自担负”条款可知，出佃人享有进班权(即分享收益的权利)。[①] 此条款有利于出佃人，因为在锉井阶段，出佃人完全不出任何费用，也不对承佃人在锉井阶段所付出的成本作任何形式的补偿，而当盐井产出天然气时，出佃人便要求分成，这实际上构成了对承佃人未来收益权的限制。

6. 关于优先购买权和最终处分权的限制。根据“海川、如川两井日份发现有出售者，客人不得购买；如有外人收买，客人不得片面交井”条款可知，当盐井日份有潜在意向买受人时，出佃人享有将日份出售给最有利于自己的买受人的自由，而不受承佃人优先购买权的限制，而承佃人则负有不得与买受人直接联系的义务，即不得直接将盐井交付给买受人。

(二)承佃人权利与出佃人义务

1. 关于增建之动产。根据“机车锅炉，由客人自安自拆，不与主人相涉”的条款可知，承佃人享有届满时对所增建动产之最终处分权，或卖他人或拆。出佃方负有不干涉的义务。

2. 关于减少租金请求权。根据“起推之后，如水足推，一月所产在一万四千大担以上，主人租水减为百分之四。如量足推与否，以起推后六个月为标准，由双方派人监视确定之”条款可知，为了鼓励承佃人锉井，将废井重拾，出佃人应允当每月盐井所产卤水到达14 000大担以上时减少租水(即承佃人向出佃人缴纳的卤水量)。因此，承佃人享有在一定条件下请求减少租金的权利。但出佃人亦通过“如量足推与否，以起推后六个月为标准，由双方派人监视确定之”条款保留了对承佃人此请求权的限制。

3. 关于租赁权。根据“如有内事不清，由井主代表等完全负责，不得丝毫累及客人，致受任何损失”的条款可知，出佃人负有权利瑕疵担保义务，即不得因为出佃人内部的纠纷，或者因为出佃人对外所负债务，而影响承租人对租赁权的行使。

---

① 此术语来自出山约，将在盐业合伙契约部分进行详细分析。

三、盐业预佃契约之内容

此处以《民国二十五年济亨井预佃约》分析盐业预佃契约内容。[①] 此约标的是净日份半天,佃期为12年。按照前文对盐业预佃契约的分析,此约是出佃人在与他人的租佃法律关系存续期间,与第三人缔结的附生效期限的盐业租佃契约。此处简要分析双方权利义务如下。

(一)出佃方权利与承佃方义务

本约中出佃方的权利较少,主要是对价金的请求权。根据条款"每天佃价并市角洋二百四十元正,每天现交佃价角洋六十元正,其余一百八十元,分为两关,以六个月为一关,另票兑用"可知,出佃方享有请求承佃方按期交付租金的权利,而承佃方则对出佃方负有如约分期交付租金的义务。此处的"两关",即是"两期"之意。此约中承佃方对出佃方所负之缴纳租金的义务须分三期完成,契约缔结之时交付第一期即"角洋六十元正",其余租金即"一百八十元"则按照半年的频率交付。

(二)承佃方权利与出佃方义务

1. 关于处分权的限制。按照所有权的含义,出佃方是天地二车、廊厂等设备的所有人,承佃人对租赁权的享有无法阻却所有人对自己财产的处分权。但是根据条款"其客人接办后,所有修立天车、廊厂、柜房、灶房、楻桶房、火车房、年满之日概无顶打"可知,出佃方承诺对承佃方负有租佃期内不将设备出售给第三人的义务,承佃方则享有要求出佃方不将租赁物出售的权利。

2. 关于增建动产。根据条款"灶上锅卤,客人自制自得",承佃人享有在租佃期内自由修建推煎日份所必需的动产的权利,并享有对所有增建动产的处分权。期满时,或拆或卖均可。

3. 关于通行地役权。根据条款"所有人畜出路、堆渣放卤、抬锅运炭、出盐进出盐水码头、安插子笕、堰塘、取土取石、牵扯风蔑,概行佃明,并无阻滞"可知,承佃人享有在出佃人业内的通行地役权,但凡与盐井推煎相关的人力、畜力、物力的进出,均不另付租金。而出佃人则负有对承佃人通行不为阻滞的义务。

4. 关于盐井的内事外债。根据条款"如有井事不明、外债不清,一力有出佃人

---

① 《民国二十五年济亨井预佃约》,民国二十五年(1936年),自贡市档案馆藏,档案号:7-1-1294-104。

楚清，不与客人相涉”可知，出佃人负有向承佃人保证所佃得之日份不受第三人诉求的影响，无论此第三人是出佃人是伙内人还是族内人。

5. 关于租赁物的维护。根据条款“如限内木柱浸漏，客人通知主人；客人刁下，主人照市敷补客人”可知，承佃人享有请求出佃人维修租赁物的权利，以及在自行维修租赁物后请求出佃人予以补偿的权利。而出佃人则负有经承佃人请求对租赁物进行维修的义务，以及当承佃人自行维修后或以租金抵扣的方式，或以租期延长的方式予以补偿的义务。

四、盐业续佃契约之内容

盐业续佃契约，即出佃人和承佃人在原佃约佃期届满时订立的，以续约为目的的契约。此处选取了两份续佃契约进行分析，主要是试图展现部分条款的不同。为了避免重复，以《光绪二十九年同发井续佃约》为主要分析对象，适时与《民国二十三年源蒸井续佃约》相关条款进行比对。

《光绪二十九年同发井续佃约》的标的是同发井的锅份 35 口，佃期为 3 年零 3 个月。此份契约内容在众多盐业续佃契约中较为齐备。此处简要分析双方权利义务如下。①

（一）出佃方权利与承佃方义务

1. 价金请求权。根据条款“以每口每日煎花盐六分半为一口，每年每口实纳九七平火租银五十三两正照算，当交银一千两正；下余之银，自癸卯年四月初一日起，三年九大关均称均扣”可知，出佃人享有要求承佃人按期交付价金的权利，承佃人则对出佃人负有将余下租金分九期缴纳的义务。

2. 关于敷补日期。根据条款“如火不足煎，主、客相商并足”和条款“如有耽延日期，十五日内无补”可知，在火力不足以煎卤水的情况下，即承佃人停工的情况下，出佃人享有停工 15 日内不予以补偿的权利。此处需要对比《民国二十三年源蒸井续佃约》中关于敷补日期的条款。《民国二十三年源蒸井续佃约》中，根据条款“限内倘遇木柱棚崩浸漏，客人扦灌刁下；所有耽延日期及刁下用费，主人照厂规敷补”可知，一旦遇见租赁物需要维修或整修，承佃人须自行进行，而对于承佃人因此所付出的成本、时间、劳动力，出佃人并没有言明如何敷补，按照什么条

① 《光绪二十九年同发井续佃约》，光绪二十九年（1903 年），自贡市档案馆藏，档案号：24－1－118－44。

件敷补，而是采用兜底条款的性质，模糊应对。① 此处的“厂规”，并非按照字面意思理解真的有成文法的厂规存在，而是当地盐场的通行惯例，属于习惯法范畴(参见本书附录一)。

3. 关于租赁物的维修。根据条款“原系旧灶房，恐年限内灶房朽坏，主出瓦桷木料，客出工资饭食；如灶房倒塌，该主培修，不与客人相涉”可知，承佃人负有劳动力伙食提供和薪酬支付的义务。

4. 关于苛捐杂税。根据条款“门户课银，随灶办纳；捐输火厘，概照大市”可知，自契约生效后，所有苛捐杂税均由承佃人担负。此处的“随灶办纳”即意味着灶的实际经营者负有缴纳税务的义务。

5. 关于租赁物的交还。根据条款“如客人不佃之日，将柜房、灶房、楻桶、盐仓、站桶、浆桶、温缸、槽子交还主人”可知，承佃人在佃期届满并决定不续佃时，负有将所租赁物品交还的义务。

(二) 承佃方权利与出佃方义务

1. 关于敷补日期。根据条款“如有耽延日期，十五日内无补”可知，如因所佃得的锅份之火力不足而无法正常获利的时候以及因维修租赁物而致工期延误达到 15 日之上时，承佃人有权请求出佃人通过延期以补偿损失。

2. 关于租赁物的维修。根据条款“原系旧灶房，恐年限内灶房朽坏，主出瓦桷木料，客出工资饭食；如灶房倒塌，该主培修，不与客人相涉”可知，出佃人负有对灶房维修之材料供应义务，以及对倒塌的灶房重新修建的义务。

3. 关于通行地役权。根据条款“取土取石、抬锅运物、运水运盐、安置水火笕路、三叉羊耳、堆渣放卤、修砌码头、一切出入路径，主人业内不得阻滞”可知，承佃人享有在出佃人业内为必要的通行的权利，而出佃人则负有对承佃人人力畜力通行、物品安置的容忍义务。

4. 关于增建动产和不动产。根据条款“如客人不佃之日……家具、铁器、咸头等项，客人自行搬去，挖取红土灶身，捶好交还”可知，承佃人享有对自己所用工具的所有权，但红土灶身则须交还主人。

---

① 《民国二十三年源蒸井续佃约》，民国二十三年(1934 年)，自贡市档案馆藏，档案号：7－1－346－54。

五、特殊盐业租佃契约之内容

(一)复淘旧井约

相较于一般盐业转佃契约,特殊盐业转佃契约是非典型转佃契约,其名称可能不含有"佃"或"转佃"字样,但其内容却完完全全符合佃约的特征。其中尤为引人注目的是复淘盐井契约的转佃约性质。所谓复淘盐井契约,是指针对曾经见功但后来荒废的盐井或者从未见功的盐井进行复淘的契约,一般是在土地所有权人和投资人之间缔结,但更多的是在原承佃人和新承佃人之间缔结。此处选取两例进行分析。

1.《民国三十二年泰丰井复淘约》①

虽然此约中涉及租佃关系较多,但原租佃关系与新租佃关系十分明确。根据"由刘韵琴接佃之后,两次开办尚未成功,停搁至今。兹特请凭证潘远初、袁子开、李相筠等介绍,将太丰井水火油日份三十天,转佃与同荣灶经手余海珊伙等名下淘锉推煎"可知,此约严格意义上应当是转佃契约,因为刘韵琴并不享有盐井日份的所有权,而只是其承佃人。因此,此约中转佃方是刘韵琴,承佃方是同荣灶,租赁物是已经荒废的泰丰井。现根据契约条款分析转佃双方权利义务如下。

(1)转佃年限。根据"一佃十四年为限"和"其年限依照原约,俟咸水火油起推之日批字起限"可知本约租佃年限是14年,从盐井见功之日起算,换言之,盐井淘锉过程中所花时日不计在内。

(2)租金。根据"比日三面议定:实安稳租法币一万元正,其洋当即收足"、"出佃人白红进班,即照三十天分派红息,始由红息内退还承佃人稳租法币洋一万元"以及"至全井日份三十天,由承佃人按全井三十天出费淘锉,出佃人得由内提十天"可知,计租方式是二元制的。当盐井未见功时,租金是定额租制,由承佃人向出佃人缴纳约定的租金1万元;当盐井见功后,租金是份额租制,出佃人直接从所占有的份额即日份10天中获益,当获益超过1万元时,将原租金交还给承佃人(此处租金兼具押金性质)。

(3)续佃事宜。根据"限满之日,主、客相商续佃"可知,转佃双方在续佃方面奉行自由平等的原则。

---

① 《民国三十二年泰丰井复淘约》,民国三十二年(1943年),自贡市档案馆藏,档案号:7-1-1294-28。

(4)转佃人权利。第一,转佃人享有有条件的单方面解约权。在承佃人满足以下三种情形时,转佃人可以单方面解约:其一,根据“设只取承佃之名,在六个月内尚不开工”以及“约在满一年以后,尚未动工淘锉,承佃即失淘锉效力,出佃人即有接回之权”可知,当承佃人未履行及时动工义务时,即在转佃契约生效后6个月内不动工或1年内仍未开始开凿盐井时,转佃人享有单方面解约权。其二,根据“再迟到一年期内犹不陈报盐务主管动工,乃系承佃人有意迟缓,出佃人即将稳租没收……以后出佃或自办,不受承佃人之拘束,承佃人无告诉之权抗拒出佃人”可知,当承佃人未及时履行注册义务时,转佃人有权单方面解约。其三,根据“如开办以后因事停搁,所停日期扣满一年,如不工作亦失承佃效力,出佃人有收回自主之权”可知,当承佃人违背勤勉义务时,转佃人有权单方面解约。第二,转佃人享有收益权。根据“以后见功之时,除去缴井用费之外有余,出佃人白红进班,即照三十天分派红息”可知,转佃人在盐井见功后享有对盈余利润的按份收益权。

(5)转佃人义务。第一,根据“其有人畜出入路径、牵扯风蔑、抬锅运炭、开沟安笕、堆渣放卤、取土取石,吃水、滚水堰塘等,概在主人业内,无得阻碍”可知,转佃人负有协助义务,即保证承佃人在地主业内的通行无阻。第二,根据“倘有井事不清、伙事不明,暨外欠银钱账目不楚,概由出佃人刘韵琴负完全责任,不与承佃人相涉”可知,转佃人负有瑕疵担保义务,即保证盐井的外债不影响承佃人对盐井的占有、使用和收益。第三,根据“所有客人培修廊厂瓦桷木料,由出佃人照数认还”可知,转佃人负有补偿义务。租约到期后,如果承佃人不愿续佃,则转佃人须对承佃人在租约关系期间所修建不动产的成本进行补偿。第四,根据“倘天赐红福,大火、大水、大油发现起运上灶,年限内出佃人不得言及挂红、赎取等语”可知,转佃人负有禁反言义务,即不得在租约成立后因盐井产业的繁荣而要求撤销租约。

(6)承佃人义务。第一,根据“成约之后在三个月内即应起复,正式开办,至迟达上六个月,即应开工”可知,承佃人负有及时开工的义务,在转佃契约生效后3个月内应当开始筹备盐井开锉工程,6个月内应当正式开工。第二,根据“如承佃人不佃,将井交还”可知,承佃人负有租约到期归还盐井义务,即租约到期后,如果承佃人决定不续佃,则应当停止占有、使用、收益盐井。第三,根据“人工伙食,客人负担”可知,承佃人还负有提供盐井开凿所雇用的劳务伙食义务。第四,根据前文对转佃人权利的分析可知,承佃人还负有注册义务和勤勉义务。

(7)承佃人权利。根据“以后见功之时,除去缴井用费之外有余,出佃人白红进班，即照三十天分派红息”可知，承佃人享有占有、使用和收益的权利。其中，收益权是与转佃人准按份共有的，各自按照所占日份比例享有。

2.《咸丰三年宝生井复淘约》①

此约在承首人和土地所有权人之间缔结，是以地基为租赁物的租佃契约。根据“承佃井基约人颜恭度，今凭证佃到李邹氏同子文化名下将祖遗分受地名坵垱沟井业内无碍荒地，邀伙复淘，更名宝生井一眼”可知，出佃人是土地所有权人即李邹氏及其子李文化，承佃人是颜恭度，根据“邀伙复淘”一词可知承佃人并非投资人，而是承首人。② 下文将根据契约条款分析双方权利义务。

(1)租金。此约中的租金仍然具有押金的性质。首先，根据“押头钱一百串正，当即收清”可知，最初的租金是采用定额租的方式。其次，根据“如井出大水、火，除井缴用及三十班修竖廊厂用度，有余之日，主人始得入伙，主、客各按日份推煎办理。至于押头铜钱，如数退回客人”可知，当承佃人按照约定用途使用租赁物并实现租约目的时，出佃人将租金退还，并转而以份额的方式获益。

(2)租佃年限。根据“主、客均系子孙永远管业”可知租约没有固定期限。

(3)出佃人权利。首先，根据“每月得地脉昼夜水火井份七天”和“如井出大水、火，除井缴用及三十班修竖廊厂用度，有余之日，主人始得入伙”可知，出佃人享有分红权，在盐井见大功后，出佃人有权按照所占井份比例要求分享盐井收益。其次，根据“井未见功，不得停挂，如有实情，主人接回”可知，出佃人享有解约权，一旦盐井在未见功状态停工，则出佃人有权解除租佃关系并收回租赁物。

(4)出佃人义务。首先，根据“地主出井、车、灶及牛棚、偏厦、楻桶、过江、财门、柜房、盐仓、地坝、廊厂、出路一切基址”可知，出佃人负有提供基址以及盐井生产相关设备的义务。其次，根据“倘井出微水、火二、三口，以作锉井人使费，主人不得言及挂红等语”可知，出佃人负有限制分红义务，即不得在盐井见微功所获收益只够敷补成本的时候要求分红。再次，根据“在主人业内取土取石、牛马出入、抬锅运炭、堆渣、安笕放水、移水就煎，一切廊厂基址、水井堰塘，不得阻滞”可知，出佃人负有容忍义务，即不得阻碍承佃人在自己业内为以盐业生产为目的的必要行为。最后，根据“其外人业内道路，照三十班均派使费”可知，如果承佃人为盐业生产之目的而不得不使用第三人业内的道路，则出佃人有义务同承佃人一道分

---

① 《咸丰三年宝生井复淘约》，咸丰三年(1853 年)，自贡市档案馆藏，档案号:8－1－679－167。

② 关于承首人详见第七章“承首人契约”。

担因使用他人业内道路而付出的成本。

(5)承佃人权利。除了收益权,本约中较特别的是承佃人的自由决策权。根据“井老水枯,或下锉与否,随客自便,所有下锉使费,照三十天派出”可知,租佃双方约定承佃人在盐井见功后若遇见盐井资源贫瘠无法就已有深度产出卤水或天然气时,就是否继续下锉盐井,承佃人有完全的自主决策权,出佃人不得强迫承佃人下锉或放弃,并且还将同承佃人一道为其决策分担成本和风险。

(6)承佃人义务。首先,根据“客出锉井文本”可知,承佃人负有出资义务。其次,根据“井未见功,不得停挂”可知,承佃人负有完工义务。再次,根据“其外人业内道路,照三十班均派使费”可知,承佃人负有在使用非出佃人业内道路时的支付使用费的义务。最后,根据“门户课税,随井办纳。但此井无论见功与否,均归客人办理”可知,不论盐井见功与否,承佃人均负有缴纳课税的义务。

(二)起班分班约

例如,《道光十六年双福井起班分班约》①

本约看似是在土地所有权人和承佃人之间缔结的以合伙推煎盐井为目的的契约,但实际上是租佃契约,并且是较为特殊的租佃契约。特殊之处在于从本约中所含有的两个租佃期限可知本约是由两个租约构成。“主”租约和“副”租约的当事人双方都相同,出佃人即地主王和礼、王焕礼,承佃人即李丹林。现根据契约条款分析租佃双方权利义务如下。

1. 租金缴纳方式。根据“每口每年凭珰首等议定火租纹银七十式两正市平……火租作五关交纳均收”可知,租金采取定额租制,缴纳方式为分期缴纳。具体而言,本约中的租金是72两整,分五期缴纳完毕。

2. 租佃年限。首先,就“主”租约而言,根据“一佃五年为满,其年限从丙申年九月初一日起,至辛丑年八月三十日止”可知,租约期限为5年,从丙申年九月初一日起算至辛丑年(1901年)八月三十日。其次,就“副”租约而言,根据“如再赐福,廊厂主、客各照日期自行修立,陆续起班,年限以十四年为满”可知,当满足约定条件后,地主和承佃人可就同一盐井开展独立经营,而在此基础上的租佃期限可从原定的5年延长至14年,换言之,如果二者开展独立经营即不与对方分红,则承佃人在14年后应当将盐井占有使用收益权交还地主。

---

① 《道光十六年双福井起班分班约》,道光十六年(1836年),自贡市档案馆藏,档案号:3-5-4021-17。

3. 承佃人权利。根据“其井仍复任客再行下凿”可知,承佃人有自由决策权,即是否愿意继续加深盐井深度以求得更为丰足的盐井产量全凭承佃人自由决定。

4. 出佃人义务。第一,敷补日期义务。根据“如火耽搁十日之外,照日期加补”可知,出佃人有义务对承佃人因非人为因素耽误的工期在租佃期限上给予相应的延长。第二,提供基址义务。根据“运水、抬锅、下盐路道,地主承当”可知:出佃人负有提供基址以保证盐井生产不受阻碍的义务。

5. 租佃双方之共同权利与义务。根据“所有做井用费银钱,按月清算,地主人等认四股之一,客认四股之三”和“以前所修廊厂、报课用费之数,三十班日期均派,往后报课亦然”、“火之增减,俱照三十班均派”可知,对盐井开锉的费用以及盐井产量的损益租佃双方均有义务按约定比例承担,即地主承担1/4,承佃人承担3/4;对于廊厂修建、缴纳课税等费用,租佃双方均有义务按照在30班中所占比例承担,即地主与承佃人承担此类开销的比例是1∶3。

综上可知,在盐业租佃契约中,租佃双方权利义务的分配上于总体上呈现不甚平衡的状态——出佃方比承佃方要强势,所享有的权利较多,所担负的义务较少,譬如红土灶身条款、锉井费用条款、增建不动产所有权归属条款、维修租赁物敷补佃期条款、承佃人优先购买权受限制条款等,均体现出了出佃方所处之优势和承佃方所处之劣势。

第三节 比较与评论

一、盐业租佃契约与现代租赁合同相契合之处

(一)关于契约必备条款

《合同法》第12条和第213条分别从总则的角度和租赁合同的角度对合同内容做了规定。[①] 根据这两个条款,可知在租赁法律关系中,双方须对如下事项进行约定,并在合同文本中表现出来。第一,双方当事人的姓名。第二,租赁物的名

---

① 《合同法》第12条规定:“合同的内容由当事人约定,一般包括以下条款:(一)当事人的名称或者姓名和住所;(二)标的;(三)数量;(四)质量;(五)价款或者报酬;(六)履行期限、地点和方式;(七)违约责任;(八)解决争议的方法。当事人可以参照各类合同的示范文本订立合同。”第213条规定:“租赁合同的内容包括租赁物的名称、数量、用途、租赁期限、租金及其支付期限和方式、租赁物维修等条款。”

称、数量、质量。第三,租赁物的用途。第四,租赁期限。第五,租金的计算及交付方式。第六,租赁物维修责任分配。第七,违约责任。而盐业租佃契约,不论是转佃契约,预佃契约还是续佃契约,都包含了上述条款中的第1项至第6项。关于第7项违约责任,笔者虽未在契约中发现其踪迹,但结合盐业契约订立的背景以及盐业产业的特殊性,上述各契约均以"水火消涨,各听天命"抑或"水火消涨,盐政改变,各听天命,无赎无悔"的条款来提醒对方若因为盐井产量的增加或减少而反悔即构成违约。

(二)关于租赁物维修条款

根据《合同法》第220条和第221条,在租赁法律关系存续期间,出租人负有对租赁物进行维修的义务,一旦租赁物出现性状失常影响承租人的正常使用,则承租人有权要求出租人对租赁物进行修葺,修葺的时间可以是双方约定的,也可以是正常情况下合乎情理的时间。但若出租人不愿或对租赁物修葺的请求有所怠慢,承租人可在对租赁物进行亲自修葺后通知出租人并要求对相关费用进行补偿。如果承租人因租赁物的维修影响正常使用,则出租人应当视情况相应减少租金或延长租期。① 盐业租佃契约虽然在名称上与租赁合同有一定差别,但在对待租赁物维修上条款惊人一致。譬如在盐业租佃契约、盐业预佃契约、盐业续佃契约中双方当事人都约定,租赁物维修责任在出佃方,如果承佃人自行维修,则出佃人应当相应给予敷补。三类契约不同之处在于对敷补的规则的约定上,有的明确约定将由出佃人在佃期上给予延长,有的则模糊约定出佃人将按照厂规等通行惯例予以敷补。但总而言之,在盐业租佃契约中,出佃人都是通过在租佃日期上予以延长来补偿承佃人在维修租赁物中所花费的时间成本和金钱成本,鲜有如现代合同法般直接通过在租金上给予减少来弥补。

(三)关于租赁物返还条款

《合同法》第235条规定,承租人在租期届满后,应当按时返还租赁物,返还时或依照租赁合同订立时租赁物的样子,或按照租赁物正常使用后的状态返还给出

① 《合同法》第220条规定:"出租人应当履行租赁物的维修义务,但当事人另有约定的除外。"第221条规定:"承租人在租赁物需要维修时可以要求出租人在合理期限内维修。出租人未履行维修义务的,承租人可以自行维修,维修费用由出租人负担。因维修租赁物影响承租人使用的,应当相应减少租金或者延长租期。"

租人。① 在租赁物返还的条款上,笔者也发现了盐业租佃契约与现代租赁合同的一致。例如,上述盐业租佃契约中的"本井所有天地二车、草车房一向、瓦灶房一向,限满时照样交还"条款便是最为明显的体现。根据这一条款,承佃方须在佃期届满的时候,将所佃得的动产和不动产照原样和原数目交还给出佃人。

二、盐业租佃契约与现代租赁合同相异之处

(一)关于添附物所有权的归属

盐业租佃契约中所体现出来的与现代法律最不同的地方便是对添附物(红土灶身)的处理。所谓红土灶身,即灶身四周的土壤,它们长期在盐卤的浸泡下逐渐形成了含卤越来越重的土壤。红土用来浸泡后形成的水可以用来煎盐,是灶户在煎盐过程中的副产品。② 虽然有诸多研究盐井运作的文献,但目前几乎没有一篇对红土灶身的法律性质进行界定。笔者认为,红土灶身的法律性质可以从两方面考量。一方面,如果在承佃人佃得盐井时出佃人所有的灶身已无红土,那么承佃人对于在租佃期间推煎卤水形成的红土自然拥有所有权,可以自行收益和处分;另一方面,如果在承佃人佃得盐井时出佃人所有的灶身四周已经有旧红土,那么承佃人在租佃期间所形成的红土应属于添附物,应当为出佃人和承佃人共同所有,因为对红土的分割会导致其价值的贬损和功能的丧失。根据《合同法》第225条和《物权法》第100条,承租人在租赁期间因为占有、使用租赁物而获得的收益本应当归承租人所有,除非当事人另有约定。而对于共有财产的分割,在分割会减损价值的情况下,要么就折价、拍卖、变卖所得价款进行分割,要么归一方所有并由取得共有物的一方对另一方做出补偿。但盐业租佃契约中对承佃人在租赁期间获得利益的处理和对红土的处理均反映出盐业租佃契约与现代租赁合同的相异之处。且以《民国二十八年如川井转出佃约》为例,根据"如井见火,客、主两方平均煎烧,所有建设费用,各自担负"条款可知,出佃人享有进班权(即分享收益的权利)。③ 在锉井阶段,出佃人完全不出任何费用,也不对承佃人在锉井阶段所付出的成本作任何形式的补偿,而当盐井产出天然气的时候,出佃人便要求对

① 《合同法》第235条规定:"租赁期间届满,承租人应当返还租赁物。返还的租赁物应当符合按照约定或者租赁物的性质使用后的状态。"

② 自贡市档案馆、北京经济学院编:《自贡盐业契约档案选辑(1732~1949)》,中国社会科学出版社1983年版,第168页。

③ 此术语来自出山约,后文将在盐业合伙契约部分进行详细分析。

应属于承佃人劳动所得的天然气进行分成,这对承佃人的收益是一种侵害。再看《民国三十五年天成井出佃约》,根据"本井出佃时,概无顶打。至红土灶身,在佃限将满之五年内不得挖取,限满时不得顶打"可知,红土灶身完全属于佃主所有,承佃人对该添附物既没有任何形式的所有权,也没有得到出佃人任何方式的补偿。

(二)关于转佃是否受限

根据《合同法》第88条和第224条,合同一方当事人在得到对方同意后可将自己在合同中的权利义务一并转让给第三人。具体到租赁合同而言,承租人可以将租赁物转租给第三人,但必须得到出租人同意,并且应当就第三人对租赁物的使用对出租人负责。① 换言之,承租人即便将租赁物转租给他人,也无法退出租赁法律关系,因为只要租佃期限未届满或者双方约定的合同终止的条件没有达到,承租人仍然要受到租佃法律关系的约束并就自己所选择的第三人向出租人负责。但是在部分盐业转佃契约中,转佃人却以租赁物转佃给第三人为契机试图退出原佃约,比如,上文在分析盐业租佃契约类型时所列出的《民国三十二年长发井转出佃约》中便出现原佃约承佃人通过将租赁物转佃给第三人发生第三人概括承受的效果。并且,承佃人在为此类行为前并未取得出佃人同意。

本章小结

19世纪的盐业租佃契约已经表现出极大的近现代特征。萌芽于公元前1400年左右古希腊时期的租佃只为交换而存,而在本书所涉及的19世纪,随着交换经济的扩大和商品经济萌芽的发展,盐业租佃契约逐渐开始具有在获取使用价值的同时获取一定利润的双重功能,标的物也从单一的不动产演变成为多元化,比如,标的物可以是不动产,还可以是动产(如生产设备、生活资料),亦可以是动产与不动产的混合物。② 盐业租佃契约开始超越买卖契约成为盐业产业物品流通的主要形式,与此同时,随着封建社会统治力度的削弱,财产流转所受限制越小,租

① 《合同法》第88条规定:"当事人一方经对方同意,可以将自己在合同中的权利和义务一并转让给第三人。"第224条规定:"承租人经出租人同意,可以将租赁物转租给第三人。承租人转租的,承租人与出租人之间的租赁合同继续有效,第三人对租赁物造成损失的,承租人应当赔偿损失。承租人未经出租人同意转租的,出租人可以解除合同。"

② 胡卫国:"论买卖不破租赁规则",湘潭大学法学系2006年硕士学位论文,第3页。

佃关系双方的地位逐渐平等，故而处于清末的古代租佃契约从整体上呈现出从依附型契约关系向平等型契约关系过渡的趋势。从盐商对转佃、预佃、续佃三种方式的灵活运用，可得出以下结论：作为盐业产业重要资源之盐井及井基的流转程度较高；盐商们通过结合预佃和续佃形式保证盐井的开凿和运营始终处于活跃状态；盐业资源以契约为媒介实现了通过市场优化配置资源。但若从盐业租佃契约内容的分析，可知于总体上租佃双方在权利义务的分配上仍处于不甚平衡的状态，虽在契约基本条款、租赁物维修方面、租赁物返还方面与现代租赁合同相一致，但在转佃前提、添附物所有权归属规则方面仍然呈现对封建身份制度的依恋。从身份到契约的道路并非一帆风顺，而是波折万千。

第四章　盐业借贷契约

第一节　盐业借贷契约概览

一、盐业借贷契约的定义

债起源于借贷，因为债最初的含义即是表示某人欠他人物品或货币的法律效果。① 正如《周礼·地官·泉府》中所言“凡民之贷者，与其有司辨而授之，以国服为之息”，又如英国学者尼古拉斯所指出“消费借贷是最早的实物债形式”，②再如盖尤斯所指出，债权人既可用来指那些接受他人履行义务的人，又可用来指那些将自己的金钱出借给他人的人。③ 借贷与买卖一样，同属于历史悠久的民事活动，自所有权的观念与私有制产生以来就存在，并随着贫富分化差距的拉大而日益频繁。借贷最初是无偿将某物给予他人使用，正如《说文》所注“谓我施人曰贷也”，此处的“贷”是“施”的意思，而施即是乐善好施中的“给予”之意。后来随着交换关系的扩大，借贷关系开始

---

①　王自玲：“唐代借贷契约法律制度研究”，郑州大学法律系 2011 年硕士学位论文，第 6 页。

②　［英］巴里·尼古拉斯著：《罗马法概论》，黄风译，法律出版社 2000 年版，第 177 页。

③　［意］桑德罗·斯契巴尼著：《法律行为》，徐国栋译，中国政法大学出版社 1998 年版，第 3 页。

变为有偿使用之含义，也逐渐有了借入和借出的概念之分，正如《左传·文公十六年》中所提及“宋公子鲍礼于国人，宋饥，竭其粟而贷之”，此处的粟即是用于借出之等价物。紧接着，随着商品经济的萌芽，借贷关系开始显现出谋利的色彩，即“举物生利”，财物所有人开始通过有息的借出自己拥有之物而获取高于借贷物本身使用价值和价值的利润。① 可见，借贷关系经历了从无息到有息，从帮助他人到谋取利益的过程。既然除了买卖、租佃外，借贷也是促进资金流通、物品流转的重要方式。盐业产业的发展自然也离不开借贷关系的推动。盐业借贷契约，顾名思义，即是在盐商之间缔结的，以盐业生产要素为标的或以促进盐业生产为目的的契约。在盐业借贷契约中，除货币外，日份、锅口、火圈、盐锅、机车、廊厂等设备亦都可以成为借贷标的物。而盐业借贷契约的名称也十分多样，诸如“押借”、“借押”、“押业”、“信借”、“押约”等，均是借贷之意。

二、盐业借贷契约的特色

一方面，就契约形式而言，盐业借贷契约采取书面契约的形式，并一般包括以下条款：第一，借贷双方当事人的名称；第二，所借贷物品的性状或所借贷款额的大小；第三，是否有息以及计息方式；第四，是否有担保及担保方式；第五，是否有见证人及见证人姓名；第六，是否有借贷期限及借贷期限的起止日期；第七，借贷物的交还条件及方式；第八，立约日期；第九，中证人及书写契约人签名。另一方面，就违约责任而言，盐业借贷契约既有约定借取人到期不还借贷物即将担保物直接归借出人所有的条款，有约定借取人到期不还即授权借出方变卖抵押物、质押物并就所得价款优先受偿的条款，也有约定借取人到期不还即由借出人代位行使借取人对第三人之债权的条款。

三、盐业借贷契约的分类

以借贷目的为标准，借贷契约可以分为生活消费性借贷契约和生产经营性借贷契约、使用借贷和消费借贷；以借贷物品性质为标准，可将借贷契约分为实物借贷契约和货币借贷契约；以借贷是否有利息为标准，可将借贷契约分为有息借贷契约和无息借贷契约；以借贷的担保方式为标准，可将借贷契约分为有保证人借

---

① 王自玲：“唐代借贷契约法律制度研究”，郑州大学法律系2011年硕士学位论文，第6页。

贷契约和有物权担保借贷契约。① 此处需要提及的是，在古代社会，生活消费性借贷契约的借取人一般是迫于生存压力向他人提出借约的，他们大部分是政治经济地位较低的弱势群体，因此在契约缔结中常常会遭受不平等的契约条款，诸如被迫同意高息借取等，而生产经营性借贷契约的借取人与借出人则处于相对平等的地位。② 使用借贷契约是指借出人将借贷物交付给借取人，并约定一定期限后由借取人将原物返还的契约，该契约是要物契约，以借贷物的移转占有为生效条件，一般是无息契约。消费借贷契约则是指借出人将借贷物的所有权转移给借取人并约定一定期限后借取人以同种类物返还的契约。因为消费借贷契约的标的物一般都是能够以计量单位予以衡量的物品，因此双方可以约定用同种类的物品以偿还。故而可以得出结论：是否移转所有权既可以成为区别使用借贷契约和消费借贷契约的标准，也可以成为区分消费借贷契约与租赁契约的标准。③ 正因为借贷契约属于债的关系，因此中国古代社会中国家对于借贷契约的态度是"任为私契，官不为理"，④中国古代社会存在大量的借贷契约，盐业契约所处之清朝末年也不例外。盐业借贷契约既有使用借贷契约，即借取人向借出人请求使用某物品一段时间的契约，即下文即将分析的物品借用契约；也有消费借贷契约，即借取人向借出人请求给予一笔款额用以资金融通，届时返还的契约，即下文即将分析的借款契约；既有无息借贷的契约，即借出人不期望通过出借物品来谋利，只希望借取人届时按物品原样或者按照正常折旧程度返还的契约，也有计息借贷的契约，即借出人希望对物品的使用价值和价值进行同时实现的契约；既有以物权担保的方式以解除借出人戒备的契约，诸如以质押、抵押、典当为担保，也有以信用担保的方式以确保借取人按时返还款项的契约，诸如通过保证人为担保。

第二节　盐业借贷契约内容分析

盐业借贷契约中，除了在借贷标的、借贷利率两方面不同外，最引人注目的便是风格迥异的担保方式了。通过借贷担保可保证借出人不会因为借取人不按约归还借贷标的而遭受损失。因此，本书在对盐业借贷契约内容的分析上以担保方

---

① 杨淑红："元代民间契约关系研究"，河北师范大学历史系2012年博士学位论文，第103页。

② 同上书，第105页。

③ [英]巴里·尼古拉斯著：《罗马法概论》，黄风译，法律出版社2000年版，第178页。

④ 王自玲："唐代借贷契约法律制度研究"，郑州大学法律系2011年硕士学位论文，第7页。

式的不同以及借贷标的的不同为标准选取了如下5份契约进行分析。

一、混合担保之盐业借款契约

例如,《民国三年长丰井借贷约》①

这份盐业借贷契约是借款契约,其标的是货币,借款方是颜义生,贷款方是萧伟臣。契约条款分析如下。

1. 借贷目的。根据“今颜义生负债难偿,请祈萧姓维持信借”条款可知,借款方提出借款请求的目的以及所借款项的用途是为了偿还个人债务。因此,从借贷目的观察,此约在类别上属于生活消费性借贷而非生产经营性借贷。

2. 借贷标的物。根据“一并交与地主萧伟臣名下作信借九七平纹银六十两正”条款,可知借款方所欲借出的款额为60两,币种为九七平纹银。

3. 借贷期限。根据“其银借至本年八月底”条款,结合契约底部的立约日期“民国三年阴历甲寅岁正月廿三日”可知,双方约定的借贷期限是从民国三年(1914年)阴历甲寅年正月廿三至八月底,即约7个月。

4. 借贷利率。根据“每月每两行息二份照算,其利按月付给”条款,可知双方同意将按照每月每两纹银二倍的利率计算,即共计利息840两纹银。

5. 还款方式。根据“头利一并付还,不得异说”条款,可知双方约定借贷期限届满由借款人将本金和利息一并还给贷款人,即900两纹银。

6. 担保方式。根据“愿将己下应占长丰井净日份一天,以及柜房、车房、牛棚凭证信借,一并交与地主萧伟臣名下作信借九七平纹银六十两正”条款,可知借款人承诺将自己名下的净日份一天以及相关不动产作为债权担保。根据“情因先辈颜恒昌,约伙佃得萧姓业内长垱九如甲地名白节滩坎上,锉办长丰井盐井一眼,家父颜广福应占长丰井子孙业昼夜水火油净日份一天,前佃与井伙萧伟臣,年限未满;限满之日,仍交萧伟臣管理”可知此约中的担保方式本应属于不移转占有的抵押,但是由于已经陈明用作担保的净日份一天在先前已由借款人之父出佃给贷款方推煎,且本约订立时佃期未满,因此该净日份应被视为准权利质押,而柜房、车房、牛棚等不动产由于本身属性无法质押,因此应被视为是不动产抵押。故本约中对债权的担保是准权利质押和不动产抵押的混合,既双重保证了贷款方的债

① 《民国三年长丰井借贷约》,契约全文参见自贡市档案馆、北京经济学院编:《自贡盐业契约档案选辑(1732~1949)》,中国社会科学出版社1983年版,第973页。

权,也表示出借款方的诚意。值得注意的是,虽然本约中借款人之父颜广福与贷款人萧伟臣之间之前成立了租佃契约且佃约未到期,但此借贷契约中并未约定可将借款人应向贷款人偿还之款项与贷款人应向借款人支付之租金相抵。

二、不动产抵押担保之盐业借款契约

(一)《民国十五年成海井借押约》①

本约的标的是货币,借款人是王卓如,贷款人是曾沛霖和钟荣三。契约条款分析如下。

1. 借贷目的。本约未陈明借贷目的抑或借贷用途。

2. 借贷标的物。根据条款"今凭证借到曾沛霖、钟荣三名下生角洋六百元正"可知,借款人请求贷款人出借的标的物是600元整,币种为生角洋。

3. 借贷期限。本约未明文约定借贷期限。

4. 借贷利率。根据条款"每月每百元行息洋三元照算"可知,借贷利率为每月每100元3元利息,但由于借贷期限不明,故此处无法计算总利息数额。

5. 还款方式。本约未明文约定还款方式。

6. 担保方式。根据条款"如头利不清,愿将己下所有井业抵押——即成海井,一概请黄敬安负责付还,不得异说"可知,双方同意如果借款人无法如贷款人要求偿还本金或利息,则将借款人名下的成海井抵押给贷款人,并由经手人黄敬安负责偿还。此处的"一概请黄敬安负责付还"令人费解,很容易误解为黄敬安为保证人。但如果黄敬安是保证人,则对于借款人无法偿还之头利,应当由黄敬安用自己名下的财产进行代为偿还,而非依然用借款人名下的不动产通过抵押的方式实现债权。因此笔者认为此约的担保方式是不动产抵押,黄敬安只不过是借款人在契约中向贷款人明示其为自己的代理人。

(二)《民国十六年盐锅九口借押约》②

本约的标的是货币,借款人是毛德三、毛绍文,贷款人是李清吉堂。契约主要内容分析如下。

---

① 《民国十五年成海井借押约》,民国十五年(1926年),自贡市档案馆藏,档案号:42-3-696-50。

② 《民国十六年盐锅九口借押约》,民国十六年(1927年),自贡市档案馆藏,档案号:42-3-987-2。

1. 借贷目的。本约未陈明借贷目的抑或借贷用途。

2. 借贷标的物。根据条款“今凭中证借到李清吉堂名下所收刘李瑞珍所约十三太保会洋实足生角洋一千元正”可知,所借款项为1000元整,币种为生角洋。

3. 借贷期限。根据条款“其洋定借一年”和立约日期“中华民国十六年丁卯古历十月二十八日”可知,双方约定借款期限为1年,自中华民国十六年(1927年)丁卯年古历十月二十八日起算。

4. 借贷利率。根据条款“每月共行利息角洋三十元正,其洋定借一年,其利按月支付”可知,双方约定利率的计算方式为按月计算,每月30元,共计利息360元。

5. 还款方式。根据条款“还洋之日,洋币如有变更,亦须逗凑实足成交”和条款“其利按月支付”可知,本金的偿还是1年后到期偿还,但利息是每月支付。如果在还款时货币有贬值等情况,借款人必须按照实际借款数额偿还。

6. 担保方式。根据条款“当将德三、绍文置买之盐锅老刀红锅九口,现在自井新又团裕源井鼎发灶煎烧,提作此项债务单纯抵押品;凡属德三、邵文前此今后税捐、债账,其他一切交涉,概不与所押此项红锅九口相染。其利即由锅租按月现付;如锅租不足,仍由德三、绍文补足。以后本利不清,任随债权李姓将锅移卖归收。本利有余,德三、绍文归回,不足毛姓补足”可知,本约中的借款人将红锅九口抵押给贷款人作债权担保,并为第三人设定了义务。因抵押物已由借款人出佃给鼎发灶煎烧,鼎发灶按月应当支付租金给借款人。因此双方约定借款人每月应向贷款人支付的利息由鼎发灶代为支付,如有不足部分再由借款人补足。当借贷期限届满,借款人无法按期偿还本金和利息,则债权人有权利将抵押物即红锅九口变卖,多余款额退还给借款人。需要指出的是,此约不仅体现出现代担保方式中抵押担保的特色,即没有流质条款,而是由抵押权人将抵押品变卖,款项多退少补,并且体现出诚实信用和公平的民事活动原则。

三、典当担保之盐业借款契约

例如,《民国二十九年泗荣井押借约》①

本约的标的依然是货币,借款人为王德君,贷款人为王秉之。契约主要内容

---

① 《民国二十九年泗荣井押借约》,民国二十九年(1940年),自贡市档案馆藏,档案号:5-4-40-48。

分析如下。

1. 借贷目的。本约未陈明借贷目的抑或借贷用途。

2. 借贷标的物。根据条款“押定法币一百五十元正，其洋当即亲收入手，并无少欠角仙，另立有收字为据”可知，借款人欲向贷款人请求给予的借贷物是150元整，币种为法币。

3. 借贷期限。根据条款“此井定押年限七年，自民国二十九年十一月一号起，至三十六年十月底为满限之期”可知，虽然契约没有针对借贷期限作明确约定，但根据抵押品的期限可知借方所贷款额的期限是7年。

4. 借贷利率。本约未陈明借贷利率的计算方式。

5. 还款方式。根据条款“至限满之时，德君将洋如数还清，始能将井接回”可知，双方由于并未约定利息，因此对还款方式也没有细致的约定必要，而只是大概约定7年到期时，借款人应当向贷款人如数偿还款额。

6. 担保方式。根据条款“此井定押年限七年”、条款“限内不能取回，亦不得外佃、外押、外卖”以及条款“自押之后，任随秉之或自煎，或转煎、或淘办、或停办，或转佃他人淘办，均听秉之自由，德君不得过问”可知，不仅借款人对于担保物的使用、收益和处分是受到限制的，而且贷款人可以任意对担保物进行使用、收益和处分，这符合典当担保方式的特征，而不属于抵押担保方式。首先，如果该担保物属于抵押物，则贷款方在借贷期未满时无权对抵押物进行处分。其次，如果该担保属于抵押物，则借款方在借贷关系存续期间对自己所有担保物的使用、收益和处分应当是不受到限制的。最后，如果该担保物属于抵押物，则应当如同前文在不动产抵押担保方式中所例举的《民国十六年盐锅九口借押约》中双方所约定的——到期借款人无法偿还本利则由贷款人变卖抵押物并就变卖价款优先受偿，不足部分由债务人补足，而非如同本约中所约定的——到期借款人无法偿还款额则直接由贷款方将担保物收归己有，而不将担保物价值与借款人所借款项之间的差额退还给借款人。因此，笔者认为，本约中对债权的担保方式应当是典当，而非如同《自贡盐业契约档案选辑》中所言是抵押。

四、盐业借用物品契约

例如，《民国三十四年许可证借用约》：①

本约的标的同前四个契约不同，是对贷款人物品的借贷。本约的标的物是籍牌许可证，借取方是东源井下俊生灶等15个灶，借出方是荣盛灶李树培先生。契约主要内容围绕借贷目的和借贷期限展开。一方面，就借贷目的而言，根据“兹因本井于国历八月停搁以后，约有草皮火圈三口起煎票花，以维大关留守员司工人薪资、伙食；因该项火圈如觅得客人承办时，即不能煎烧，为时不久，未便另行请立新牌”可知，是为了复淘废井，借取方在契约中言明，因为欲复淘废井，但若无籍牌许可证便无法出佃给承佃人进行煎烧，因此希望借用荣盛灶李树培先生名下的籍牌许可证以使废井有可能觅得合适的承佃人；另一方面，就借贷期限而言，根据“若日后停煎时，仍将原件复还，不得致误”可知双方当事人并未在本约中约定具体的交还许可证的期限，而是笼统的约定待借取方所经营之东源井停煎时，乃将许可证归还给借出方。

综上，可知盐业借贷契约中，并非所有契约都同时具备借贷目的、借贷标的物、借贷期限、借贷利率、还款方式、担保方式六个条款，而是分情况各有侧重。一方面，就盐业借款契约而言，所有契约都具备的条款是借贷标的物、借贷利率、担保方式三个条款，而借贷目的、借贷期限、还款方式三个条款则时有时无，譬如《民国十五年成海井借押约》、《民国十六年盐锅九口借押约》、《民国二十九年泗荣井押借约》中便没有对借贷目的进行说明，《民国十五年成海井借押约》更是没有对借贷期限和还款方式进行约定；另一方面，就盐业借用契约而言，则主要侧重对借用目的的说明和借用期限的约定，诸如《民国三十四年许可证借用约》。此处需要提及的是，虽然在此部分中本书只列举出一份盐业借用契约，但是在前文论述盐业租佃契约部分，在诸多契约中可见借用物品的条款。可见，在盐业经营者之间借用物品时，如果借贷双方当事人和其他契约关系当事人重合，则为图方便，偏向采用在租佃契约中约定借用条款的方式，而非单独缔结借用契约。

---

① 《民国三十四年许可证借用约》，民国三十四年（1945年），自贡市档案馆藏，档案号：8-1-739-301。

第三节　比较与评论

《合同法》中在借贷合同一类中只列出了借款合同，并用16个条文从形式和内容方面对借款合同做了规范。因此此处仅就具有可比性的自然人之间的现代借款合同和盐业借款契约进行比较分析。大体而言，二者相似：所体现的精神一致，都为了保证借款人顺利借到款项，同时保证贷款人债权得到实现；都是要物合同，以款项的交付为合同或契约的生效要件；借款主体均多样，现代借款合同可以发生在自然人之间、法人之间抑或自然人和法人之间，而盐业借款契约同样可以发生在自然人之间，合伙组织之间（堂、灶、井），抑或自然人和合伙组织之间。在形式方面，无论是现代借款合同还是盐业借款契约都以采用书面形式为主，譬如我国《合同法》便运用第197条对借款合同的形式作了原则性的规定，即一般情况下均应采用书面形式订立借款合同，除非双方当事人在特定情境、特定情势下约定采用其他非书面的形式。而盐业借款契约中双方当事人也做了类似约定，譬如《民国二十九年泗荣井押借约》中"恐口无凭，立出押业字约一纸为据"的条款，①以及《民国三十四年许可证借用约》中"恐口无凭，特立承借约一纸，交李树培君存执为据"的条款，②均表现了盐业借款契约当事人为了避免日后纷争而采用书面形式订立借款契约。但具体而言，现代借款合同与盐业借款在对借贷双方的利益保护上各有侧重。

一、保护贷款人利益力度的强弱

（一）借贷动机方面

根据《合同法》第197条可知，现代借款合同中的必备条款有7项，比如，应当对所借款项的种类和所属币种进行约定、应当对所借款项数额大小和拟用用途进行约定、应当对还款时候所遵循的利率和偿还渠道等进行约定等。此外，我国《合同法》还通过第199条对借款人提出借贷请求做了规范，要求一旦贷

① 《民国二十九年泗荣井押借约》，民国二十九年（1940年），自贡市档案馆藏，档案号：5-4-40-48。

② 《民国三十四年许可证借用约》，民国三十四年（1945年），自贡市档案馆藏，档案号：8-1-739-301。

款人需要审查借款人的财务资信,则借款人须秉持诚信原则提供有关自己财产和信用的资料,不得作假亦不得拒绝。这两个法律条文,尤其是第197条中关于借款用途的规定和第199条中对借款人财务和业务状况的审查,都是为了通过使贷款人熟知借款人的真实财务情况以及所拟借款项的用途以帮助贷款人对借款人的归还款项的能力做出客观的评估。盐业借款契约是在民间根据习惯法形成的,在盐业借款契约中既没有要求借款人作借款目的说明的硬性规定,也没有要求借款人说明当前业务状况或财务状况的硬性要求,从中可看出贷款方对保护自己利益的意识较弱。在本书所举的4个盐业借款契约中,只有《民国三年长丰井借贷约》中的借款人对借款目的做了说明,[①]《民国十五年成海井借押约》、《民国十六年盐锅九口借押约》、《民国二十九年泗荣井押借约》中的借款人既没有对借款目的作说明,也没有对当前的业务状况作描述,这对贷款人评估借款人的还贷能力十分不利。[②] 因此,在贷款人利益保护方面,盐业借款契约较弱。

(二)担保债权实现方面

为了确保贷款人债权的实现,无论是现代借款合同还是盐业借款合同都规定了担保条款。一方面,就现代借款合同而言,担保的方式可谓既灵活又多元化,只要在设定担保时做到遵守《担保法》相关规定即可,而根据《担保法》,贷款人可以要求借款人提供的担保形式有保证、抵押、质押、留置、定金五种形式。另一方面,就盐业借款契约而言,担保方式也并不单一:从本书在前文所列举的《民国三年长丰井借贷约》、《民国十五年成海井借押约》、《民国十六年盐锅九口借押约》、《民国二十九年泗荣井押借约》可知,盐业借款契约中可综合运用抵押、质押、典当三种方式,虽然在数量上与现代借款合同没有可比性,但是在效果上却可以匹敌,均能够保证贷款人债权的实现。因此,就担保条款而言,现代借款合同和盐业借款合同在保护贷款人利益方面势均力敌。

---

① 《民国三年长丰井借贷约》,契约全文参见自贡市档案馆、北京经济学院编:《自贡盐业契约档案选辑(1732~1949)》,中国社会科学出版社1983年版,第973页。

② 《民国十五年成海井借押约》,民国十五年(1926年),自贡市档案馆藏,档案号:42-3-696-50;《民国十六年盐锅九口借押约》,民国十六年(1927年),自贡市档案馆藏,档案号:42-3-987-2;《民国二十九年泗荣井押借约》,民国二十九年(1940年),自贡市档案馆藏,档案号:5-4-40-48。

二、保护借款人利益力度的强弱

就自然人之间的借款合同而言，现代合同法在保护借款人利益方面主要集中在以下两个方面：无论是《合同法》第200条还是第221条，均从本金和利息方面体现出对借款人的保护和对另一方的规范。例如，针对现实生活中常有的贷款人事先从所借出款项中扣除借款人日后应偿还的利息的，《合同法》规定借款人只需按照实实在在拿到手中的款项计算利息。又如，针对现实生活中存在的贷款人利用高额利率压榨借款人从而谋取巨额利润的，《合同法》规定在合同中双方约定的利率必须体现出对国家所作出的有关利率的禁止性规定的尊重。这两个法律条文从利息的计算方式上和利率的高低上限制了贷款方的权利滥用，确保借款人不会因为计息借款而付出不对等的金额。但就盐业借款合同而言，虽盐业借款契约无法像现代借款契约一般有成文法可遵循，但根据前文对盐业租赁契约和盐业买卖契约的分析可知，在各地盐场仍然有相当于习惯法的“厂规”可遵循。遗憾的是，在盐业借款契约中，尤其是在利率的计算方式上，并没有看到任一契约的当事人双方约定用“厂规”来对利息的计算方式进行合理客观的限制。因此导致在部分契约中的借款人所借金额与应付利息相比悬殊巨大，譬如在《民国三年长丰井借贷约》中，借款人所借款项不过60两纹银，可根据契约条款，每两纹银每月居然要按照两倍的利率计算，借贷7个月的利息就高达840两纹银。[①] 对比《民国十五年成海井借押约》中的计息方式是按月而非按货币的计量单位可知，[②]《民国三年长丰井借贷约》中的借款人所承受的利息甚为不合理。

本章小结

盐业借贷契约佐证了当时商品经济的繁荣，投资人为了从地主处借到资金，综合采用抵押、质押、典当、保证的担保方式。盐业借贷契约中，借出方一般为地

---

① 《民国三年长丰井借贷约》，契约全文参见自贡市档案馆、北京经济学院编：《自贡盐业契约档案选辑（1732～1949）》，中国社会科学出版社1983年版，第973页。

② 《民国十五年成海井借押约》，民国十五年（1926年），自贡市档案馆藏，档案号：42－3－696－50。

主或财力雄厚的投资者,借入方一般为缺少资金的投资者,[①]而无论是借款契约还是物品借用契约,借入方的地位相较于借出方的地位而言均为劣势。这一方面反映出当时社会资源分配的不平均;另一方面反映出“从身份到契约”过渡的历程依旧曲折。

① 地主即便缺少资金亦无须向他人借贷款项,正如在第一章盐业契约概论中所分析的,处于租佃关系的地主无须投入资金,只需收取租金;处于合伙关系的地主所投入的资金则与其所占的较少的地脉日份相匹配,鲜见入不敷出的局面。因此在盐业生产中,最容易出现资金短缺、需要资金融通的便是投资人。

中篇　制度创新

第五章　盐井开凿制度

第一节　盐井开凿契约内容分析

“合众家之力，攒百两之金，经年累月而后成”——这是对自贡盐业生产经营最为贴切的描绘。[①] 较长的周期、较大额的投资、较高的风险均使盐业生产从盐井开凿到盐井运营全过程难以凭一人之力完成。尤其是在盐井开采阶段，盐井能否见功、何时见功、见功后水火大小均是未知数。一方面，盐井从开凿到运营需要不间断的淘锉盐脉，即使在盐井开凿过程中已见大功，开凿者也无法保证之后在卤水推煎阶段不会出现盐脉衰微需要继续开凿的情况，这便要求开凿者筹集大量资本满足盐井开凿需求；另一方面，任何盐井的开采都不能保证会见功，更不能保证会见大功，此乃盐井开凿所面临的自然风险。[②] 于是，为了集聚资本，分散风险，盐业人通常采取合作的方式完成盐井的开采和运营。年限井开凿契约和子孙井开凿契约便是突出体现盐业人合作的两大类契约，其中，盐业年限井开凿契约所体现出来的特征和现代 BOT 模式十分趋近，可谓为原始的 BOT 模式，即“客来起高楼，客走

① 吴斌、支果著：《中国盐业契约论——以四川近现代盐业契约为中心》，西南交通大学出版社 2007 年版，第 19 页。

② 同上书，第 21 页。

主人收”(“主”即拥有富含盐业资源土地却无资凿井的土地所有权人,“客”即拥有大量资金却缺乏凿井地基的投资人)。开凿年限井契约是指投资人通过向土地所有权人租佃一定年限的地基来开凿盐井,当约定的年限届至,投资人须将在所租佃地基上开凿的盐井和相关不动产的所有权无偿转让给土地所有权人的契约。“山泽之利,莫过盐井”、“利之所在,人无不知”,在盐井成功开凿能产生巨额收益的驱使下,土地所有权人和投资者纷纷缔结盐业凿井契约。① 下文将选取较为典型的4个年限井开凿契约进行分析。

一、《嘉庆十二年万丰井开凿约》②

此份年限井开凿契约的“客”即投资人,是张玉宁、师起用,“主”即土地所有权人是王云开,标的物是万丰井。此处将根据契约条款分析双方当事人权利和义务。

1. 押金条款。根据“王姓当收押头银二十两,分班之日退还张姓”可知,土地所有权人为了保证盐井的顺利开凿,避免出现半途而废的情况,有权要求投资人交付押金。契约中的“分班之日”,根据上下文可知,即是盐井开凿顺利,出水、火二口之上的井见大功之日,土地所有权人承诺届时将押金退还投资人,并与投资人(客人)按照所分得的日份分别独立推煎。

2. 年限条款。根据“年份十三年为准”可知,本约中对井基的租佃、开凿、经营期限是13年。

3. 完工风险条款。根据“伙内自出佃之后,不得停工住凿;如若停工,井主即行分班”可知,完工风险由投资者一力承担。投资人不得擅自停工开凿,一旦停工,则将面临土地所有权人立即分享收益的要求。而一旦在盐井开凿过程中允许土地所有权人分享收益,投资人将面临无法利用盐井出微水、微火的利润先行清偿债务、支付劳务费用的风险。因此,此条款表明完工风险的承担者为投资人一方。

4. 地役权条款。根据“其廊厂任凭张姓修砌,井主不得阻拦”可知,在约定期

---

① 吴斌、支果著:《中国盐业契约论——以四川近现代盐业契约为中心》,西南交通大学出版社2007年版,第23~24页。

② 《嘉庆十二年万丰井开凿约》,嘉庆十二年(1807年),自贡市档案馆藏,档案号:3-5-4016-10。

限内，投资人有权按照契约宗旨使用土地所有权人业内土地，如修建开凿盐井的附属设施等。

5. 经营权条款。一方面，根据“三口、四口即行分班”和“住凿起煎之日，井主每月分昼夜水火份五天，张姓伙内每月分昼夜水火二十五天”可知，投资人和土地所有权人对于井见微功和井见大功的界定标准是盐井所出水、火是否达到 2 口以上，一旦盐井出水、出火达到 2 口以上，则土地所有权人有权要求立即分班，即以合伙人的身份分享盐井所产生的利润，并在分享收益上应当按照 1∶5 的比例操作；另一方面，根据“井出水、火一二口，以作张姓捣锉使费”可知，土地所有权人有义务遵守双方达成的分班规则，即当盐井出微火、微水的时候，不得分班，而要允许投资人将井出微火、微水所得费用用于清偿凿井欠下的债务与支付劳动力费用。此约定也是为了保证投资人不至在产出微水、微火后因土地所有权人的分班而丧失后续追加投资的能力。

6. 所有权归属条款。一方面，根据“年份十三年为准，煎满之日，天地车、柜灶房以及筒索、黄桶、全井交还井主”可知，当双方约定的期限届满时，土地所有权人有权要求投资人将标的物及相关配套设施的所有权移转给自己；另一方面，根据“年份十三年为准，煎满之日……牛只、家具等不在井份之内”可知，期限届满时，虽然投资人有义务将标的物及相关不动产配套设施的所有权移转给土地所有权人（主要是卤水推煎必备设施）并将从井主处借来的工具交还（主要是绳索、水桶等），但仍然享有对相关动产的所有权，如牛只、家具等。

7. 缴纳税收条款。根据“门户课银，随井办纳，不得问及井主”可知，在约定年限内，缴纳苛捐杂税的义务由盐井的实际使用人即投资人承担。同时可以推知，一旦年限届至，盐井所有权移转给土地所有权人，则将由地主负责缴纳课税。

二、《民国八年三江井开凿约》[①]

此契约的盐井开凿法律关系中的“客”即投资人是李静修，“主”即土地所有人是王五桂堂，标的物是三江井。此处根据契约条款分析双方权利义务。

1. 押金条款。根据“主人取客人押头生银四百五十两正，其银主人起限起班之日不还客人”可知，此约中为了保证盐井的顺利开凿并避免投资人半途而废造成土地所有权人损失，投资人有义务向土地所有权人交付押金 50 两，并且此押金

---

① 《民国八年三江井开凿约》，民国八年（1919 年），自贡市档案馆藏，档案号：17－1－688－6。

在地主和客人起班之日不还给客人。

2. 年限条款。根据“井见大功，以另书起限字为始，推煎二拾七年为满”可知，双方约定的年限是17年，从开凿盐井成功暨土地所有权人进班之日起算。

3. 完工风险条款。本约中的完工风险依然由投资人一力承担。一方面，根据“主人提留昼夜水火油日份捌天，不出锉费；客人出资锉办全井”和“未成功之前，用费与主人无涉”可知，盐井的开凿由客人一力承担，主人虽提留日份，但在盐井见功前并不会与客人分担盐井开凿的成本，自然也不会分担盐井开凿失败的风险。另一方面，根据“倘见功水、火不足定数，客人仍然依脉锉办、不得停工”和“客人不锉之日，照水火多寡按字起限，见红进班分息”可知，如果盐井所产之水、火未达到土地所有权人分班的标准，则投资人必须继续开凿不得停工；如果停工，则土地所有权人有权要求立即进班，根据现有的利润要求分红，并开始计算契约期限。

4. 地役权条款。根据“其有四围地基，凡在主人业内，无论井见大小水、火，各灶修竖灶房、柜房、盐仓、樘桶、阴阳笕路、进水码头、安置水笕横安竖插、修砌车子，及人畜吃水、滚水堰塘，人畜出入路径、堆渣放卤、抬锅运炭、牵扯风蔑、取土取石，及一切应用基址，凡在主人业内，均无阻滞”可知，土地所有权人为保证契约目的实现，愿意容忍投资人按照有利于契约目的实现的方式使用土地，而不论客人所淘锉的盐井是否产出大水、大火抑或微水、微火，换言之，此地役权条款自客人开始淘锉盐井之日便适用。

5. 经营权条款。根据“其井全井每月三十天：主人提留昼夜水火油日份八天……客人……占工本年限日份昼夜水火油净日份二十二天。井见大功……见火以六十四口……如出水，以六十大担为率，主人方得进班起限……见功之后，无论水、火、油，修造灶房、廊厂所有一切用费，及酬神演戏、报课、挂红，均归三十天各按日份派逗，即照分红；但分红以后，每月缴用及淘锉，仍按三十天日份派逗”可知，双方当事人对投资人独立经营以及双方合伙经营界限的约定是视盐井所产水、火是否能够达到64口或60大担。若未达到，则盐井淘锉的成本和收益（包括缴纳课税），由投资人单独承担及享有；若达到，则成本和收益由双方按照约定的比例进行分享，即双方从此合伙淘锉推煎盐井。

6. 所有权归属条款。一方面，根据“如水、火毫无，客人不锉，主人将井接回，两无异言”和“无论水、火成功起限，以二十七年满后，客人将水火日份及所余灶、柜房一切廊厂，交还主人”可知，本约标的物及其相关不动产配套设施的所有权归土地所有权人享有。对比其他契约的所有权归属条款，本约在约定期满所有权交还外，还约定在期限未届至但盐井不产水、火并且投资人放弃继续开凿的情况下，盐井所有权及其配套不动产亦归土地所有权人所有；另一方面，对比其他契约中相关动产所有权归客人所有的条款，根据本约中“其有动用家具、铁器、牛只，主、客按照日份均分，不得异言”可知，盐井相关动产的所有权是由契约双方当事人按照事先约定的日份分享。

7. 伙内优先权条款。根据“如有出佃者，照厂规，先尽伙内承佃”及上下文可知，当盐井所产水、火量达到土地所有权人进班标准后，土地所有权人和投资人便开始分股合伙经营盐井。此时如果投资人欲将自己所佃得的份额转佃给他人，则土地所有权人有优先权。

三、《民国三十一年恒通井开凿约》①

本约中的“客”与“主”都不是单纯的个体，而是以家族为单位的“堂”，其中，“客”即投资人是协昌灶，“主”即土地所有权人是王慎思堂。本约的标的是对恒通井的开凿，双方约定年限为 28 年，从盐井见大功暨土地所有权人进班与投资人分享收益分担成本开始计算。此处根据契约条款分析双方权利义务如下。

1. 押金条款。根据“下节客人出押山法币十万元，当即如数交清，以后无还”可知，在盐井开凿工程动工前，投资人有义务向土地所有权人缴纳押金即法币 10 万元。而此押金无论盐井成功开凿与否，均不退还。

2. 年限条款。根据“客人推煎年限，以二十八为满，自主人进班之时，起限批字为据”可知，双方约定开凿期不算入年限内，当且仅当井见大功暨土地所有权人和投资人开始合伙经营之日起算，共 28 年。

3. 完工风险条款。根据“此井淘至底时，如有水、火，则由客人试办推煎两月；如无盈余，必须刮井锉办，所有费用，概由客人担负”可知，盐井完工风险仍然由投资人担负。如果盐井出微水、微火，则投资人可独自经营 2 个月，但如果盐井在出微水、微火后没有更进一步的产量，则投资人有义务继续开凿盐井直至井见大功暨达到土地所有权人进班的标准。

4. 地役权条款。根据“至于人畜出入路径、取土取石、抬锅运炭、堆渣放卤、牵

---

① 《民国三十一年恒通井开凿约》，民国三十一年（1942 年），自贡市档案馆藏，档案号：3 - 5 - 4024 - 68。

扯风蔑、羊耳笕竿横安顺插，滚水、吃水、炉水堰塘，以及亮牛坝、牛屎坝，凡在主人业内，不得阻涉”可知，投资人暨租佃井基人有权按照约定的用途使用土地所有权人的土地，比如，修建人力和畜力进出的小道、修建运送卤水的笕栏等，而土地所有权人则对投资人的作为负容忍义务，不得阻滞。

5. 经营权条款。一方面，根据“如有盈余，主人上节日份即应进班，各按日份分享权利，但须主、客相商合办，不得分班，并须将一切修造各项家具及牛只、电车机车、酬神挂红、门户夫差、税课公款等费，照叁拾天日份按日逗出清楚，始能进班。在试办期间内，不能进班”可知，土地所有权人和投资人的经营权受到彼此的限制，即土地所有权人有义务在井未见大功，即投资人独自经营的“试办期间”内，容忍投资人的独立经营，而投资人亦有义务在井见大功后与土地所有权人合伙经营。另一方面，根据“井见功后，一切修造，主、客会同筹商办理；若本井范围以内地基不足修造时，须向外人承佃者，应由三十班共同负责办理”可知，一旦投资人和土地所有权人进入合伙经营阶段，则盐井开凿相关事宜须征求对方意见，由双方共同决定。需要提出的是，当井见大功土地所有权人进班分红后，如果双方分伙经营，则有可能竭泽而渔，即为了满足自己日份推煎的需求而不顾盐井的可持续产出能力，更不顾另一方在推煎盐井时是否能够获得相应的产出量，因此本约中出现了对双方分伙经营的限制条款，即“须主、客相商合办，不得分班”。

6. 所有权归属条款。根据“限满之日，客人应将井灶一切建筑交还主人，不得拆毁。客人应分之牛只、车炉、家具、盐锅，红土灶身等项，应自行搬去，并无顶打”可知，井基租佃期限届满时，投资人有义务将在所租佃地基上开凿的盐井及相关不动产之所有权无偿移交给土地所有权人。而至于动产，诸如工具、畜力、红土灶身等，投资人则有权利带走，并不得借机要求土地所有权人购买。

7. 盐井维护条款。根据“限内倘有木柱棚崩浸漏，刁下费用亦应由三十班日份分担；耽延日期，主人应于限外照日敷补”可知，依照盐井租佃契约的惯例，租赁物的维修由承佃人负责，而出佃人则对承佃人在维修租赁物方面所耽搁的日期在租佃年限外予以延长，但并不会对承佃人因此而付出的费用进行分担或弥补开支。

四、《民国十一年正雄井开凿约》[1]

本约中的“客”即投资人暨租佃地基人是永利灶，“主”即土地所有权人暨出佃地基人是王三畏堂，契约标的物是正雄井。此处将根据契约内容分析双方权利义务如下。

1. 押金条款。根据“地主出一井三基，取押山银四百两正，无还”可知，投资人暨承佃人有义务向土地所有权人暨出佃人缴纳押金400两，并且无论盐井开凿成功与否，土地所有权人不退还押金。

2. 年限条款。根据“无论井见水、火、油、盐岩，均以见功起推批字起限，主人进班，客人推煎三十八年为满”可知，双方约定盐井淘锉年限为38年，但此期间并未将开凿盐井的时间包括在内，而是从井见大功土地所有权人进班之日起算。

3. 完工风险条款。根据“地主出一井三基……占昼夜水火油盐岩地脉净井日份三天，不出工本；客人独出工本，新挖大口捣锉全井……”可知，完工风险由投资人一力承担，土地所有权人虽然提供了一井三基，但在盐井开凿过程中不分担成本，自然也无须承担开凿失败的风险。

4. 地役权条款。根据“客人推煎三十八年之数，交还主人。所有取土取石、牵扯风蔑、抬锅运炭、堆渣放卤，人牛吃水、滚水堰塘，人畜出入路径，概在主人业内，并无阻滞”可知，在约定期限内，供役地所有权人对需役地所有权人负有容忍义务，即土地所有权人对投资人为便利盐井开凿在自己所有土地上所为之一切行为不得阻碍。

5. 经营权条款。根据“如见盐岩，主人进班起限；倘出自来水火微水、微火，即作客人锉井之资；若水足60担、火足60口，主人亦应进班起限”可知，当盐井未发现富含盐卤的岩石，或盐井所产水、火均在60担、60口以下时，盐井的所有权和经营权是分离的，反之，则所有权人和管理人共同经营。

6. 所有权归属条款。根据“限满客人将所占井份二十七天，并廊厂、锉井铁器、天地二车，原样交还主人，并无顶打”可知，期限届满时，在土地所有权人地基上一切不动产无偿归其所有，投资人无权要求分享所有权。

7. 合伙条款。根据“异日井见大功，按约注进班起限，除修置廊厂、添买牛只、

---

[1] 《民国十一年正雄井开凿约》，契约全文参见自贡市档案馆、北京经济学院编：《自贡盐业契约档案选辑（1732～1949）》，中国社会科学出版社1983年版，第352页。

家具、报课挂红、酬神演戏一切费用外，并有余资，按三十天分派；各按所占日份分红。分红限内，井老水枯、火微，复行下锉，应按三十天派逗锉费；耽延日期，主人按日敷足”可知，一旦土地所有权人进班，即所有权人成为盐井经营管理的合伙人后，即负有合伙义务：无论是在课税的缴纳方面，还是在盐井生产力的进一步发掘方面，都将与投资人按照各自所占日份分担成本。

第二节 盐井开凿契约模式分析

盐井开凿契约中的年限井开凿契约在运作模式上与现代 BOT 模式类似，采取“建设—经营—移交”的程序。① 地主通过契约授予投资者（客人）以一定期限的经营权，允许投资者融资建设和经营盐井，并准许其在经营盐井过程中出售产品以收回成本并获取利润。当约定的期限届至时，盐井及其附属设施无偿移交给地主。

一、年限井开凿契约的运作模式

现代 BOT 模式的核心是有效分离所有权和经营权，②盐井开凿 BOT 模式亦一样，是通过分离土地所有权和不动产经营权达到融通资金、利用资产的目的。通常是以地主和投资者为契约双方，围绕盐井及其附属设施的建设、经营和所有权归属约定权利与义务的协议。双方通常会约定在一定期限内，由投资者负责在地主所有土地上下凿盐脉、开锉盐井，并建设相关廊厂等基础设施。当约定期限届至，盐井的所有权即归地主所有。可见，盐井开凿 BOT 模式的核心与现代 BOT 模式一样，是围绕经营权的让渡而展开。③ 地主通过让渡盐井经营权以获得一定期限后的所有权，而投资人则通过获取盐井经营权组织凿井合伙队伍，通过对盐井的建设和经营以获取利润并尽可能地收回成本。可见，盐井开凿 BOT 模式实际上是缺乏资金和技术的地主和缺乏资源的投资人达成的双赢合作方式。通过

① BOT 模式是指“政府通过契约授予私营企业（包括外国企业）以一定期限的特许专营权，许可其融资建设和经营特定的公用基础设施，并准许其通过向用户收取费用或出售产品以清偿贷款、回收投资并赚取利润；特许权期限届满时，该基础设施无偿移交给政府”。参见谭秀环：“BOT 方式的法律探讨”，载《青海师范大学学报》2001 年第 4 期。

② 徐兆宏：“BOT 投资方式的主要法律问题分析”，载《财经研究》1998 年第 2 期。

③ 余劲松著：《国际投资法》，法律出版社 2003 年版，第 107 页。

盐井开凿 BOT 模式的运作,甲方即地主可以实现资产资本化,变现土地的财产性价值,获得盐井的完全所有权,而乙方即投资者则可以实现预期利益,在契约约定期限内获得盐井的占有使用收益权。虽然看似地主占尽优势,既可节省成本又可获取盐井最终所有权,但具体到盐业产业的特殊性,实则不一定。盐井能否见功、何时见功、见功大小很大程度上是不可控不可测的,加之投资人经营权期限的计算是从盐井见功起算,地主所面临的可能结果有二——其一,双方约定期限届至后,盐井不再出卤水,需要继续投资下锉盐脉才能见功;其二,双方约定期限届至后,盐井继续出卤水。显而易见,在第一种情况下,地主获得的仅是盐井所有权,而非期待中的盐井所有权 + 盐井收益。然而,尽管如此,鉴于盐井开凿业与现代 BOT 模式所运用的产业一样具有所需投资款项巨大、建设周期长、技术要求高、自然风险大、投资回收周期长的特点,[①]地主仍然愿意采用盐井开凿 BOT 模式以转移建设开发风险、市场风险、完工风险与运营风险,[②]投资者亦愿意采用盐井开凿 BOT 模式以获取可能蕴含盐脉的土地,获取回收投资成本的可能,以及获取丰硕的利润。[③]

二、年限井开凿契约的模式特点

第一,当事人身份具有多重性。盐井开凿契约的当事人双方为地主和投资者。一方面,就地主而言,其身份具有双重性,不仅是盐井开凿工程的监督者,也是工程收益的分享者。地主负责监督投资者的建设过程,一旦投资者怠于施工则地主有权立即收回在凿盐井所在土地的使用权。另一方面,就投资者而言,其身份亦具有双重性,不仅是在凿盐井工程的用益物权人,也是盐井凿毕所获利润的分享者。[④]

第二,标的物所有权移转具有特殊性。若是在买卖合同和赠与合同中,合同标的物所有权是随着交付或登记而移转,但在盐井开凿契约中,标的物的所有权是随着期限的到来而移转。约定期限届满时,投资者所开凿的盐井及其相关附属

---

① 辛杨:“BOT 特许权协议的法律性质及适用”,载《中共山西省委党校学报》2005 年第 4 期。

② 隗京兰等:“海外 BOT 项目的风险管理”,载《国际经济合作》2013 年第 1 期。

③ 龙翼飞、何尧德:“我国 BOT 特许协议若干法律问题研究”,载《河南省政法管理干部学院学报》2007 年第 4 期。

④ 正如上一节在分析盐井开凿契约中所指出的,当盐井见功或达到双方约定的条件时,地主有权分享盐井收益。

设施的所有权必须无条件立即交还给地主,并且不需要清算投资人一方的债务和处置财产。因为在盐井开凿契约中,投资人一方一般是由堂和个人所组成的合伙,就所欠债务而言,投资人合伙在建成标的工程或设施之后的约定期限内,一般已经通过对标的物的经营管理清偿了债务并收回投资成本。

第三,资金融通和资源提供具有紧密结合性。在盐井开凿契约中,促成双方当事人顺利完成"要约—承诺"过程的便是双方对资金融通和资源机会获取的双向渴求。一方面,就地主而言,之所以愿意要约投资者资金力量的原因是自身财力、精力、技术的有限使其无法完成盐脉的寻找与盐井的开凿;另一方面,就投资者而言,之所以愿意承诺地主期满移交所有权的原因是其资源机会的缺乏,使其无法在缺乏地主支持的情况下进入盐业市场并获利。①

三、盐井开凿模式的发展:年限井向子孙井的过渡

(一)转变原因分析

虽然开凿年限井契约是双赢:对土地所有人而言可以最小成本实现土地资源利用的最大化;对于投资人而言可以解决缺乏资源的难题。但随着盐业资源的日渐增多,年限井契约已经无法满足投资人的需求,于是子孙井开凿契约逐渐取代年限井开凿契约成为主流。在子孙井开凿契约中依然存在土地所有权人和投资人的双赢:一方面,为了保证盐井产量的源源不绝,土地所有权人无须在约定年限届满之后费心寻找下一个投资人;另一方面,投资人(一般是承首人)和土地所有权人形成的长期良好合作习惯有利于双方合伙经营。与年限井开凿契约不同,子孙井开凿契约是在永佃地基的基础上缔结的,不仅在盐井开凿、经营方面没有年限限制,而且投资人对所开凿的盐井,所修建的盐井附属不动产亦享有永久的占有使用经营权。

(二)契约内容分析

例如,《咸丰七年沟咸井开凿约》②

本约中的"客"即投资人暨承佃人是罗利元等人,"主"即土地所有权人暨出佃人是黄平安、黄靖忠、黄开中、黄现龙叔侄。契约标的物是亨通井井基和井份30天。

---

① 谭秀环:"BOT方式的法律探讨",载《青海师范大学学报》2001年第4期。

② 《咸丰七年沟咸井开凿约》,咸丰七年(1857年),自贡市档案馆藏,档案号:3-5-4016-25。

1. 押金条款。根据“稳租铜钱一百串，其钱无还”可知，土地所有权人有权利要求投资人如约交付稳租铜钱100串，并不退还稳租，无论盐井开凿经营成或败。

2. 年限条款。根据“其年限自分班日起，以十四年为满”可知，双方约定的期限不包括盐井开凿时间，自土地所有权人进班之日起算。

3. 完工风险条款。根据“自佃之后，逐日下锉，不得停工住锉；倘有停工住锉，主人将全井三十天接回，客人不得言及工本使费并日份等语”可知，完工风险由投资人一力承担。如果投资人在佃得井基后怠于开凿盐井致使盐井无法见功，则土地所有权人将即时收回井基并停止投资人对盐井的占有、使用和收益，而投资人无权要求土地所有权人对已投入成本进行补偿。

4. 地役权条款。根据“其有牛马出路、抬锅运炭、安笕、取石取土、堰塘、堆渣，概在业内，不得阻挡；倘有阻挡，一力有主人承担”可知，土地所有权人在自己所有土地及房屋不动产范围内对投资人所为盐井开凿相关行为负有容忍义务。

5. 经营权条款。根据“井出水、火一、弍、三口，以作锉井使费，除锉井有余钱，三十天照日份分派；至于水四口，与主人分班；出火八口，亦与主人分班。或井出油十股，主人占弍股”可知，当盐井所产水未达到4口，所产火未达到8口，所产油未达到10股前，盐井的所有权和经营权是分离的，反之，则是重合的。具体而言，当井出水火4口以下时，盐井的收益和支出由客人一力享有和承担，并将初始收益优先由于填补盐井淘锉的既有开支；当井出卤水在3口以上时、天然气在7口以上时，地主开始加入盐井合伙，从井基出佃人的身份变为合伙人，同客人分享盐井收益。

6. 所有权归属条款。根据“年限满日，全井天地二车、廊厂等项，将三十天日份交还二十天与地主，余十天分与下节承首人子孙管业”和“至于牛只、家具，验物作价”可知，对于盐井及相关财产所有权，土地所有权人和投资人是按份共有的关系，并没有如同年限井开凿契约那般明确指出盐井及相关不动产的所有权归土地所有权人所有的条款，也没有如同年限井开凿契约那般明确指出相关动产譬如牛只家具由投资人带走不得强行要求地主买下的条款。

7. 缴纳税收条款。根据“门户课银等项，随井办纳”可知，在课税缴纳方面，依然采取“税随井走”的原则，即谁经营谁缴纳。

需要指出的是，在年限条款和所有权归属条款上，该约明显体现出年限井向子孙井的过渡。一方面，在年限井开凿契约中，双方当事人一般是土地所有权人和投资人，而在子孙井开凿契约中，双方当事人一般是土地所有权人和承首人。

相对于投资人的流动性而言,承首人是恒量(这点在第七章"承首人契约"中将作详细分析);另一方面,在年限井开凿契约中,盐井及相关不动产均是期满归土地所有权人所有,但是在子孙井开凿契约中,非但没有年限的约定,而且承首人对于盐井日份的享有是可以世代继承的。所以,本约同时具有年限井开凿契约和子孙井开凿契约的特征,可被视为是二者的过渡。

第三节　比较与评论

一、年限井开凿契约与现代BOT模式相同之处

(一)二者都是附期限契约

一方面,年限井开凿契约中,对于盐井的开凿、经营都有期限,诸如《嘉庆十二年万丰井开凿约》中的13年、《民国八年三江井开凿约》中的17年、《民国三十一年恒通井开凿约》中的28年、《民国十一年正雄井开凿约》中的38年及《咸丰七年沟咸井开凿约》中的14年;另一方面,现代BOT模式中双方也约定特许经营权期限,一旦期限届至,则私人投资者须立即停止对标的物的占有、使用、收益,无偿将项目交还给所有权人即东道国政府。

(二)完工风险均由投资人承担

一方面,在年限井开凿契约中,完工风险由投资人一力承担,如果投资人在佃得地基井基后怠于淘锉,或在井见微功后怠于继续淘锉以至无法早日见大功,则土地所有权人有权立即收回地基、井基或在建盐井,而投资人对于已投入的成本无权要求土地所有权人进行补偿;另一方面,在现代BOT模式中,完工风险亦由私人投资者一力承担。诚然,政策风险、汇率风险等由政府承担,但对于完工风险则是由投资人一力承担,若私人投资者无法按时完工,则担保人须承担连带赔偿责任。

(三)所有权与经营权均为分离状态

一方面,在年限井开凿契约中,只要盐井未见大功,则所有权和经营权处于分离状态,投资人有权对盐井实施单独占有、使用和收益,所有权人不得要求分成;另一方面,在现代BOT模式中,所有权和经营权从始至终都处于分离状态,只要特许经营期未届至,则私人投资人有权单独利用标的项目进行收益,偿还债务并盈利,有权拒绝所有权人即东道国政府分享收益的要求。

（四）不动产所有权归属规则相同

不论是在年限井开凿契约中还是在现代BOT协议中，双方当事人都约定标的物所有权归当事人一方所有——年限井契约中归土地所有权人所有，现代BOT协议中归政府所有。并约定一旦期限届满，所有权人有权收回标的物并限制投资人继续占有、使用、收益标的物。

二、年限井开凿契约与现代BOT模式相异之处

（一）契约蕴含民事法律关系不同

盐井开凿契约中的法律关系具有二元性，土地所有权人和投资人之间的法律关系并不是单纯的合伙法律关系。① 在土地所有权人进班前，二者之间存在的是租佃法律关系；在土地所有权人进班后，二者之间形成合伙法律关系。就租佃法律关系而言，从前述契约中的用语诸如“立佃约人张玉宁、师起用等，情因先年在王云开舒家山地基内，平地搗锉万丰井一眼”、“立承佃锉办下脉年限井文约人天德灶伙等经手李静修，今凭证佃得”、“今凭证将本堂所有新又乡罗家冲恒通井水火油盐岩日份三十天，出佃与协昌灶经手王鹤年名下淘锉办理”、“立出佃地基开挖盐井合约人王三畏堂，今凭证将已下所有富厂新垱地名扇子坝业内地基一埠，足一井三基基址，出佃与永利灶伙等经手王野从名下承佃”、“立出承佃字约人罗利元伙等，今凭中佃到黄平安、黄靖忠、黄开中、黄现龙叔侄名下等”可知，投资人对井基、地基的获取方式是租佃。而前文所列举契约中对盐井维修责任的约定——即由投资人负责维修、土地所有权人在期限上予以相应延展——也符合本书在第三章对盐业租佃法律关系中双方权利义务的分析。具体而言，在年限井开凿契约中，当双方当事人所约定的井见大功之条件尚未成就时，土地所有权人的身份为出佃人，投资人的身份为承佃人。投资人通过佃得出佃人名下的地基或井基进行盐井开凿工程。而就合伙法律关系而言，当盐井出大水、大火后，土地所有权人的身份从出佃人变为合伙人，其名下的井基或地基便是其作为合伙人投入的资本或股本，从此之后，土地所有权人和投资人共享收益，共负盈亏，如前文的《民国八年三江井开凿约》、《民国三十一年恒通井开凿约》、《民国十一年正雄井开凿约》中对土地所有权人作为合伙人的权利义务的分析。但是在现代BOT模式中，BOT特许协议中私人投资者和政府作为双方当事人，并不是合伙关系，不是租佃

---

① 曾凡英编：《盐文化研究论丛》（第1辑），四川出版集团巴蜀书社2005年版，第232页。

关系,而是单纯的用益物权人和所有权人的关系。在特许经营权期限内,私人投资者可以对公共设施项目进行占有、使用和收益,但当期限届满时,东道国政府便会立即将公共设施项目的占有权、使用权、收益权收回,而东道国政府亦无法如同年限井开凿契约中的土地所有权人一般转换身份成为合伙人分享盐井收益。因为现代 BOT 模式中的合同法律关系具有多元性。在 BOT 协议中,以东道国政府和私人投资者为契约双方当事人的只不过是主合同,即特许经营权合同(BOT 协议)。除了主合同外,为了完成 BOT 协议,投资人还需要与多个参与主体订立不同内容的合同:譬如在项目公司股东之间订立的参股合同;在项目公司和工程承包商之间签订的建设工程合同;项目公司与最终工程的所有权人之间缔结的材料采购合同;项目公司与银行、信用社等金融融资机构之间订立的贷款协议;项目公司与提供 BOT 项目人力资源的经管公司之间所缔结的管理合同;项目公司与提供工程保险或工程进行中其他保险险种的保险公司之间所订立的保险合同等。①这些合同都处于从属地位,其订立的目的或功能是为了服务主合同,为主合同的完成提供必要支持。②

(二)对期限计算方式的不同

年限井开凿契约中,对年限的计算有两种方式:其一,将开凿时间、经营时间合并计算;其二,将开凿时间除去,仅从盐井见大功土地所有权人进班后开始计算。从本书选取的 5 份年限井契约中可知:计算方式二是主流方式。而在现代 BOT 模式中,对年限的计算则是将开凿时间、经营时间合并计算的,即与年限井开凿契约的计算方式一相同。究其优劣,各有千秋。一方面,就现代 BOT 模式而言,如果采取计算方式二,即将建设公共基础设施的时间除外,仅从建成之日开始计算,则东道国政府将面临私人投资者拖沓工期的风险,因此计算方式一较为合理,可以督促私人投资者本着节约时间成本的目的按时完成工程;另一方面,就盐井开凿而言,如果采取计算方式一,则对投资人不利。因盐井开凿毕竟不同于不动产建造,其中投资人所担负的自然风险较大即盐卤多寡未知,如果将淘锉盐井的时间和经营盐井并收益的时间合并计算,则很有可能投资人还未盈利即面临期满交还盐井的尴尬局面,土地所有权人也将面临无法进班分红的自损局面。因此,就盐井开凿而言,计算方式二较为合理。

---

① 幸红:“BOT 投资方式和相关法律框架初探”,载《江西社会科学》1998 年第 4 期。

② 刘影:“BOT 合同的法律问题研究”,黑龙江大学法律系 2003 年硕士学位论文,第 5 ~8 页。

（三）押金法律性质特殊

在前文的5份契约中，只有在《嘉庆十二年万丰井开凿约》中双方当事人约定在开凿盐井前交付给土地所有权人的押金将在主人分班后退还给投资人，在其他4份契约中，即在《民国八年三江井开凿约》、《民国三十一年恒通井开凿约》、《民国十一年正雄井开凿约》、《咸丰七年沟咸井开凿约》中双方当事人都约定押金（稳租、押山银）不退给投资人。这引起了笔者注意：如果此处的押金真如其名称所揭示，则应当如《嘉庆十二年万丰井开凿约》般在盐井开凿成功即井见大功主人进班分班之时退还给投资人，因为押金的目的即是保证投资人会不遗余力的淘锉盐井、尽早见功，但在《民国八年三江井开凿约》、《民国三十一年恒通井开凿约》、《民国十一年正雄井开凿约》、《咸丰七年沟咸井开凿约》中的押金却不退还——这是否说明押金的法律性质并不是如其名称那般直白？结合地主进班前契约双方的租佃法律关系考量，本书认为，年限井开凿契约中的押金实际上有两种功能，根据功能不同具有不同法律性质：其一，当押金的功能是为了保证投资人按时淘锉，尽早见功时，押金的法律性质同保证金，一旦盐井成功淘锉，则土地所有权人将押金退还投资人；其二，当押金的功能是为了收取井基、地基出佃的对价时，押金的性质等同租金，故无论盐井淘锉成功与否，井基地基的出佃人无须退还。反观现代BOT模式中，因东道国政府和私人投资人之间的关系是物权关系而非债权关系，因此没有类似押金条款的设置。

（四）动产所有权的归属规则不同

在年限井开凿契约中，当双方约定的期限届至，投资人须将不动产归还给土地所有权人所有，但对于相关动产，则或单独所有或依照约定的日份与土地所有权人共有：至于单独所有，参见前文所列《嘉庆十二年万丰井开凿约》和《民国三十一年恒通井开凿约》；至于共有，参见前文所列《民国八年三江井开凿约》和《咸丰七年沟咸井开凿约》。反观现代BOT特许协议中，当双方约定的期限届至，投资人须将相关动产和不动产统统交还东道国政府所有。

综上，本书认为年限井开凿契约是现代BOT模式的雏形，或说年限井开凿契约是原始BOT模式。原因有二。第一，年限井开凿契约确属BOT模式，二者在核心理念上相同：（1）当事人一方（地主和政府）均通过利用自身所占资源优势或政策优势，引进投资，达到资金融通和资源结合的效果；（2）当事人一方（地主和政府）均通过为投资人提供一定期限的营利机会而换取期限届满后标的物所有权的归属；（3）当事人双方在所有权和经营权的分离上达成合意，实现“双赢”。第二,但年限井开凿契约只是原始的BOT模式,现代BOT模式在诸多方面远胜于年限井开凿模式:(1)现代BOT协议中法律关系具有多元性,是以特许协议为主合同,以建设工程合同、采购合同、贷款合同、担保合同、保险合同为从合同的合同群,全方位地为项目的顺利进行保驾护航,而年限井开凿契约中只存在租佃法律关系和合伙法律关系;(2)现代BOT协议中所涉主体众多,除了政府和私人投资者外,还有第三方机构或个人的参与,其中最为关键的便是项目公司的建立,而年限井开凿契约中只有两方或三方主体,地主、投资人、承首人。

本章小结

盐井开凿契约是建立在租佃法律关系基础上的,所有权和经营权相分离的契约。分离之目的是为了实现对资金融通需求和资源寻觅需求的双向满足。盐井开凿契约早期建立在有固定期限租佃权基础上,后期则为了赋予经营权人更多的自主性和主动性,变有固定期限为无固定期限,达到了所有权人和经营权人的可持续双赢。其中,年限井开凿契约所采取的所有权与经营权相分离、固定期限后不动产经营权收回的开凿模式与现代BOT模式惊人一致,但在动产所有权归属规则方面、固定期限计算方面、契约当事人关系方面则体现出传统契约文化与产业的特色。

第六章　做节制度

自贡盐业可谓是中国现代商业组织的雏形。它不但证明了中国商人从亲属和陌生人处筹措大量资本的能力,见证了从家族的重要性到个体的重要性的过渡,而且见证了中国近现代社会从身份到契约的转变。就在四川其他地区还在以家族作坊占据主流形式的时候,自贡已经孕育了现代合伙的雏形。合伙的演变受到了经济关系和社会关系的影响并通过契约表现出来,财产份额使投资者成功分散风险,使合伙能以更灵活的形式利用资产和资源。① 做节制度便是产生财产份额的主要驱动力,是盐商们对接力资本和流水资本难题的解决,是在对资本维持原则和资本充实原则的遵守下,盐商们发明出来的财产份额转让模式。其实质是资本接力,不仅可保证在盐井开发运营过程中资金流不间断,各合伙人能够按月交付下一期开凿淘锉的费用,亦可保证凿井工程不会因为中途停凿而被井基所有权人收回。概言之,当原凿井契约的投资者(不论该井的性质是年限井还是子孙井)无力继续按月缴纳凿井费用以负担庞大的开销时,便可以邀请第三人加入凿井合伙,并将自己所占日份部分提留,从此不出工本,此时,原投资人便成为上节,第三人便成

---

① Madeleine Zelin, "Managing Multiple Ownership at the Zigong Salt Yard", *Contract and Property in Early Modern China*, Standford, Stanford University Press, 2004, pp. 230－231.

为下节。当下节同样感到无力负担凿井费用时,同样可以邀请第四人加入凿井合伙,并继续将自己所占日份部分提留,从此不出工本,此时,下节便成为中节,而第四人便成为下节。这便是上中下节契约的运营原理,可见,其实质是对投资人所占日份的部分让与,亦可理解为是对出资义务的转让。下文将从上中下节契约的标的物日份的法律性质着眼,揭示盐业契约上中下节契约的本质。

第一节　盐井日份一般理论

日份与财产份额类似,是持有人权利义务的载体,既代表着日份持有人在合伙中所拥有的财富,亦是维系合伙组织和成员的纽带,决定双方各自的权利义务。随着19世纪商品资本流动的加剧,日份转让因其所具有之优势而日益常见,譬如,一方面,日份转让所改变的身份关系仅存在转让日份的合伙组织成员和第三人之间,而不会影响到合伙组织的对内对外关系,更不会影响盐井合伙的日常经营;另一方面,日份转让可以顺利平稳的实现盐井合伙内部的换代更新。①

一、日份的性质

既然日份的功能和内容类似财产份额和股权,对于日份性质的探索可从股权性质的争论中窥见一二。当前对于股权性质有四种观点:所有权说、债权说、社员权说、用益物权说。第一,持股权所有权说的学者认为股权是所有权,股权持有者即股份所有权人。股东基于对股份的所有权,可任意对股份进行占有、使用、收益和处分。也正是基于所有权,股东才可以在公司破产清算的时候享有对剩余财产的分配权。在改革开放初期,当股东同时是公司的管理者时,所有权和经营权合二为一;在改革开放后期,当公司财产的所有权和经营权发生分离的时候,股东对财产的所有权和公司对股东财产的所有权相重合。② 正如王利明先生所提出,股东以其衍生于财产的自益权和共益权,公司以其衍生于财产的所有权,在民事活动中各自独立承担相应的民事权利和义务。③ 第二,持股权债权说的学者认为股

① 日份的功能类似股权的功能。关于股权的功能,参见刘俊海:"论有限责任公司股权转让合同的效力",载《法学家》2007年第6期。

② 杨帆:"股权定限物权论——以股权转让为契点",载《长春理工大学学报》2012年第2期。

③ 王利明:"论股份制企业所有权的二重结构",载《中国法学》1989年第1期。

权是债权,他们提出既然所有权和经营权已经在现代股份公司中分离,则意味着股东大会已神散仅形具。股东与公司之间的法律关系也成为债权关系,即股东是债权人,公司是债务人,公司应当按照约定向债权人分配股利。此种观点被称为传统股权债权说,主要是以经济学为背景对股权性质进行的思考,其出发点是所有权和经营权的分离,但缺陷在于对分离状态的过于夸大而忽视了股东在获取股利之外对公司的控制权等权能。① 第三,持有股权社员权说观点的学者为学界主流,譬如史尚宽先生等。② 社员权说,顾名思义,即社团成员权说。该说持有者认为,股权和社员权具有相似之处。首先,二者都是以一定资格为前提条件的产物,即必须是社团成员;其次,社员资格或股东资格是具有人身性质的,即不得继承不得让与;再次,二者都具有团体性的特质,在加入和退出上必须遵循一定条件或受到一定限制;③最后,持用益物权说的学者认为股权是用益物权,因为股东对公司财产的收益不是基于所有权而只能基于他物权或债权。

本书赞同第四种观点即用益物权说。无论是在盐业杜卖契约、盐业摘卖契约,还是在盐业扫卖契约中;无论是在盐业租佃契约、盐业转佃契约,还是在盐业预佃契约中;无论是在盐业借贷契约,还是在盐业上中下节契约中,盐业土地流转的核心都是日份。论及此处不禁要问:日份的性质为何?是土地使用权?土地所有权?还是带用益物权性质的土地经营权?若是根据盐业杜卖契约中的"王绍宽房分等前后摘卖日份八天零九时,仅存地脉日份一天零三时"(同治七年浾洪井杜卖约)④可知,土地所有权人将日份分批次流转给了不同的受让人,故日份显然不具有所有权性质,非土地所有权的流转。若是根据盐业上中下节契约中的"俟后井成大功,除缴井、报课、挂红、酬神演戏、修立廊厂、牛只等项余有鸿息,应照三十天均派均分"(《民国七年丰顺井上下节契约》)⑤可知,日份所有人享有收益权。若是根据盐业上中下节契约中的"下节出本锉办,占昼夜水火油子孙净日份十八天;上节不出锉费,占昼夜水火油子孙净日份十二天,共成三十天,各照日份

① 杨帆:"股权定限物权论——以股权转让为契点",载《长春理工大学学报》2012 年第 2 期。

② 史尚宽著:《民法总论》,中国政法大学出版社 2000 年版,第 226 页。

③ 江平、孔祥俊:"论股权",载《中国法学》1994 年第 1 期。

④ 契约全文参见自贡市档案馆、北京经济学院编:《自贡盐业契约档案选辑(1732~1949)》,中国社会科学出版社 1983 年版,第 485 页。

⑤ 《民国七年丰顺井上下节契约》,民国七年(1918 年),自贡市档案馆藏,档案号:5-4-66-31。

子孙永远管业”(《民国七年丰顺井上下节契约》)①可知,所谓日份是盐井日份,而盐井日份所象征的是日份占有人享有的盐井推煎时间。因此,本书认为日份所代表的即是日份持有人所拥有的盐井推煎的权利(简称盐井推煎权)。而盐井推煎权是由盐井所有权衍生而来的,是盐井推煎人(个体或团体)因从事盐井开采、卤水汲取、盐井经营等生产经营项目而使用、收益他人所有的土地及其上所建盐井的权利。结合我国土地承包经营权的内容,可推知盐井推煎权与土地承包经营权类似,均为用益物权性质。

二、日份持有人的出资义务

日份持有人的权利无疑是分享盐井收益,而日份持有人的义务则是对盐井合伙日常资本充足的维持。上中下节契约中当事人转让日份主要是为了摆脱出资义务的困扰,因为若要获取足量卤水推煎食盐,盐井的淘锉开凿就必须不间断的进行,这便需要巨额资金源源不断的投入。对于日份持有人而言,不仅需要在盐井合伙设立之初,即投资人与地主签订盐井开凿契约时(年限井契约或子孙井契约)足额投入资金,而且还需在盐井见功地主进班分成后承担资本维持的义务。那么对于上中下节契约的日份持有者而言,出资义务究竟有多繁重?

“井见大功,添修廊厂、挂红酬神,应照二十四口派逗,上节见红进班。所有人畜出路、抬锅运炭、取土取石、牵扯风蔑、修造火圈、安笕进出,凡在此井基内,应照地主南华宫出山字约行事。分红后倘水火消减,复行下锉,仍照二十四口派逗。”②

从上述画线部分可知,盐井合伙日份持有人的出资义务由二部分组成。盐井开凿至盐井见大功前的阶段的出资主要由投资人承担,此时合伙不存在,投资人便是承佃人,主要致力于盐脉的探索与盐井的开凿。盐井见大功后开始形成盐井合伙,合伙人由土地所有权人和投资人组成,出资义务产生。第一部分是盐井见大功后的费用摊派,即画线部分所言之“添修廊厂、挂红酬神”的费用,此部分出资义务主要涵盖盐井见大功至地主进班之间的阶段。第二部分是追加出资,此部

① 《民国七年丰顺井上下节契约》,民国七年(1918 年),自贡市档案馆藏,档案号:5-4-66-31。

② 《民国十一年厚生井上中下节契约》,民国十一年(1922 年),自贡市档案馆藏,档案号:41-1-2329-7。

分出资义务主要发生于盐井见大功后复又盐脉衰微需要继续下锉之情形，即画线部分所言之“倘水火消减，复行下锉，仍照二十四口派逗”。

三、日份转让的方式

根据“下节出本锉办，占昼夜水火油子孙净日份十八天；上节不出锉费，占昼夜水火油子孙净日份十二天，共成三十天，各照日份子孙永远管业”（《民国七年丰顺井上下节契约》）；①“将此井子孙业锅份二十四口，平均拨出十二口，及附属之廊厂、铁器、家具等项……议定顶价法币一千一百六十元正”（《民国二十五年云蒸井上中下节契约》）；②“上节伙众并地脉提留子孙业日份十八天，不出使费；下节出本锉办，得子孙业日份十弍天”（《民国十一年黔川井上下节契约》）③可知，《民国七年丰顺井上下节契约》中上节将自己所持有的30天日份拨出18天给下节，保留12天日份推煎营业；《民国二十五年云蒸井上中下节契约》中上节将自己所持有的24天锅份拨出12天给下节，保留12天推煎营业；《民国十一年黔川井上下节契约》中上节将自己所持有的30天子孙日份拨出12天给下节，保留18天日份推煎营业。可见上中下节契约中惯常采取的日份转让方式是部分转让，上节或中节通过分割自己所持有日份并部分转让不仅可保留将来进班分红的资格，而且可摆脱出资义务无法履行的苦恼（即契约文本中所言“不出锉本费”）。这为我国股权转让方式提供启示价值，因为当前在是否能将股权分割出让的问题上，我国相关法律并未给出明确答案。

规定股权转让规则的《公司法》第71条只就其他股东优先购买的权利进行了设计，即非主动转让股份的股东在其他股东表达出欲转让股份的愿望时相较于公司外人员可以优先购买，否则便应加入其他半数股东准许股份被转让给公司外人员；如有股东既不同意亦不购买该拟转让的股权，则视为同意转让。因此学界就股权是否可部分转让意见不一。反对者认为允许股权的部分转让将违背立法设立优先权的目的和价值，可能损害出让人的权益并造成剩余的股权无人购买，亦

---

① 《民国七年丰顺井上下节契约》，民国七年（1918年），自贡市档案馆藏，档案号：5－4－66－31。

② 《民国二十五年云蒸井上中下节契约》，契约全文参见自贡市档案馆、北京经济学院编：《自贡盐业契约档案选辑（1732～1949）》，中国社会科学出版社1983年版，第382～384页。

③ 《民国十一年黔川井上下节契约》，契约全文参见自贡市档案馆、北京经济学院编：《自贡盐业契约档案选辑（1732～1949）》，中国社会科学出版社1983年版，第373页。

会因为违反同等条件下优先购买的规则而形成悖论，即如果股权在数量上已经发生变化则不应当继续使用优先购买权。① 赞同者认为在股权转让程序中法律规定的其他股东优先购买权已然构成对股权转让自由的限制，使欲转让股权的股东无法完全按照自己意愿处分财产，如若不允许股权的部分转让，则可能构成对股东转让股权自由的二次限制。② 本书认为既然通过盐业上中下节契约中日份的部分让与可看到盐井合伙其他成员的利益以及盐井淘锉的日常进行并不会受影响，足以证明部分转让的方式应有其存在的空间。现代公司的股权部分转让亦然。究其实质，赞同允许股东对股权进行部分转让的价值理念是对平等和自由法益理念的践行和衡平：从平等价值理念角度出发，既然法律已经通过其他股东优先购买权对股东的自由转让股权之权利进行了限制，就应当从另一层面上弥补股东在牺牲选择转让对象上所付出的代价，即允许其在转让内容上自主决定、自我负责。具体而言，对股权部分转让应当秉持此态度：如果将股权拆分并在满足其他股东优先购买的决定后，仍然有老股东之外的第三人愿意成为受让人，则应当鼓励此类转让模式，因为它在流转过程中将股权的价值发挥到最大化。③

第二节　上中下节契约内容评析

上中下节契约的实质是对日份的部分让与，换言之，出让人通过将自己所占有的日份进行分割转让来达到对原本所承担风险的分散以及对原本所负出资义务的回避。上节通过提留日份形成对自己权益的最低防护，一方面可以避开对锉井费用的缴纳；另一方面可以保留合伙资格以便盐井见大功时可进班分红。此处选取四个契约来展现做节契约中转让日份双方的权利义务，以及转让双方与承首人之间的权利义务。其中，《民国七年丰顺井上下节契约》和《民国十一年黔川井上下节契约》只涉及一次转让，是上下节契约，而《民国十一年厚生井上中下节契

---

① 蔡峰华："股东部分行使优先购买权问题探究——兼论有限责任公司股权转让限制的立法价值取向"，载《北京市政法管理干部学院学报》2003 年第 1 期。

② 第一层的限制，即其他股东的优先购买权已经在转让对象上构成了限制；而可能的第二层的限制，即禁止部分转让股权，则将构成对转让方式上的限制。参见蔡峰华："股东部分行使优先购买权问题探究——兼论有限责任公司股权转让限制的立法价值取向"，载《北京市政法管理干部学院学报》2003 年第 1 期。

③ 王磊："有限责任公司股权转让合同效力分析"，甘肃政法学院民商法律系 2012 年硕士学位论文，第 20 ~ 21 页。

约》和《民国二十五年云蒸井上中下节契约》则涉及二次转让，是上中下节契约。

一、上下节契约

（一）《民国七年丰顺井上下节契约》①

本约中的日份转让人即丰顺井合伙人是上节，受让人即恒泰灶伙等是下节，承首人存在但未提及姓名。现根据契约条款分析双方权利义务如下。

1. 转让原因。根据“现无天地二车，廊厂已成荒坝，其井深二百余丈，未能成功，无力锉办”可知，上节出让日份的原因是因为盐井开凿长期未见功，而今资金不足无力继续投入。

2. 关于转让的对价。根据“又言明上节取下节押头九七平漂银四百五十两正，其银当即交清，日后无还”可知，受让人有义务向出让人缴纳对价 450 两整，作为所受领的日份 12 天中所包含权利的对价。

3. 关于转让人日份的由来。根据“立承顶上下节昼夜水火油子孙净日份合约人恒泰灶伙等，今凭证顶到丰顺宝井三十天伙内名下先年置买复邑上北新罗垱地名珍珠冲业内锉办盐井一眼”和后文的“如有拖延不逗者，任随承首人或伙等抬办”可知，转让人日份的得来是受到承首人的邀约，即在转让人和井基所有权人之间并没有直接的法律关系，井基所有权人和承首人之间订立了盐井租佃契约，而承首人和本约的转让人之间又缔结了合伙推煎契约。

4. 关于日份的分割。根据“下节出本锉办，占昼夜水火油子孙净日份十八天；上节不出锉费，占昼夜水火油子孙净日份十二天，共成三十天，各照日份子孙永远管业”可知，让与人并未将所占日份全部转让，而是按照 2∶3 的比例分割，即自己提留日份 12 天，而将剩余的 18 天转让给第三人。

5. 关于完工风险。根据“其井当交下节继续牵蔑下锉，不得停工住锉；若停工住锉，主人接回，客人不得异说”可知，受让人受领日份后，完工风险便从出让人转移到受让人，如果受让人无法不间断的锉井以产出水火，则转让人有权立即将日份收回，并有权不对受让人已经投入的金钱和时间成本进行补偿。

6. 关于生产风险。根据“如井老水火微弱，复行下锉，仍照厂规三十天日份派逗；如有拖延不逗者，任随承首人或伙等抬办，或觅主外顶，不得生端异说”可知，

① 《民国七年丰顺井上下节契约》，民国七年（1918 年），自贡市档案馆藏，档案号：5－4－66－31。

上节进班后便开始同下节一道分担盐井的生产风险。换言之,在盐井见大功后,如果时运不济复又只产微水、微火,则上节不得以此为理由退出合伙,而须同下节一道负担开凿费用,履行出资义务。

7. 关于锉井成本。根据"下节出本锉办"、"上节不出锉费"可知,一旦转让人将日份出丢下节,则将出资义务转移给了受让人。盐井的开凿费用,以及在井见微功需要继续锉办下脉的费用,均由受让人即下节承担。

8. 关于盐井收益。根据"如井有微水、微火,以作下节客人缴井之资;俟后井成大功,除缴井、报课、挂红、酬神演戏、修立廊厂、牛只等项余有鸿息,应照三十天均派均分"可知,日份转让双方约定,如果盐井出产收益,应先将收益用于支付凿井成本,即弥补亏损,而后收益若有剩余,则按照转让受让双方对日份占有的比例分配,即准按份共有。此外,根据"或有外人在井基内安笕佃业,亦归三十天分派"可知,在日份部分转让给下节后,如果有第三人租佃井基以安置笕栏,则上节和下节根据所占日份比例对租金收益进行按份分享。

9. 关于限制分伙经营。根据"至于见有水、火,通知众伙商议合同伙办煎烧,如能余剩,有火外佃;不能合同煎烧,概行外佃,各照日份分鸿,不准照日份分火煎烧"可知,为了保证盐井的可持续发展,双方约定在上节进班分成后,不得按照日份对盐井的推煎进行分割经营。而如果双方对于合伙推煎经营不能达成合意,则应当将盐井30天日份全部出佃给第三人,并按照所占日份对租金进行分成。

10. 关于上节瑕疵担保义务。根据"至上节前有押借日份、账目不明等项,不与下节相染;累及下节费用银钱,上节应该照数补还"可知,鉴于转让法律关系的相对性,上节对外所欠债务一律不与受让人相涉,并应保证转让给下节的日份权利无瑕疵。

11. 关于下节附带义务。根据"现有佃房一间,又并井基外骆姓业内修有柜房一向,每年纳地租钱七串文,概归下节"可知,转让人将自己在井基所有权人地基内外所佃土地上修建的不动产的租金缴纳义务一并转让给了受让人。从表面上看,这个条款十分不合理,因为日份转让契约应当是以日份为标的在当事人双方之间产生权利义务,但此处的标的换成了租金,和转让法律关系不匹配。但深究起来,这个条款所施加在受让人身上的义务是可以理解的。转让人在井基所有权人地基外佃得房屋的目的是为了便利盐井生产,正如天地二车、廊厂的功能一般。而根据本书前一章对凿井契约的分析,对于盐井生产相关不动产,要么是投资人即客人自行修建并在年限届满时无偿移交给井基所有权人,要么是投资人即客人对所有权人名下已经存在的不动产进行租佃或借用，到期返还给主人。而对于日份的推煎不可不免的要使用到相关不动产，因此，对日份的转让也可以同时附带对相关不动产使用权利的转让，而受让人则应当对所受让的使用权利支付对价，即租金。

12. 关于地役权。根据“其界址上节指明，周围埋灰窖石为界。以后安笕进灶、修立楻桶房、灶房、廊厂、牵扯风蔑、窖石打桩、抬锅运炭、堆渣放卤、人畜出路、取土取石，两井业内上节人不得阻滞；如有阻滞、将上节鸿息迭扣外佃，上节人等不得牵扯异说”可知，上节对下节以盐井生产为目的的相关行为负有容忍义务，如果不履行此义务，则下节有权剥夺上节进班后的分红权。

（二）《民国十一年黔川井上下节契约》①

本约中日份出让人即上节人是黔川井伙等，受让人即下节人是德檠宝灶伙等，承首人是黄玉书，井基所有权人是李如莲，本井是子孙井。现根据契约条款分析上下节双方权利义务如下。

1. 关于转让原因。根据“锉办十年，共用本银弍万余金，现有微水数担、火圈五口；但锉办十年中间，虽出水火，旋出旋去修竖廊厂并缴锉费，伙众有逗足者、未逗足者，以致负债弍欠数百两，众伙无力再办”可知，日份所在井曾见微功，但在将微功所得收益用于填补成本后再无盈余，10 年间出让人因锉办盐井已欠下外债，再无资金继续投入盐井的淘锉推煎。因此决定寻觅有资金能力的下节人进行资本接力。

2. 关于转让的对价。根据“上节取下节押头正平生银弍千四百两正，四关均交，以偿外债，日后无还”可知，作为所受领日份的对价，下节即受让人有义务向上节即出让人缴纳价金 2400 两，并已分四期缴纳完毕。

3. 关于转让人日份的由来。根据“立出丢上下节子孙业水火油盐日份文约人黔川井伙等，情先年黄玉书承首佃得富厂长垱郭家坳李如莲业内地基一埠，邀伙锉办黔川井”可知，上节是作为合伙人加入承首人黄玉书组织的盐井凿井合伙，而承首人黄玉书则是通过租佃的方式得来井基。换言之，盐井的所有权人暨出佃人仍然是井主李如莲，承首人是承佃人，并在承佃后将井份转租给各合伙人经营。因此上节作为用益物权人只对日份拥有占有权、使用权、收益权以及有限的处

---

① 《民国十一年黔川井上下节契约》，契约全文参见自贡市档案馆、北京经济学院编：《自贡盐业契约档案选辑（1732～1949）》，中国社会科学出版社 1983 年版，第 373 页。

分权。

4. 关于日份的分割。根据“上节伙众并地脉提留子孙业日份十八天，不出使费；下节出本锉办，得子孙业日份十弍天”可知，上节并未完全退出盐井合伙关系，而是将日份分割后部分转让给下节，以保留将来进班分红的资格。

5. 关于完工风险。虽然本约并未如同《民国七年丰顺井上下节契约》就停工住锉的后果予以明示，但根据“自丢之后，任随下节办理，上节伙等不得干预”可知，上节在日份出丢后、盐井见功前对盐井的生产经营状况不负任何责任，即盐井是否淘锉成功的风险由下节一力承担。

6. 关于生产风险。根据“如进班以后井老水枯，复行再办，仍照三十天派逗”可知，一旦井见大功上节进班便与下节对日份形成准按份共有的关系，换言之，即与下节一道分担盐井日后的生产经营风险，各按照所占日份比例承担责任。

7. 关于锉井成本。根据“上节伙众并地脉提留子孙业日份十八天，不出使费；下节出本锉办”可知，上节出丢下节的意图即在转移出资义务，在盐井见功前不享有权利也不承担义务。

8. 关于盐井收益。根据“井出微水、火、油，以帮锉井费用；井成大功，除修造廊厂、牛只、家具、酬神挂红一切费用有余之外，上节与地脉始行进班”可知，上下节契约定井见功后的收益首先将用于填补下节所投入的成本，若有盈余，则启动上节进班程序，至此之后，上下节成立合伙关系，共享收益、共担损失。

9. 关于上节瑕疵担保义务。根据“若有井事不明，外债不清，一力有上节伙等自行理楚，不与下节相涉”可知，鉴于债权的相对性，上节与承首人之间的权利义务以及上节与下节之间的权利义务均不与彼此相涉，即上节对承首人所应当履行的义务仍然由上节承担。

二、上中下节契约

上中下节契约相对于上下节契约而言，法律关系更加复杂：有井基所有权人和承首人之间的租佃关系，有承首人和所邀伙等之间的合伙关系，还有上节和中节、中节和下节之间的日份转让关系和日份共有关系。

（一）《民国十一年厚生井上中下节契约》①

本约法律关系较为复杂，体现出两对上中下节契约法律关系。第一对上中下节契约中，井基所有权人是南华宫，上节暨第一次日份出让人是曾泽岷和王锡之，中节暨第一次日份受让人和第二次日份出让人是同德灶，下节暨受让人是裕亨灶。第二对上中下节契约中，井基所有权人、上节、中节不变，但下节不再是裕亨灶，而是杠升灶。现根据契约条款分析双方权利义务如下。

1. 关于转让原因。根据“同德灶锉办至丁巳年尚未成功，停锉年余，上节催促，伙内无力，乃于己未年转丢与裕和笕裕亨灶经手张焕然接办”可知，在第一对上中下节契约法律关系中，转让人是上节，下节是同德灶。但因下节同德灶在锉办数年后仍未成功，且灶内伙等无资继续淘锉，故复又出丢日份给裕亨灶，此时，原本的下节暨同德灶变为中节，而新的受让人便转为下节。根据“裕亨灶接办修整补腔，殊腔未开拢，因裕和笕倒闭，井遂停锉。上、中两节履约催办，裕亨灶无力，自愿将井交还上、中两节”可知，日份之所以第二次出丢下节，即改变下节人，是因为原下节即裕亨灶倒闭并将日份交还上、中两节。

2. 关于转让对价。一方面，根据“除取原押一千二百两还同德灶外，所有同德灶锉本五千七百二十二两一钱五分，约注‘俟井成功，应裕亨灶名下以鸿息付还，无利，同德灶并无锅份”可知，在第一次出丢中下节时，中节并未提留日份，即中节是将所持有日份全部转让给下节，且并未要求下节给予对价，但要求下节在井见功之后对中节为井所投入的锉井成本予以敷补；另一方面，根据“兹由上节与同德灶双方将井出丢与万丰井杠升灶名下经手李筱田承办下节，取押头银四百两，见功无还”可知，第二次出丢中下节时，下节有义务向中节交付所受让日份的对价400两。

3. 关于上、中、下节之间的关系。根据“同德灶锉办至丁巳年尚未成功，停锉年余，上节催促，伙内无力，乃于己未年转丢与裕和笕裕亨灶经手张焕然接办，更名生龙井”可知，中节第一次出丢下节时，是与上节无涉的，即转让日份的合意是在中节同德灶和下节裕亨灶之间达成。但根据“兹由上节与同德灶双方将井出丢与万丰井杠升灶名下经手李筱田承办下节”可知，在裕亨灶锉办失败后，井份的第二次出丢下节是上节和中节共同决定的，换言之，第二次中下节约中当事人一方

---

① 《民国十一年厚生井上中下节契约》，民国十一年（1922年），自贡市档案馆藏，档案号：41-1-2329-7。

是上节和中节，另一方是新下节人。

4. 关于日份由来。根据“情因上节先年在荣厂韭菜嘴南华宫业内所办厚生井一眼，曾泽岷伙等占锅份十一口，王锡之占锅份十口。南华宫占地脉三口，共计二十四口，于民国乙卯年丢与同德灶经手王锡之锉办下脉”可知，本约中所转让的日份并没有予以分割，而是全部出让，即上节将自己所占之21口子孙日份完全出让给中节，而后中节复又在未提留日份的情况下出让给下节约人。

5. 关于完工风险。根据“接办之后，不得无故停锉”可知，完工风险依然由实际运营人即下节人承担。

6. 关于生产风险。根据“分红后倘水火消减，复行下锉，仍照二十四口派逗”可知，一旦上节进班遇见盐井产量不济需要继续下锉，则有义务与下节一同承担盐井的生产经营成本，各按所占锅份比例承担出资义务。

7. 关于锉井成本。根据“井见大功，添修廊厂、挂红酬神，应照二十四口派逗，上节见红进班”可知，一旦井见大功，上节即行进班，与下节人共享收益、共担成本。

8. 关于盐井收益。根据“杠升灶出资锉办，见功后得子孙锅份十二口；上节不出锉费见功后得子孙锅份十二口。其同德灶之锉费五千七百余两。又，杠升灶垫给之取佃稳钱二百串，三面议定，俟井成功，由上、下节二十四口平均摊派偿还；上节与杠升灶共出欠票二张，给同德灶、裕亨灶存执，其时量井息之多寡，酌关期之远近，同德灶只归锉本，仍无锅份”可知，正如前文所指出，第二对上中下节契约法律关系中的上节、中节、下节均是直接的契约当事人，因此三方对收益方式达成了如下合意：上节与下节按照1∶1的比例共享24口锅份所产生的收益；中节不占锅份，即不分享收益、不负担成本、不负担债务。但就中节之前所投入的开凿盐井的开销而言，中节成为债权人，新的上下节则成为债务人，须按照各所占有的锅份比例进行偿还。

9. 关于上节瑕疵担保义务。根据“如有井事不清，应曾泽岷、王锡之自行理料，不与下节相涉”可知，根据债权法律关系的相对性，上节与第三人譬如与地主和中节之间的债务不累及下节。

10. 关于地役权。根据“所有人畜出路、抬锅运炭、取土取石、牵扯风蔑、修造火圈、安笕进出，凡在此井基内，应照地主南华宫出山字约行事”可知，下节有权为盐井生产之目的自由使用地主业内不动产，即上节将自己地役权人的身份一并转让给了下节。

(二)《民国二十五年云蒸井上中下节契约》①

本约中的法律关系与《民国十一年厚生井上中下节契约》相比较为简明，只存在一对上节、中节与下节的法律关系。其中，上节是王禹平、中节是陈树春与邱镒臣，下节是毛永生等。现根据契约条款分析双方权利义务如下。

1. 关于转让原因。根据“情因上节伙等前在西场三区内地名官山上，伙等锉得子孙业盐井一眼，现名云蒸井。全井锅份二十四口，于前清末年曾经出顶上、下节，上节提留锅份十二口，下节出资锉办，占锅份十二口；旋见功出火，煎烧火圈数十口；嗣于民国二十年陶井落滥，因此停搁，几至荒废”可知，上节在向地主佃得井基后成功锉得子孙井，并曾提留一半锅份将其余12口锅份出丢下节。在盐井12口锅份转让给下节后曾经见功，但后因下节锉井不力至今成为废井。

2. 关于转让对价。根据“将此井子孙业锅份二十四口，平均拨出十二口，及附属之廊厂、铁器、家具等项，一并杜顶与下节伙等承顶锉办。议定顶价法币一千一百六十元正”可知，下节约人获得锅份应支付的对价是1160元。此处需要指出，根据“杜顶”二字以及在本书第二章分析盐业买卖契约中对“杜顶”二字的分析，可印证本书在分析上中下节契约实质中所持观点——日份(锅份)的转让是用益物权的转让。

3. 关于上节、中节与下节的关系。根据“现上、下节伙等集合筹商决议，再行丢出锅份，觅主出资锉办下节，原下节改为中节”可知，本约中的锅份转让关系的一方当事人是上节与中节(原下节)，另一方当事人是下节，即上节、中节、下节两两之间都是债权关系中的相对方。

4. 关于日份的分割。根据“上节伙等提留子孙业锅份六口，中节伙等提留子孙锅份六口，均不出费；下节出资取滥淘锉，占子孙锅份十二口”可知，本约中的上节、中节与下节约人共同对24口锅份按照1:1:2的比例形成准按份共有关系。

5. 关于完工风险。根据“下节承顶人将井接办之后，即行开工，昼夜两班淘锉，以锉至三百丈为准，不得无故停工”可知，完工风险依然由下节约人承担。对比前四个契约，本约对于完工有了较为具体的约定，即从淘锉深度上对完工进行定义，以免日后起纠纷。此外，从“倘井已成功，不在限制之例”可推知，如若盐井见功后复又丧失生产能力需继续下锉，此时下节的锉井深度不再受完工风险条款

① 《民国二十五年云蒸井上中下节契约》，契约全文参见自贡市档案馆、北京经济学院编：《自贡盐业契约档案选辑(1732~1949)》，中国社会科学出版社1983年版，第382~384页。

的限制。

6. 关于生产风险。根据“惟进班之后，所有一切费用，仍照二十四口分派”和“惟日后见功进班，所有酬神演戏、挂红、添置牛只、锅卤、增修廊厂等费，应由二十四口负责”可知，上节或中节一旦进班则负有同下节相同的出资义务，在共享收益的同时须共担盐井产量衰减的生产风险。

7. 关于锉井成本。根据“所有本井廊厂修置一切费用，概由下节承顶人等负担，不与上、中节相涉”可知，在上节进班前，盐井淘锉成本由下节一力承担。究其原因，在上节未进班成为实际合伙人前，锅份的所有权和经营权是分离的，而根据盐场通行惯例，成本由实际经营人承担，因此作为独立经营人的下节应当负担锉井成本。

8. 关于盐井收益。根据“本井见功，无论水、火、油、盐崖多寡，倘经停锉，上节即行进班，所有利益照二十四口分派。如火圈煎烧之力量，每日能煎水一百二十担时，承顶人即未住锉，上节亦得进班”可知，只有在两种情况下上节有权要求分享收益。情形之一：下节未按约完工，将盐井淘锉工程予以停搁，此时上节有权立即对盐井已有产量进行分享。情形之二：下节如约完工并成功使盐井见功，则当盐井所产水火产量达到120担标准时，上节亦有权要求进班分红。

9. 关于上节瑕疵担保义务。根据“本井上、中节如有锅份内事不清、外债纠葛不明，应由上、中节经手伙等自行理楚，不与下节相涉。至下节伙等所占锅份权利关系，亦不与上节相干”可知，谨遵债的相对性原理，一方面，上节与中节之间的债权债务关系不与下节约人相涉，并且对于锅份的占有权、使用权和收益权的完整性，上、中节对下节负有瑕疵担保义务；另一方面，下节约人伙内关系（如何对所受让之12口锅份在伙内进行分配，以及在分配过程中产生的债权债务关系）也与上、中节无关。

10. 关于下节附带义务。根据“本井木柱倘有棚崩，须行刁下，由承顶人出资垫办”可知，原本属于上节负有的出佃人的租赁物修葺义务，在上节将锅份部分转让给下节后，由下节代上节履行。本书认为，此处是下节代为履行而不是由下节履行的原因，是因为根据“进班时仍照二十四口摊派”，上节在进班后会对下节为修葺租赁物所垫付的成本予以敷补。但此处需要注意的是，虽然下节是代为履行，但在此条款中仍然具有不公平待遇。因为上节对下节所垫付之资的敷补本应是全额敷补，但若“照二十四口摊派”，则意味着下节对自己所垫付之资只能获得部分补偿。

第三节 比较与评论

上中下节契约的特征是当事人的流动性、法律关系的复杂性,以及标的处分方式的灵活性。下文将结合现代民法相关理论对诸上特征一一评述。

一、多方当事人法律关系评析

根据上文所列4个契约,可知上节、中节和下节人对日份的占有是按照约定比例的:《民国七年丰顺井上下节契约》与《民国十一年黔川井上下节契约》中上节和下节之间所占日份比例是3∶2或2∶3;《民国十一年厚生井上中下节契约》中上节和下节所占日份比例是1∶1;《民国二十五年云蒸井上中下节契约》中上节、中节、下节之间所占日份比例是1∶1∶2。并且,在盐井见功后上节、中节、下节亦是按照出丢上中下节契约时对日份的分割比例分享收益、分摊成本的。因此,本书认为,在上中下节契约中盐井见功后,上节、中节、下节之间的关系是按份共有关系;但是在盐井见功前,彼此是转让人与受让人的关系。

(一)现代民法按份共有理论概述

基于一物一权的原则,同一物体的所有权不能被多人同时享有,但多人可以同时对同一物体的所有权按份共有。关于按份共有的概念,虽然众说纷纭,但仍然有各概念提议者达成合意之处。梁慧星先生认为,按份共有是每个人按自己的应有份额对共同所有的财产享有权利及承担义务;[①]谢在全先生认为按份共有是多人对同一物体按照各自应有部分共同享有所有权的法律形态;[②]《物权法》则没有直接定义按份共有的概念,而是从享有份额权的按份共有人的角度出发肯定了按份共有人的共有权利。从这三个概念可以抽离出按份共有概念的三要素:其一,按份共有权人行使权利的对象是同一财产;其二,按份共有权人行使权利承担义务的依据是所占份额比例;其三,按份共有权人行使的权能是所有权四权能,即占有、使用、收益、处分。在对标的物进行管理、经营和收益方面,虽然各按份共有人因必须遵守应有份额之规定而使各自理论上的所有权权能受到限制,[③]但各按

---

① 梁慧星著:《中国物权法研究》,法律出版社2000年版,第563页。

② 关兆曦:“论按份共有人的处分权”,烟台大学法律系2012年硕士学位论文,第1页。

③ 谢在全著:《分别共有内部关系之理论与实务》,文太印刷企业有限公司1995年版,第2页。

份共有人所能行使的权能叠加起来应当能使所有权的权能趋于圆满,并且按份共有人在不希望受到限制的时候可随时行使分割请求权,变按份共有为单独所有。[①] 那么如何证明按份共有?其一,应证明按份共有不同于共同共有之处;其二,应证明按份共有在本源上是共有。学界关于按份共有做出了形异神同的推导:其一,按份共有人依照各自份额对所共有之财产分别享有权利,此即"份额";其二,鉴于份额量的不同,各个按份共有人对共有财产所承担的义务和行使的权利程度也不同,此即"份额权";其三,按份共有中,虽各按份共有人是根据份额进行权利义务的分配和分担,但鉴于所作用对象是同一个财产,因此各共有人权利义务的行使和履行是及于财产全部的。[②] 在上述三个特征中,第一个和第二个是区别按份共有与共同共有的论述,第三个则是对按份共有中共有特质之论述。可见,所谓"按份"即是"按照份额",而所谓的"按照份额"仅意味着在权利的行使和义务的承担上按照份额对自己的所有权进行行使以及对其他按份共有人的所有权行使进行限制,并不意味着按份共有人将按照份额对共同财产的所有权进行瓜分。而份额权之所以不能称为所有权不仅是因为该权利是所有权在量的维度分割的结果,而且因为不能与物权法中一物一权原则相悖离。[③]

(二)上中下节人之间是准按份共有关系

上中下节契约中上节、中节、下节对应占份额的处分与现代民法按份共有理论有些微的出入。首先,上中下节契约的标的不是动产,也不是不动产,而是权利。其次,根据第一节对日份性质的分析,此权利属于用益物权性质,而不是所有权性质。一方面,财产的所有权由地脉日份持有者即井基或地基所有权人所有;另一方面,上节、中节、下节不论出丢日份次数多寡均无法改变其对共有财产只享有有限处分权的事实。因此,上下节契约中的按份共有关系不是建立在动产与不动产上,而是建立在准用益物权上。因此,上节、中节、下节之间的关系应当是准按份共有人关系。并且共有关系的形成有前提条件的限制,即盐井见功。推论依据如下:上节、中节、下节所行使所有权权能的对象是同一的,即是对同一个盐井日份的流转和收益,在前文所列举的 4 个契约中可以发现类似条款,诸如"所有酬神演戏、挂红、添置牛只、锅卤、增修廊厂等费,应由二十四口负责"或者"惟进班

---

① [日]我妻荣著:《日本物权法》,有泉亨修订、李宜芬校订,台北,五南图书出版股份有限公司 1999 年版,第 292 页。

② 王利明著:《物权法研究》(上),中国人民大学出版社 2007 年版,第 684 页。

③ 关兆曦:"论按份共有人的处分权",烟台大学法律系 2012 年硕士学位论文,第 5 页。

之后,所有一切费用,仍照二十四口分派”,此处的“二十四口”即是在契约中双方约定的各自所占份额相加之总和。譬如《民国二十五年云蒸井上中下节契约》中的“上节提留锅份十二口,下节出资锉办,占锅份十二口”,上节的 12 口锅份与下节的 12 口锅份相加便是 24 口。因此,可见上下节契约对于上节进班后收益和成本的享有和分摊有明文约定:(1)上节、中节、下节对于共同财产即盐井日份所有权的享有是受到比例限制的;(2)关于盐井获利以及盐井经营管理的成本,诸如资本追加义务和工具添置费用,需上节和下节根据应占比例承担;(3)上节、中节和下节虽然在获利多少和成本大小上有所不同,但所享有的权利和承担的义务在质上是同样的,并不会因为其中某一方所占比例较小而不承担义务或不享有权利,换言之,上节、中节和下节之间依然具有共有的特质,其权利和义务着力的对象是整个盐井全部而不是局限于各自份额所对应部分;(4)上节出丢下节、中节出丢下节时所缔契约之标的是各自所占份额,即是对应占份额的法律上的处分。

二、处分行为性质评析

(一)现代民法中的应有部分处分

既然份额权的精髓是对应占份额的收益和处分,可推知按份共有人在共有关系存续期间所为处分的出发点即是对共同财产所得收益的抛弃和对共有关系人身份的放弃。根据民法理论,处分可分为两类:一类是事实上的处分;另一类是法律上的处分。首先,就事实上的处分而言,鉴于份额权是抽象的权利故而份额权人所为处分的类型也应当受到抽象性质的限制,即对应占份额具体可观的处分应当是不允许的,因为会影响其他按份共有人的利益。① 其次,就法律上的处分而言,即是对按份共有人法律身份的处分,较为常见的有分出和转让两种法律行为。其中:分出是将按份共有人关系彻底灭失的处分行为,即按份共有人要求兑现自己在共同财产中的应占份额,将抽象化为具象,而后与该共有关系在权利和义务上再无牵连的行为;②转让即是按份共有人将自己法律身份移转给第三方主体的行为,即按份共有人寻找到可以替代自己承担份额权中所含义务和权利的第三人,并将自己的权利义务概括移转给他人的法律行为。分出和转让不同之处即在于原按份共有人在为法律处分后对按份共有关系所产生的法律效果:分出行为对

① 谢在全著:《民法物权论》(上),台北,新学林出版股份有限公司 2010 年版,第 470 页。

② 关兆曦:“论按份共有人的处分权”,烟台大学法律系 2012 年硕士学位论文,第 7 页。

按份共有关系产生影响较大,从质与量的维度改变了共同财产的样态以及其他按份共有人份额权的大小;转让行为对按份共有关系产生影响较小,并未对其他按份共有人的份额比例做出改变。

(二)盐业上中下节契约中的应有部分处分

上中下节契约中对日份或锅份的出丢属于法律处分行为,并且属于法律处分中的转让行为。首先,出丢日份并未对盐井的性状有所改变,没有造成对盐井相关动产或不动产财产的改造、毁损或灭失。其次,出丢日份并未造成对其他共有人收益和付出比例的改变,比如,上节提留部分日份并转让部分日份给下节并未造成其他地脉日份持有者份额的改变,因此出丢日份的行为属于转让而非分出行为。详细分析,上中下节契约人对应有部分的法律处分即是对各自在盐井合伙中所占日份或锅份比例的转让,而上中下节契约之标的即日份(锅份)的性质与股权类似,因上中下节契约出现的原始动因即是资本的集聚和集中,因此可以说上下节契约人之间与股份有限公司股东之间一样具有资合的性质,故从股份有限公司股权转让相关规则可窥日份转让规则。根据本章第一节可知,现代股份有限公司在股权转让上所奉行的规则是不得部分转让,因担心对优先购买规则形成冲突并造成对老股东利益的损害。但本书同意赞成派的观点,即假若成立对股权部分转让的禁止则将在转让对象和转让方式上构成对转让自由的侵害。反观上中下节契约中的日份转让,无不采取部分转让的方式。本章所列四个契约中,上节无不在出丢日份的时候保留部分日份,以期保留自己在共有关系中的地位和日后分享收益的资格。因此出丢日份的实质是将上节原本的共有身份一分为二,即上节愿意同下节分享同一份额,换言之,上节与下节就上节原有日份形成准按份共有关系,而上节和下节一起同其他未出丢日份者则就共同财产即盐井全日份形成准按份共有关系。可见,部分转让股权或日份并不会造成对共同财产性状的改变,也不会影响其他准按份共有人的收益,而只是在转让人原本所占有日份中重新建立了准按份共有关系,不会产生对其他共有人所占财产份额比例的变化。此外,部分转让股权或日份还将增强共有关系的实力,不仅是在生产能力方面、资本能力方面还是在偿债能力方面都优于股权或日份的全部让与。因为部分转让的实质是增加了股东或持份人的人数,分担了出资义务。人数越多,合伙组织资本充实能力或资本续航能力则越强。

三、产权的模糊与分散评析

盐业商人完全意识到了责任和义务分担的必要，这也是当时盐业契约的主要功能之一，譬如在自贡盐业契约中可见当事人双方通常会明确的就缴纳赋税、承担债务、承担未预见的成本、盐井设施建设，以及出伙入伙等方面进行约定。但是虽然盐商贵在有划分责任的意识，却并不能很好地通过契约机制明确的划分所有权和责任，一方面是由于自贡合伙关系的规模逐渐扩大造成合伙关系的日益复杂化；另一方面是因为当时财产拥有的主要单位是家庭而不是个人。国家自然在这个方面也未作太多的努力，没有通过制定成文法典来发挥引导、规范、预防的功效。当时的第一部民法典直到 1929 年才出台，绝大部分内容集中在继承方面，在个人财产权和家庭财产权方面语焉不详。[①] 法庭也没有如同时期西方法庭那般通过创建判例法来指导人们的实践。相反，却是根据具体案情一件一件地作出不同结果的审判。[②] 于是，与权利和责任有关的两大问题成为压倒未分产的盐业企业的最后一根稻草：模糊的所有权与合伙人无限责任。[③] 就模糊的所有权而言，主要由家族企业和上中下节契约造成。自贡盐业企业以堂为单位的投资模式，以及为了保持合伙企业的生命力而不断引进新的投资人的上中下节契约的合伙模式为份额所有权增添了不少模糊的色彩。堂通过一代代的传承的确为合伙企业生命力的延长做了显著的贡献，因为既然是以整个宗亲信托为投资者，其中任何个体的死亡都不会影响投资者的存在。但是一般而言，随着堂的代际传承到第三代或者第四代问题便开始显现。譬如，堂的共同财产究竟是应当按照族谱分支平等划分？是应当根据每一个分支富裕和贫穷的程度有偏重地划分？是应当按照每一个分支中人口的多少划分？还是应当按照男性继承人的数量进行划分？此外，不断增长的合伙规模也增加了所有权的模糊色彩。尤其是财产份额的裂变以及在上中下节契约中所发生的份额部分转让，产生了无数关于财产权的争端，到最后各股东自己也不清楚除了自己的份额外还有谁拥有多少份额的日份。

---

① 比如，在一个家庭中，当家长依然在世但后代各自以家庭共同财产为基础却以各自名义进行的商业活动的财产归属权应当怎样界定，并不能从法典中得到答案。

② 无论是早期的地方官，还是后期的法官，都是以当事人提交的契约为基础，再结合法典中十分原则性的规定以及当地的习俗进行判案。

③ Madeleine Zelin, "Managing Multiple Ownership at the Zigong Salt Yard", *Contract and Property in Early Modern China*, Standford, Stanford University Press, 2004, p. 243.

本章小结

通过做节制度可知盐业合伙人与第三方、第四方之间缔结的上中下节契约既保证了合伙组织的资本充足，亦通过准按份共有关系的达成保证了各方当事人的收益。它不仅证明了日份所具有的用益物权性质，而且证明了盐业合伙所具有的强烈资合性色彩，见证了盐业产业从身份向契约的过渡。该制度中所体现出来的当事人的流动性、财产份额处分方式的灵活性，以及法律关系的多元性可为我国集体土地制度改良所借鉴。

第七章　承首人制度

第一节　承首人契约特点

承首人,所谓“承”,即承佃;所谓“首”,即首领。承首人是指从土地所有权人处承佃土地使用权,并组织投资者开发运营的机构(个人或合伙)。承首人的出现是历史必然,具有承上启下的作用。在盐业经济发展初期,承首人只承担着组织生产、总体负责的责任;在盐业经济发展后期,承首人同土地所有权人一样,不再满足于提供生产资料与提供管理技术的角色,而要求参与到盐井合伙运营中,成为合伙组织中的一员。

一、法律关系的双重性

(一)租佃法律关系

承首人和土地所有权人之间的关系是租佃法律关系。为什么在有承首人的契约中,投资人与土地所有权人并没有如前文所论述的盐井开凿契约一般直接在双方之间缔结租佃契约呢?在第五章盐井开凿契约中,本书从年限上对盐井做了分类:年限井与子孙井。在年限井契约中,几乎看不到承首人制度的存在,因为缔约双方既是租佃法律关系的双方,也是合伙法律关系的双方,承首人制度无存在空间。投资人直接从土地所有权人处佃得土地,并按照约定年限进行开凿和运营;而土地所有权人作为出佃人也直接在盐井见功之后转变身份成为盐井运营的合伙人,同投资人暨承佃人一同共享收益、共担成本。但是在子孙井契约中,承首人制度则是盐井顺利开凿运营必不可少的一个元素。一方面,因为投资者人数众多,土地所有权人不可能逐一与他们缔结租佃契约;另一方面,受到做节制度的影响,投资者的流动性因素大,如果投资人直接为承佃人,则很有可能在承佃义务没有完全履行前就已将自己所有日份或锅份部分转让给中节或下节,如若如此,基于债的法律关系的相对性原理,在原投资人和土地所有权人之间缔结的租佃契约无法约束第三人,即中节或下节,除非契约双方当事人在契约中另行约定由第三人直接向出佃人履行义务。因此,在盛行做节制度的子孙井中,出佃人所承担的被违约风险较大。此风险可能来自两方面:其一,倘若上节同中节或下节约定依然由自己向出佃人履行租佃契约义务,则其原本的履约实力会因其所有财产减半而减弱,此时土地所有权人暨出佃人所面临承佃人无法履约的可能性将增加;其二,倘若上节将权利义务概括移转给第三人,出佃人将面临第三人无法履约的风险(因在做节制度中,上节无须征得出佃人暨盐井井基或地基所有权人的同意便可以将自己所占日份或锅份出让给第三人,则出佃人将面临第三人欠缺履约能力的风险)。因此,无论是土地所有权人还是投资人均希望有一个稳定的、具有中介性质的机构来承担权利义务,这便是承首人诞生的背景。

(二)合伙法律关系

正如上文所分析,承首人与土地所有权人之间缔结的子孙井井基租佃契约或已见功子孙井租佃契约一般是不附期限的永佃契约。当承首人佃得土地使用权之后,便邀请拥有资本的盐商对盐井井基进行开发,对盐井所产卤水进行推煎。在开发和推煎的过程中,承首人和各投资者之间的关系是合伙关系。一方面,就合伙的内部关系而言,承首人和各投资人一样对共同财产即盐井日份或锅份享有按照各占比例获取收益的权利以及分担成本和债务的义务;另一方面,就合伙的外部关系而言,由承首人代表合伙团体对土地所有权人负责,如果发生盐井停工住凿的情况,由承首人负责承担损失和惩罚,如果在合伙组织和土地所有权人之间发生冲突,由承首人负责解决。

二、身份转换的灵活性

(一)管理者

承首人最初谨守"承上启下"的角色,作为中枢连接租佃法律关系和合伙法律关系的当事人。无论是在哪一段法律关系中，承首人均没有出资，自然也没有资格在盐井中获取收益，而只是承担组织经营的角色。在承首人制度尚处于雏形的时期，投资者数目较少，流动性较弱，人员构成相对稳定，此时一般是由投资者直接与土地所有权人缔结租佃井基契约，而后投资者再另行聘用承首人对盐井的日常经营进行组织和管理。待承首人制度发展较为成熟后，投资者数目较多，上中下节契约的成熟使得投资群体的流动性加剧，此时则一般是由承首人与土地所有权人缔结租佃井基契约取得土地所有权，而后再邀约有实力的人士合伙经营盐井。例证如下：(1)“立承佃井文约人王绪礼……今凭证佃……菜子田内……盐井壹眼……地脉六口，客人八十口；其有承首人浮锅三口，在六口内拨出……以作费心之资。”①(2)“立出佃子孙盐井基约人李洪兴，今凭中证佃与王晖吉名下，邀伙承办新垱地名河嘴上平地开挖盐井一眼，更名涌海井……主人占日份四天半地脉内，拨出式天半付与佃井人邀伙承办，以作费心之资。”②此处两个契约中的“承首人浮锅三口”及“式天半”是土地所有权人对承首人所付的报酬，即契约中的“费心之资”。③ 可见承首人并没有出资，也没有与土地所有权人缔结租佃契约，而是处于较为被动的地位，相当于被聘请的管理人员。

(二)组织管理者

从管理者到组织管理者，承首人完成了从被动地位到主动地位的质的飞跃。所谓被动，即是承首人在承佃人从土地所有权人处取得不动产使用权后受到地主邀请或经得双方同意而成为盐井开发经营管理者的状态；所谓主动，即是承首人直接从土地所有权人处取得不动产使用权后筛选并邀请有丰足资本的投资者开展合伙经营的状态。在被动状态中，承首人仅承担简单管理责任；在主动状态中，承首人有权根据投资者对出资义务履行的状态对不适格、不履约的投资者进行制裁。此处就处于主动状态的承首人举一例，譬如在《民国三十二年荧通井契约》中，“立合伙锉办盐井文约人荧通井经手何寿宣，情因民国二十四年，在富邑自流井长坵镇东场地段郭家坳区地名核桃湾，向业主李怡经堂名下业内佃明应用基

① 《同治六年天源井承佃约》，同治六年(1867 年)，自贡市档案馆藏，档案号：3-5-4018-4。

② 《同治八年涌海井出佃约》，同治八年(1869 年)，自贡市档案馆藏，档案号：3-5-4019-14。

③ 关于为何承首人份额要从土地所有权人份额中拨出，而非从投资者份额中拨出，乃因承首人可视为地主代理人，筹资资本，利用地基。

址……邀伙集资锉办”，[1]经手人即承首人何寿宣，直接从土地所有权人李怡经堂处取得井基使用权，并邀请投资者进行锉办。而在《嘉庆元年天元井约》中便有“……一月不齐……承首人将合约缴回……另邀伙承办……开户不得言及先使工本……”之约定。[2] 这便是承首人对违约的合伙人的制裁。可见，鉴于承首人对土地所有权人负有按约开凿、不得停工的义务，当投资者未按月履行出资义务时，不论该履约不能是否影响了盐井开凿的进度，承首人均有权收回该投资人对盐井所享有的收益份额，并另行邀请其他投资者加入合伙替代原投资者。并且，在收回该投资人财产份额后，承首人不会对该合伙人之前的投入进行补偿。

(三)投资者

承首人除了具有上述两种身份外，还具有投资者的身份。一方面，当承首人只享有报酬的时候，盐业契约中对报酬的描述一般是“费心之资”、“家伙滚子水份”、“开锅份”或“浮锅份”。[3] 而无论是家伙滚子水份、开锅份，还是浮锅份，都是对承首人所占份额性质的一种描述，也是对承首人分享收益资格的确认。一旦盐井见功，承首人将同投资人、土地所有权人一样享有与自己所占份额相应的权利和义务。另一方面，除了获得以日份为单位的报酬，部分承首人还追求更多的份额。譬如在光绪元年(1875 年)的大兴井契约中，“出力承办……浮锅份二口，不出工本……因派逗工本锉办……璜溪又占……锅份九口”。[4] 其中，颜璜溪是承首人，在其所占的承首日份即浮锅份外，因其与其他投资人一样在盐井开凿的时候进行了资本投入，即契约文本中所言“派逗工本锉办”，也获得了盐井合伙人的资格。

三、自身发展的成熟性

随着承首人制度发展的成熟，承首人人数也从单个发展到多个，从个体发展到合伙。从契约中对于承首人所占份额的分配可推知：其一，承首人不止一人；其二，承首人内部对日份形成准按份共有关系。

---

① 《民国三十二年荧通井契约》，民国三十二年(1943 年)，川南盐务管理局自贡分局馆藏，档案号:36 -3。

② 《嘉庆元年天元井约》，契约全文参见自贡市档案馆、北京经济学院编:《自贡盐业契约档案选辑(1732 ~1949)》，中国社会科学出版社 1983 年版，第 332 页。

③ 家伙滚子，即盐井开凿所需用工具的统称。

④ 《光绪元年大兴井约》，光绪元年(1875 年)，自贡市档案馆藏，档案号:3 -5 -4019 -2。

(一)分配方式一:均分

当承首人团体人数较少时,一般采取均分的方式。譬如,在同治六年(1867年)发生的以天源井日份为标的的契约中便有如下文本——“立承佃井文约人王绪礼、周玉春、陈永盛,今凭证佃到王书元五房人等置基业地名五家坡业内王修伦名下菜子田内,开盐井一眼,更名天源井……井规照小溪二十四口……其有承首人浮锅三口……付与三人均分……子孙永远管业”。[①] 其中,王绪礼、周玉春、陈永盛是承首人,在同地主王书元五房等缔结租佃契约后,佃得王修伦名下菜子田内井基,邀请客人参加凿井后,约定天源井的日份一共24口,除去客人占的18口,余下6口为地脉日份。地脉日份中,地主占3口,其余3口为3个承首人一人一口。

(二)分配方式二:不平均分

承首人合伙关于承首人日份的均分方式逐渐发展成为不等分分配,而当承首人内部开始对所占份额进行不等分分配时,便意味着在承首人团体内部开始出现领导者和辅助者。同治三年(1864年)的长流井契约中承首人内部便约定——“立承佃井文约人汪三多、周玉春、陈永盛,今凭中证,佃得……盐井一眼……更名长流井……邀伙平地开凿……井规照小溪二十四口……其有承首人浮锅二口,在地脉六口内拨出……汪姓一口,周、陈二人一口……子孙永远管业”[②]其中,承首人所占份额在团体内部便是不均等划分。汪三多、周玉春、陈永盛是承首人,汪三多占1口浮锅份,但周玉春和陈永盛二人则对剩下的1口浮锅份又形成准按份共有关系。再如,《嘉庆元年(1796年)天元井约》中——“立合约人刘坤伦、焦忠秀、李万盛、李文元四人……写得谢晋昭……地基乙埠……开凿新井……名天元井……开锅二十四口……有乙十八口水份,交与承首四人管业……家伙滚子全水归于李万盛,二十四口不得争占”。[③] 其中,虽有承首人4人,但家伙滚子水份并未均分,而是约定由李万盛一人享有。

---

① 《同治六年天元井承佃约》,同治六年(1867年),自贡市档案馆藏,档案号:3-5-4018-4。

② 《同治三年长流井承佃约》,同治三年(1864年),自贡市档案馆藏,档案号:3-5-4018-5。

③ 《嘉庆元年天元井承首人约》,契约全文参见自贡市档案馆、北京经济学院编:《自贡盐业契约档案选辑(1732~1949)》,中国社会科学出版社1983年版,第333~334页。

第二节　承首人权利义务之演变

在出现承首人的盐业契约中，承首人权利义务设立的宗旨均是为了保证盐井开凿工程的顺利进行以及盐井日常经营的繁荣。本书选取了较具代表性的4个盐业契约，希望通过分析契约条款梳理出承首人在盐业生产经营中享有的权利以及对土地所有权人、投资人所负有的义务。

一、承首人基本权利义务

（一）《嘉庆元年天元井约》①

此约中的租佃契约是在承首人和土地所有权人之间缔结，地主即主人为谢晋昭，承首人为刘坤伦和张仕瑛，因此承首人处于前文所分析之主动地位，在选择合伙人方面享有决定权。现根据契约条款分析承首人权利义务如下。

1. 处分权

根据“二十四口开锅水份……谢姓……得去地脉水份六口……开锅水份一十八口……交与承首二人管放”可知，承首人享有对地脉锅份外所有客人锅份的处分权。一方面，土地所有权人即地主谢晋昭以不动产出资占有24口开锅水份中6口地脉锅份，换言之，此6口锅份专属于土地所有权人享有，任何投资人不得分占；另一方面，对于其他18口开锅水份，土地所有权人和承首人约定由后者全权负责处分，换言之，契约双方约定由承首人负责寻觅有资本的投资人士，并有权在投资者不具备继续投资能力的时候终止其合伙人资格另觅新伙。

2. 监督权

根据“每半口当出底钱六千文正；吊凿之日，每半口每月出使费钱八百文，一月一齐”可知，承首人对整个盐井合伙组织的资本充足负有监督义务。根据契约，投资人应当以“半口”为单位计算自己的出资义务，承首人则一方面须在盐井开凿之始督促每个投资者缴纳约定的底钱即本约中的6000文以作为盐井开凿的启动资金；另一方面须在盐井开凿过程中监督投资人履行持续出资的义务，分期缴纳每月开支800文，月结月清，不得拖欠。

① 《嘉庆元年天元井约》，契约全文参见自贡市档案馆、北京经济学院编：《自贡盐业契约档案选辑（1732～1949）》，中国社会科学出版社1983年版，第332页。

3. 人事权

根据“如……一月不齐……将合约退还承首人……不得言及先使工本”可推知，承首人享有对合伙组织中投资者合伙人身份的决定权。盐井合伙组织，正如前文在做节制度中所证明，是资合性组织。投资人的改变不会对盐井的生命力造成决定性影响。因此当投资人无法按月出资时，承首人有权终止其合伙人身份，将其逐出合伙，并另行邀请有资质的投资人加入。而原投资人对之前所付出的成本，无权要求补偿或收回。

4. 收益权

根据“家伙滚子全水归承首人管受，二十四口人等不得争占”可知，承首人同投资人一样享有对盐井收益进行分享的权利。“家伙滚子全水”即承首人所占开锅水份，在盐井见功后将按照份额分享收益。且此处明确约定，无论是土地所有权人还是投资人，都不得剥夺承首人对其份额的享有。

5. 损失分担义务

根据“井出微水、微火，以帮做井使用，地主不得分班；至大水、大火，停工住凿起推，二十四口各出使费”可知，承首人在盐井见大功后与土地所有权人一同成为合伙人，在分享盐井收益的同时分担成本。盐井见大功前，所产出卤水或天然气的收益首先要用来“以帮做井使用”即敷补成本，此时盐井运营的开支由投资人独力承担；盐井见大功后，土地所有权人和承首人有权分享收益，自然也有义务出资以保证盐井的可持续产出。

6. 双倍赔偿义务

根据“其使用来齐，或停工住凿，承首人得一还二”可知，承首人负有保证盐井资金到位顺利开凿的义务，换言之，当投资人均履行按月出资义务后，如果盐井开凿工程停止，则承首人应当对停工负全权责任，并按照每月向投资人所收取的出资向地主履行双倍赔偿义务。

（二）《道光十四年天顺井约》[①]

本约中地基租佃契约依然在承首人和土地所有权人之间缔结，土地所有权人将盐井开凿相关不动产连同地基一并出租给承首人，并收取定额租金即约中所言“押头钱”32 000 文整，而承首人则在合伙组织中处于主导地位，拥有对份额的处

① 《道光十四年天顺井约》，契约全文参见自贡市档案馆、北京经济学院编：《自贡盐业契约档案选辑（1732～1949）》，中国社会科学出版社 1983 年版，第 336～337 页。

分权和收益权。承首人在备齐盐井开凿相关不动产后开始筹集启动资金，寻觅到罗廷珍名下投资人若干作为盐井合伙人。下文将根据契约条款分析承首人所享有的权利与应当负担的义务。

1. 处分权

根据“……承首得地脉水火锅份二口……内有十八口……凭承首邀伙出资凿捣……”可知，承首人享有对地脉日份外18口客日份的处分权，即承首人可以选择将日份出让给谁，以及出让日份的多少。地主无权干涉承首人对合伙人的选择。

2. 监督权

根据“自动土安圈，报开淘一切费用，吊凿之后，凭众伙清算，交与承首人经管，每月清算”可知，一方面，承首人有权监督投资人按月缴纳出资，并以月为单位按时结清；另一方面，承首人有权对盐井开凿过程中所花费用所负债务进行记录并在盐井开凿结束后按照各投资人所占份额要求各人分担损失。

3. 人事权

根据“如……一月使费不清……将原合约退还承首……不得言及已前用过工本……不得私顶外人”可知，承首人有权视投资人履行义务的程度决定是否收回投资人的合伙人资格、终止其作为股东的身份。当且仅当投资人无法按月缴纳开支时，承首人有权收回投资人所占份额，并有权不对投资人已投入开支进行补偿。

4. 收益权

根据“其井或出水火二、三口，以作凿井使费；倘有四口，二十四口分班”可知，承首人在管理者之外兼具合伙人的身份。盐井见大功前，即本约中所约定的盐井出水火少于4口的时候，承首人依旧是管理者身份；盐井见大功后，即本约中所约定的盐井出水火大于等于4口的时候，承首人开始兼具合伙人身份，根据自己所占有的份额开始分享收益。

5. 损失分担义务

根据“其有天地二车、下大小木竹、柜房、廊厂、官前使费，十八口均派”和“以后井成大功，报试推煎，注册呈课，俱照二十四口均派”可知，承首人在盐井见大功开始兼具合伙人身份后，便同其他普通合伙人一样有义务对盐井相关课税和开销进行分担。

6. 赔偿义务

根据“承首……如有停工住凿……承首地脉水火锅份……交与众开户承

办……承首不得异说”可知，承首人对合伙组织负有保证盐井非因资金原因不得停工的义务。在资金丰足的情况下，如果盐井停工，则不论该停工是否由承首人个人原因所造成，承首人须接受惩罚。本约中承首人所负赔偿义务相较于前一个契约明显严厉许多。《嘉庆元年天元井约》仅要求承首人按照所收取的投资人资金的数额双倍奉还出资人，本约则从根本上剥夺了承首人对盐井的收益权，将份额交给其他合伙人重新分配。

二、承首人向经手人的过渡

（一）《民国三十二年荧通井约》[①]

本约中虽然租佃井基契约仍然在承首人即经手人和土地所有权人之间缔结，但承首人已经从主动角色退居中间角色：一方面，根据“其井按照厂规……主人……得地脉昼夜水火油盐岩日份五天……客人出资……得开锅昼夜水火油盐岩日份二十五天……共成日份三十天”对日份的划分可知，土地所有权人占地脉日份5天，投资人占客日份25天，其中并未为承首人分配日份，因此本约中承首人已不再兼具合伙人身份而仅是管理者；另一方面，根据“倘主人进班分鸿息后，井老火弱、水枯、缴用不敷，再行锉办下脉，一切进缴赚折，概照三十天日份派逗”可知，不仅盐井见大功后承首人不分享收益，而且盐井在见功后的继续下锉工程中承首人也无须分担成本。下文将根据契约条款分析承首人作为管理者的义务。

1. 资本筹集义务

虽然承首人发展成为经手人后，在盐井合伙中不再具有主动角色，却依旧具有承首人的特色，即负责筹集盐井开凿的启动资本，邀请投资人加入合伙组织。根据“合伙锉办盐井文约人荧通井经手何寿萱，情因于民国二十四年，在富邑自流井长坵镇东场地段郭家坳区地名核桃湾，向业主李怡经堂名下业内佃明应用基址，新挖盐井一眼，定名荧通井，邀伙集资锉办”便可知，经手人何寿萱在佃得基址后，负有筹集资本组织合伙经营的义务。而这也是推定经手人是由承首人发展而来的依据。

2. 管理义务

承首人发展成为经手人后，其作为承首人时享有的对日份的处分权，对伙内

---

① 《民国三十二年荧通井约》，契约全文参见自贡市档案馆、北京经济学院编：《自贡盐业契约档案选辑（1732～1949）》，中国社会科学出版社1983年版，第345～346页。

关系的决定权均丧失，而主要从账目上和人事上负有维护、管理、协助的义务。

(1)账目管理义务

根据“至井见功……所余鸿息……除修造……柜房……牛棚……出入路径……向外佃租培修等项……及门户课税……一切费用之外……始……约集三十天日份股伙阅账均分”可知，经手人负有记录账目、分配损益的义务。在盐井见功前，经手人负责在投资人之间按照其各自所占份额分配损益；在盐井见功后，经手人则负责在已经进班的土地所有权人和投资人之间按照其各占份额分配损益。

(2)入伙退伙协助义务

根据“倘股伙等……中途不愿伙办……或欲……将已下所占日份……出顶出佃……须依照厂规……先尽伙内……如股伙内无人承……顶佃……许向外觅主……亦须经凭……伙内在证……办理一致”可知，经手人已经不似承首人一般享有对伙内人事的决定权，即便合伙人没有做到按时交纳出资，经手人也无权收回合伙人的份额并另行邀约他人入伙。合伙人是否决定转让份额，以及向谁转让份额，必须遵循伙内优先原则，而经手人只是对此原则的执行进行辅助。细言之，如果合伙人无力继续追加资本，或者不愿继续出资，有权将自己所占份额出让或出租给他人，但必须先满足伙内人的需求，在问遍伙内无人愿意受让或承租后，方可通知伙内所有成员，对伙外第三人处分。而经手人在这个过程中所负义务便是辅助想要转让份额的合伙人问询伙内其他人意愿，以及在转让份额合伙人欲向伙外人处分时协助通知其他伙内人。

(二)《民国廿五年天海井井约》①

本约中投资人是张泽封、张光鲁、张若麟、刘瀛洲、何寿萱、高沛怀、张世先、陈益兴，其经手人暨投资人的代理人是张泽封，土地所有权人是王四可堂。本约中承首人已不兼具合伙人身份，并且从“立合意集资锉办黄黑卤水火油盐岩井子孙昼夜净日份人张泽封、张光鲁、张若麟、刘瀛洲、何寿萱、高沛怀、张世先、陈益兴等……由翕和灶经手张泽敷名义，佃到……天海井老井一眼”可知，承首人初具代理人特征。分析如下。

1. 份额分配方面

从“除主人提留地脉日份八天外，其余廿二天，完全出佃与泽封等集资锉办”

① 《民国廿五年天海井井约》，民国廿五年(1936年)，自贡市档案馆藏，档案号:7-1-379-154。

并结合地主为王四可堂，投资人为张泽封等事实可知，租佃契约当事人双方是土地所有权人和投资人，经手人不占有盐井日份，自然也就无合伙人身份。

2. 出资义务方面

根据“新又乡所属地名罗家冲天海井老井一眼，由泽封等承佃得子孙业净日份二十二天，出资锉办；主人地脉八天，不出锉资”和“二十二天子孙业净日份，计：张泽封五天，张光鲁五天，张若麟五天，刘瀛洲三天，何寿萱一天，高沛怀一天，张世先一天，陈益兴一天，共计二十二天”，以及“每天日份，逗足股本一万元正”可知，一方面，出资义务由子孙日份占有者即投资人履行，土地所有权人以及经手人均不负出资义务；另一方面，经手人也不再有权监督投资人履行出资义务并在其履行不力的时候进行制裁。

3. 损益分担方面

根据“本井成功之日，安设车炉、建筑及一切设备需用，以全井三十班担负；所余红润，仍照所占日份分进”可知，盐井的成本和收益在见功后均按照30天日份分配，作为不占有日份的经手人，自然无收益权，也无须分担损失。

4. 人事任免方面

根据“公推张泽封为经手，本井员司由经手人雇佣之”可知，经手人的任用由股东即投资人共同决定，而经手人下属员工则由经手人全权决定任免。经手人已丧失原承首人在人事任免方面对合伙人是否纳进与请退的决定权。

第三节　比较与评论

一、承首人契约内部关系评述

（一）承首人与土地所有权人之间关系

承首人与土地所有权人之间的关系可以从两方面考量。第一，当承首人是租佃井基或地基契约的当事人时，承首人和土地所有权人之间的关系是承佃人和出佃人之间的关系。这也解释了为什么承首人对土地所有权人负有保证盐井开凿工程不停工的义务。因为在租佃法律关系中，租赁物是土地所有权人名下的不动产，地基或井基以及相关设施，即前文中所列契约所约定的“地主出井基、车基、灶基、火灶基、过江、牛棚、偏厦、柜房、炭房、廊厂、财门、沟渠、恒墙、牛马进出路道、抬锅运炭、倾覆渣滓、安笕打石、挖泥一概等地基”，承首人作为承佃人负有按照租赁物用途使用收益的义务，并且对有收益能力的租赁物还应当注意保持其原本的收益能力，使其不致被减损或灭失。在现代社会，亦有对所承租的土地必须按照土地质量进行使用使其不荒芜的承租人义务，以及对所承租的林地按照其再生能力和再生速度进行采伐使其不被滥伐的承租人义务。在盐业生产中，承佃人则负有对所佃得的地基或井基的生产收益能力进行保护和保持的义务。如果开凿盐井工程启动，复又停工住凿，将造成含盐井基或地基的荒芜和价值减损。因此在上述契约中对承首人不得无故停工住凿的约束比比皆是，并就此方面规定了承首人的违约责任——要么将所收取的投资人的股本得壹还贰，要么将承首人所占份额彻底剥夺交给其他合伙人处理。此外，值得注意的是，承首日份一般从地脉日份中拨出。为何承首人日份不从客日份中拨出？是否意味着承首人和土地所有权人是利益共同体？他们之间的关系是否相较于承首人和投资人之间的关系更为亲密？笔者认为从土地所有权人的角度考虑，承首人所负担的权利义务相当于土地所有权人的委托人角色，为了土地所有权人的利益而履行集资邀伙承办盐井的责任，并负责将土地所有权人的财产保值增值。因此，当土地所有权人从自己所占日份中拨出部分给承首人时，此种承首人日份可视为地主对承首人所付出辛劳的答谢，这也可以解释为什么在盐井停工住凿的时候，承首人日份可以被地主剥夺。第二，当承首人不是租佃井基或地基契约的当事人时，承首人和土地所有权人之间的关系是管理人和所有人之间的关系。尤其是当盐井见大功，土地所有权人进班分红获得与投资人同等的合伙法律地位时，承首人的任免是由全体合伙人一致决定的，即“民国廿五年天海井井约”中的“公推……为经手”。

（二）承首人与投资者之间关系

承首人与投资人之间的关系也可从两方面考量。第一，当承首人占有盐井承首日份即所谓的“浮锅日份”、“承首日份”、“家伙滚子水份”时，承首人和投资人具有同等的法律地位，即合伙人。第二，当承首人在初期不占有盐井日份时，以及在后期演变为经手人后，其与投资人之间的关系是管理者与所有者之间的关系，不再享有收益权、处分权，而只负有管理、维持盐井日常经营的义务。在合伙中，承首人作为合伙人的一员负责合伙事务的执行。对于有承首人的契约，笔者也曾一度对两个问题感到迷惑：是否此种情况下的以承首人为执行人的合伙等同于英美法系的有限合伙？承首人若兼具管理人和合伙人为一体又是否会产生代理成本？下文逐一考证。

问题一:承首人合伙组织与有限合伙组织是否类似?

根据英美法系的有限合伙理论,有限合伙是人合性和资合性的组织,它是由普通合伙人和有限合伙人构成的,并且必须有至少一名普通合伙人。二者的区别是普通合伙人负责管理合伙组织、执行合伙组织事务,有限合伙人只出资而不参与经营,只有监督检查权。此外,普通合伙人与有限合伙人承担责任的方式也不同,比如,前者会对合伙的债务承担无限责任,而后者则只需承担有限责任。那么承首人合伙与有限合伙是否有类似之处呢?其一,盐井合伙本就是资合性特征较为明显的组织,从第六章所分析的体现做节制度的上中下节契约中便可见一斑,但是在承首人合伙中,盐井合伙又呈现出人合性的特征,具体表现在土地所有权人对承首人的选择和信任上,因此承首人合伙应当是兼具资合性和人合性特征。其二,承首人合伙中,其他合伙人(投资人)只出资,并没有参与实际的经营管理,而由承首人全权负责盐井开凿的进度以及红利损益的分配。正是这两点让笔者联想到了有限合伙。但也无法忽视承首人合伙同有限合伙之间较大的分别——如果承首人是普通合伙人,投资人是有限合伙人,那么承首人应当对合伙债务负有无限连带责任。但综观相关契约,均是约定合伙人以出资额为限承担责任,即契约中所言之"一切进缴赚折,概照三十天日份派逗",并没有特别说明承首人不以所占日份为限承担责任。但如果从承首人合伙和有限合伙所达到的效果上分析,二者类似。有限合伙普遍运用于高风险产业,能够同时满足债权人和投资人的需求。一方面,普通合伙人对合伙债务所负有的无限连带责任可以缓解公司有限责任为债权人造成的不安全感;另一方面,有限合伙人对合伙债务所负有的以出资额为限的有限责任可以最大限度地激发投资者的兴趣,解决后顾之忧。而承首人合伙也可以达到这样的效果,一方面,投资人仅以所占日份或锅份比例为限对合伙开支、合伙债务承担有限责任;另一方面,承首人则就整个合伙组织的运行情况对土地所有权人负责。因此,本书认为虽然从特征上承首人合伙不完全具备有限合伙的特点,但是在法律效果上二者类似。

问题二:承首人合伙是否产生代理成本?

代理成本是当所有权和经营权发生分离时产生的。现代公司理论认为所有人和经理人的目标不一定一致,所有权人即股东希望从公司的决策过程到日常经营中都以股东财产利益最大化为目标,但股东财产利益的最大化并不一定能够带来公司利益的最大化,而公司利益又与经理层利益休戚相关。因此经理层往往会在股东利益和公司利益发生冲突的时候做出有利于公司财富增长的选择。并且鉴于经理层持有公司份额较少，为了增加自身财富，经理层也会在日常经营中贪利从而对股东利益造成减损。① 本书认为，在承首人合伙中存在代理成本，尤其突出的表现在盐井见大功前，即土地所有权人进班分红前。因为在土地所有权人成为合伙人前，承首人虽然是合伙人，但是必须向土地所有权人保证所租赁的地基或井基的生产能力不会因过度开采而有所减损，但是投资人却不在乎盐井的可持续生产能力只希望能够以最快的速度使盐井见功，从而节省开支降低风险。因此，当盐井的可持续生产能力与盐井投资人的收益相冲突的时候，承首人必定会做出有利于盐井可持续生产的决策，以免因违背对土地所有权人所做出的承诺而产生违约责任，继而被剥夺日份。此外，即便在盐井见大功土地所有权人成为合伙人后，承首人合伙依旧会产生代理成本，因为承首人虽然同其他合伙人一样占有份额，但是与土地所有权人和投资人所占有的份额相比数量较少，所产生的效果便是：承首人付出的辛劳多于任何其他合伙人，但所获取的收益却低于任何其他合伙人。此时代理成本产生，其他合伙人可能面临承首人履职不力、消极怠工的风险。也许正是基于代理成本为盐井生产所带来的消极影响，承首人制度发展到后期才逐渐演变为经手人制度，并且从兼具合伙人和管理人的身份还原成为仅具管理人身份，从而消灭代理成本产生的根源，更加有利于盐业生产的高效稳定。

二、承首人制度与现代民法相关制度比较

（一）与融资租赁制度比较

融资租赁是指根据承租人对租赁物的要求和对出卖方资质的要求，出租人向出卖人购买选定租赁物，并将租赁物出租给承租人使用的制度。在融资租赁制度中，租赁物的所有权一般情况下由出租人享有，但租赁物的维护和租赁物使用风险由承租人承担，承租人按照约定的方式向出租人支付租金，并在租期届满时将租赁物交还给出租人，双方另有约定的除外。可见在融资租赁制度中存在两类民事法律关系：其一，买卖法律关系，买卖合同在出卖人和出租人之间缔结，出卖人在出租人支付价金后移转标的物的所有权给对方；其二，租赁法律关系，租赁合同在出租人和承租人之间缔结，出租人在承租人支付租金后移转租赁物的占有使用

---

① 吴伟央："代理成本的经济分析及其对完善公司治理法律框架的启发——以经理为视角的思考"，载《理论界》2005 年第 1 期。

权给承租人。[1] 承首人制度与融资租赁制度具有相同点,但从根本上是不同类型的制度。相同点如下:(1)均存在两类法律关系。承首人制度中存在租佃法律关系和合伙法律关系,融资租赁制度中则存在买卖法律关系和租赁法律关系;(2)均存在连接其余两方的主体,承首人制度中承首人作为中间人将土地所有权人的利益和投资人的利益串联起来,融资租赁制度中则有按照承租人的要求寻找出卖人的出租人。不同点如下:(1)所有权是否移转。承首人制度中由始至终盐井的所有权都归井基所有权人享有,融资租赁制度中则通过买卖合同将所有权从出卖人转移到出租人享有。(2)风险由谁承担。承首人制度中合伙组织生产经营的风险由承首人和(或)投资人承担,融资租赁制度中租赁物维护的义务和风险均由承租人一方独力承担。因此,两个制度虽在形式上类似,但实质上不同。

(二)职业经理人制度

职业经理人制度是经济发展到一定程度的必然产物,其在效率提高和资源优化配置上所起的作用不容替代。职业经理人作为人力资本支撑着公司的日常运营,同其他资本一同促进公司和组织的繁荣。一方面,随着社会分工的扩大,管理公司或组织所需的知识越来越专业化,缺乏专业人士会造成公司内部信息交流成本的飙升,从而直接影响公司面对商业机会的决策能力、反应能力和执行能力;另一方面,所有权和经营权逐渐分离的现状也要求有专业的管理人士对公司或组织的日常运营进行维护、管理和监督,在股东利益和公司利益之间形成牵制。因此,职业经理人制度应运而生。最初的职业经理人仅具有执行权,后来随着公司发展的需要,逐渐被赋予一定程度的决策权、一定范围的代表权和较大程度的管理权。[2] 承首人制度可被视为是职业经理人制度的雏形。正如前文在《民国三十二年荧通井约》和《民国廿五年天海井井约》中所分析,承首人制度到后来逐渐演变为经手人制度,而经手人制度同现代职业经理人制度有异曲同工之妙。一方面,经手人制度与承首人制度不同,并没有占有合伙组织的份额,因此不具有合伙人身份;另一方面,经手人没有直接与土地所有权人缔结租赁契约,也没有负担筹集资金邀伙承办盐井的责任,而只具有管理合伙组织日常事务的责任。这与职业经理人制度发展初期十分类似,即仅具有执行权,按照股东的意愿管理合伙事务,不

---

① 毛思洋:"融资租赁法律制度的完善——以教育领域融资租赁的实证考察为背景",吉林大学法律系2012年硕士学位论文,第28~30页。

② 赵鸿儒:"我国公司经理人法律制度研究",中央民族大学法律系2010年硕士学位论文,第9页。

具有决策权，也不具有代表合伙组织处理对外事务的权利。因此本书认为承首人制度可被视为职业经理人制度的雏形。

本章小结

承首人是指从土地所有权人处承佃土地或盐井，并组织投资者开发运营的机构。在盐井开凿和运营过程中主体数目的增多、盐井规模化经营雏形的初具，以及专门管理人缺乏的情势下，承首人担当了在土地所有权人、盐井开发人、盐井投资人之间沟通意见、传递信息、组织生产、总体负责的职责。在最初的承首人制度中，承首人身兼二角，既是井基的承佃人，又是开发者合伙中的一员，享有对合伙事务的决定权以及对合伙组织利润的收益权。而后随着代理成本的显现，承首人制度逐渐演变为经手人制度，从兼具合伙人和管理人的身份还原成为仅具管理人身份，从而成功消除代理成本产生的根源，更加有利于盐业生产。

第八章　盐业合伙制度

第一节　盐业合伙

合伙作为一种经济体存在的组织形式，生命力悠久。萌芽于欧洲中世纪，成长于近代社会，繁荣于现代社会。在现代商业组织形态中具有举足轻重的地位。与具有资合性的公司相比，合伙具有人合性。[①] 合伙组织的建立除了基于资金外，还基于合伙组织成员对彼此实力和人品的了解和信赖。正因为此，合伙的入伙和退伙规则较公司等其他组织相比更为严格：一方面，新入伙的成员的资质和实力必须得到其他全体合伙成员的承认；另一方面，在原合伙组织成员欲转让合伙份额时，其他合伙人作为内部成员具有购买优先权。

一、盐业合伙的产生

（一）早期合伙产生的动力

早期合伙产生的动力因素之一：为避免共同所有财产受到分割而发生价值贬损。合伙由古罗马时代的家族共有制度演变发展而来。在家族族长死亡后一般会将家族经营的资产传承给子女，而子女如果对所继承的家产

---

① 苏号朋著：《美国商法》，中国法制出版社2000年版，第445页。

进行分割便一方面可能会造成家产价值上的贬损；另一方面可能会因子女的经营不善而使家族生意日渐衰微。为了避免这两种情况，子女通常会为了维持家产原状而以共同所有的形式继续经营家族事务，各家族成员对于家族事业所产生的债务则承担无限连带责任。这便是最早的合伙，其产生动力是为避免财产价值的减损和灭失。动力因素之二：为了在高投入高风险的产业中增强竞争力。在保持家族财产的生命力之外也存在一种合伙产生的动力，即为了分担经营风险和巨额成本。随着生产力发展的加剧，一人独力经营的小型企业很难在高风险和高成本的产业中存活，更难以与其他大型企业展开竞争，无论是在资金的积累上还是在人力资源的支持上均无法与其相匹敌。[①] 因此为了使商业组织在面临商业风险时更加坚强，也为了使其在需要巨额投入的产业更具竞争力，小型企业的投资人通常会联合起来组建一个较大规模的合伙组织，[②]譬如，有船舶驾驶技术或者懂货物保存技术而缺乏资金的船舶所有者会和有大量资金但无硬件设备的商人相合作，一方面可结合彼此优势资源展开合伙；另一方面可通过增加合作主体增强抵抗风险的能力。在这种形式的合伙中，无限连带责任并不是唯一的责任形式，为了免去投资商人的后顾之忧，也为了鼓励投资者及时注入资金，合伙成员也可约定投资人只以出资额为限承担有限责任，无限连带责任则由船舶和技术提供者承担。[③]

（二）盐业合伙的驱动力

盐业合伙产生的动力因素也离不开对盐业资本的变现、对风险的抵抗和对成本的分担两个方面。动力因素之一：为了变现盐业资本。缺乏资金的含卤井基或地基所有权人为了开发盐业资源使含卤土壤变现成为食盐，不得不与拥有丰足资金的外来投资人合作开发或经营，在前文已分析的盐业开凿契约中可以看到此类合伙的踪影。地基或井基所有权人先将井基或地基租佃给投资人，然后在开采成功后加入投资人合伙获取合伙身份从而分享收益。此即盐业合伙产生动力之一，基于此动力形成的合伙一般在地主和投资人之间形成。动力因素之二：为了增强风险抵抗能力。盐业产业是一个高投入、高收益、高风险、长周期、慢回报的产业，且不论在盐井开凿过程中会出现开凿多年不见功的情形，即便是在盐井见大功后

① 王利明："论合伙协议与合伙组织体的相互关系"，载《当代法学》2013 年第 4 期。

② 任先行、周林彬著：《比较商法导论》，北京大学出版社 2000 年版，第 300～301 页。

③ 田土城："隐名合伙与有限合伙比较研究"，载《郑州大学学报》2002 年第 6 期。

也可能出现卤水或天然气的衰竭从而需要追加投资继续下锉井脉的情况。这便解释了为什么盐井开凿契约中会要求土地所有权人在盐井见微功只能用于敷补成本的时候不能进班分成,这也解释了为什么会出现盐井的荒芜和复淘(详见第三章第三节)。盐业产业面临的风险可以分为自然风险和资金风险。一方面,自然风险是不可预测、不可避免的,它将决定盐井的开凿是否成功,以及开凿之后是否有较长的生命力。面对无法预测的自然风险,盐商们发现通过资金的联合可以在一定程度上削弱自然风险带来的冲击力,因此出现了上中下节契约,通过资本的接力形成盐业合伙从而在自然风险中延续盐井的生命力。另一方面,除了自然风险,盐业产业还将面临非自然风险,无论是盐井的开凿,还是盐井的运营,都需要硬件资本如相关不动产设备和工具的具备以及软件资本如管理人员和人畜资本的齐备,而且还将面临长时间的损耗。但资金风险相较于自然风险是可控可预测的,为了抵御资金风险所可能带来的冲击力,盐业投资者缔结了合伙推煎契约,期望通过资本的集聚形成盐业合伙从而抵抗时间成本的侵蚀。基于这个动力形成的合伙一般在投资人之间形成。

二、盐业合伙的特征

(一)建立在合伙协议的基础上

"两个以上的公民按照协议,各自提供资金、实物、技术等,合伙经营、共同劳动的称为个人合伙。"①从对个人合伙的定义中可推知,不论缔结合伙关系的人数是两个还是多个,也不论出资方式是货币还是实物,必须存在的是合伙协议,它是合伙组织成立和壮大之源。此外,合伙关系也是代理关系。合伙人通过合伙协议在彼此之间建立起紧密的合伙关系,同时每一个合伙人也是其他合伙人的代理人。② 合伙协议是合伙契约性的来源。③ 在合伙协议中,合伙人可就权利义务分配、合伙事务管理、入伙退伙事宜,以及纠纷处理方式达成合意。但是合伙协议具有相对性,只对合伙成员具有约束力,不具备公司章程所拥有的对外效力。在合伙组织成立时,一旦合伙人在合伙协议上签字,便承认合伙协议对自己之约束力,这也是为何新合伙人入伙时需经全体合伙人同意后在合伙协议上签字。在合伙

---

① 参见《民法通则》第30条。

② 任先行、周林彬著:《比较商法导论》,北京大学出版社2000年版,第301页。

③ 王利明:"论合伙协议与合伙组织体的相互关系",载《当代法学》2013年第4期。

组织运行期间,合伙协议是规范调整合伙人相互之间关系的依据,合伙人也必须按照合伙协议行使权利履行义务。在合伙组织解散时,合伙协议是司法机关认定各合伙人应负无限责任还是有限责任的依据。盐业合伙契约便是盐业合伙组织成立的法律基础,其中就合伙成立的原因、合伙资金的来源、合伙人权利与义务、合伙组织的入伙和退伙、合伙组织债务的承担方式等方面做了约定。它既是地主、承首人、投资人享有权利履行义务的根据,亦是出现纷争后分配责任的依据。

(二)合伙人出资方式具有灵活性

合伙组织在出资方式上较公司而言具有灵活性。根据《公司法》第27条,公司股东的出资类型是现金、实物、土地使用权或者知识产权。但根据《合伙企业法》第16条可知,合伙组织股东的入伙条件可以是在货币、实物、知识产权、土地使用权等实物和财产权利方面的投入,也可以是在劳务、经验、商誉等方面的投入。在得到其他合伙人同意的前提下,也可以不作为的方式入伙。盐业合伙契约中这一点尤为明显。比如,土地所有权人可以井基或地基及相关不动产设备入伙;比如,承首人可以盐井开凿经验和人脉资源入伙;比如,经手人可以管理经验入伙;比如,投资人可以丰足资金入伙,尽显出资方式之灵活。

(三)经营模式兼具共同性和代理性

合伙组织在经营模式上的共同性有别于公司的代理性。公司所有权和经营权分离的特点导致股东不直接参与公司的经营,由管理层为了公司的利益代表公司股东处理对内对外事务。而合伙组织在经营模式上则具有共同性,即每一个合伙人都有执行权,也相互为其他合伙成员的代理。鉴于合伙组织兼具人合性和资合性的特征,其经营权和所有权尚未完全分离,合伙事务的管理必须由全体合伙人共同参与、共同决定、共同执行、共同负责(但有限合伙除外。)盐业合伙契约则兼具公司经营模式的代理性和合伙组织经营模式的共同性:在合伙经营初期由全体合伙人共同参与盐井生产事务的决策和执行;在合伙经营发展到成熟阶段则共同推选合伙中能力较强的成员或雇用职业经手人代表合伙处理对内对外事务。

(四)合伙财产具有按份共有性

合伙财产一般由两部分组成:合伙人的出资与合伙组织经营期间获得的收益。对于合伙财产的性质,可以是按份共有或共同共有。比较按份共有与共同共有的特征,可以得出虽共同共有利于合伙组织的稳定,利于实现合伙成员的共同目标,但按份共有的形式更为灵活,更利于资本流动。不仅按份共有人在对合伙财产所享有的权利和履行的义务上平等,而且在按份共有关系存续期间,共有人可自由转让自己份额，只需遵循合伙协议中对伙内优先购买权的约定。[①] 盐业合伙中的合伙人对合伙财产的享有即是按份共有关系：其一，合伙人对合伙财产所享有的收益权和所承担的维护义务平等，此处所谓的平等并不是绝对意义上的平等，而是与自己在合伙财产中所占份额相对应的平等；其二，即便是在共有关系存续期间，盐业合伙人不仅可以自由转让份额，还可选择部分转让或全部转让。（详见第六章“上中下节契约”。）

三、盐业合伙的性质

第一，在民商分立的模式下，以是否盈利为标准，可将合伙分为民事合伙和商事合伙。民事合伙更加注重合伙人之间的直接关系，商事合伙则更为注重发生在合伙人与合伙组织之间的权利义务，较少强调合伙人之间的直接关系。第二，以承担合伙债务方式为标准，有普通合伙与有限合伙之别，前者合伙人之间身份无差别，均在共同收益共担风险的背景下就合伙组织的债务负担无限责任；而后者合伙人之间身份有差别，既存在实际参与合伙事务的管理合伙资产的合伙人亦存在不实际参与合伙事务并只承担有限责任的合伙人。第三，若是按照合伙人姓名是否载于合伙组织的所公开的名册上作区分，可将合伙分为显名合伙和隐名合伙。显名合伙中所有合伙人的姓名均予以公开，并且每一个合伙人均切身地活跃于合伙组织事务中，从重大决策到雇员工薪调整；隐名合伙则恰好相反，既不公开合伙人身份也不要求隐名的合伙人参与合伙事务。[②] 盐业合伙是以盈利为目的的，所有合伙人姓名公开并承担无限连带责任的组织，因此属于上述分类中的普通合伙、显名合伙。而对于盐业合伙究竟是民事合伙还是商事合伙的问题，答案并不显见，分析如下。

（一）民事合伙与商事合伙的区分

民事合伙也可称为民事共有，相较于商事合伙的组织性和独立性，民事合伙更显分散性和自由性，在合伙协议中就合伙人与合伙组织之间的关系约定较少，就合伙人彼此之间的关系约定较多，譬如在损益分担方面，账目监察方面会约定合伙人的权利与义务。具体而言：第一，合伙财产方面，民事合伙人直接形成对合伙财产的共有；第二，合伙事务执行方面，民事合伙人直接参与事务的决策和执

---

① 陈年冰：“合伙企业财产的法律性质”，载《宁夏社会科学》2004 年第 9 期。

② 田土城：“隐名合伙与有限合伙比较研究”，载《郑州大学学报》2002 年第 6 期。

行,并以合伙的名称做交易;第三,合伙债务承担方面,民事合伙人对合伙债务按照约定的方式承担无限连带责任;第四,退伙清算方面,民事合伙人所采取的是按份共有的清偿规则。① 商事合伙在组织水平和管理技术上则已经达到了公司的高度,具有高度的组织性与独立性,在合伙协议中更为关注合伙人与合伙组织之间的权利义务,即便有合伙人之间权利义务的约定也是为了合伙组织更好运行,譬如在损益分担与账目监督方面约定了合伙组织事务执行人的权利与义务以及合伙人对合伙组织管理人员的监督和任免权等。具体而言:第一,合伙组织名义方面,商合伙一般拥有自己的商号,并且在对外交易往来中均以商号签章;第二,合伙组织登记方面,商合伙在成立后须到专门管理机构进行注册登记,并且在发生入伙退伙事宜时有义务及时到注册登记机构进行变更登记;第三,合伙事务执行方面,商合伙人不再以共有人名义参与合伙事务的执行,而是推举一名合伙人代表全体合伙人进行合伙事务的管理;第四,合伙财产方面,商合伙中合伙人所出资的财产不再属于各自所有而是将所有权让渡给合伙组织拥有,合伙组织从此有权对财产为处分行为;第五,合伙债务承担方面,基于商合伙的独立性,商合伙人一般对合伙债务承担补充连带责任,即在用合伙财产无法清偿债务时方可用合伙人个人财产清偿。②

(二)盐业合伙中民商事合伙的并存与过渡

盐业合伙随生产力发展水平的提高而成熟,并逐渐表现出由民事合伙向商事合伙的过渡,证明如下。

第一,民事合伙阶段。(1)《同治三年长流井开凿约》③中,从“无论水、火、油出二三口,除凿井费用有余,照式十四口均派;出至保满四口,始行分班”和“如停工住凿三、两月,承首人即将合约退还地主,凡开户人等不得称说工本”可知,合伙协议关注的是合伙人之间的权利与义务,基本上没有树立合伙人与合伙组织之间的权利与义务意识。并且,凿井类合伙目的性较为明显,均是在缺少资金的土地所有权人和需求地基的投资人之间建立的合作关系,合伙人之间相互依赖程度较深。(2)《宣统三年海顺井起班分班约》④中,从“今井已成功,出火足煎,应请主人

① 江平、龙卫球:“合伙的多种形式和合伙立法”,载《中国法学》1996年第6期。

② 田土城:“隐名合伙与有限合伙比较研究”,载《郑州大学学报》2002年第6期

③ 《同治三年长流井开凿约》,同治三年(1864年),自贡市档案馆藏,档案号:3-5-4018-5。

④ 《宣统三年海顺井起班分班约》,契约全文参见自贡市档案馆、北京经济学院编:《自贡盐业契约档案选辑(1732~1949)》,中国社会科学出版社1983年版,第419页。

起班入伙，照十弍天日份分红”可知该合伙属于民事合伙，依旧关注的是地主和投资人作为合伙人彼此权利义务的分配。(3)从《光绪三十年神涌井合伙推煎约》中的“所有井上事件，伙等相商办理”，[1]从《民国二十八年域川井合伙推煎约》中的“本井开办与起推时，主、客双方各派一人，监督水担账目。阅帐时，四个月一结，每月月结，主、客双方按月分送”、“本井如向官府抵押贷款，必须取得双方同意，方能生效”，[2]以及《民国三十四年金源井合伙推煎约》[3]中“对外行文署名及应付内外一切事件，即由经手李玉华或李子章二人出面办理”，和《民国三十二年双福井合伙推煎约》中的“本井营业对内对外一切事项，由杨树琪、张绍鑫二人共同负责协商办理”[4]可知，上述契约中的合伙均属于民事合伙，因其在合伙事务的执行方面采取共同参与的原则。(4)在《光绪元年三生井约》[5]中，从合伙人对出资义务的不履行或怠于履行的处理办法“伙内抬做”可知该合伙属于民事合伙，因其是从合伙人相互之间权利义务方面实现对合伙人不履行义务的规范，而非从合伙组织管理层面上实现对合伙人不履行义务的规制。

第二，商事合伙阶段。民事合伙的弊端在于面对商业风险时合伙组织的抵御能力低，在合伙事务执行方面效率低，在合伙人相互关系处理方面内耗严重，因此，随着商业意识的加强和管理水平的提高，盐业合伙逐渐走向商合伙的道路，例证如下。(1)《民国三十四年春生井约》[6]中，从“立移转股份文约人毛蜀梧(以下简称甲方)，承接股份文约人黄鹏翼(以下简称乙方)，情因甲、乙方于三十二年九月十四日，合伙由甲方经手，以同福厂名义，承租推办王问桃、王利材父子所有大区盐崖春生井一眼”，以及“自立约转移之日起，对内、对外甲方即脱离春生井同福厂关系，不负任何责任”可知，该合伙已经建立商号，并有专门合伙人负责合伙

---

① 《光绪三十年神涌井合伙推煎约》，光绪三十年(1904年)，自贡市档案馆藏，档案号:3-5-916-91。

② 《民国二十八年域川井合伙推煎约》，民国二十八年(1939年)，自贡市档案馆藏，档案号:8-1-714-183。

③ 《民国三十四年金源井合伙推煎约》，民国三十四年(1945年)，自贡市档案馆藏，档案号:8-1-679-12。

④ 《民国三十二年双福井合伙推煎约》，民国三十二年(1943年)，自贡市档案馆藏，档案号:8-1-717-38。

⑤ 《光绪元年三生井约》，光绪元年(1895年)，自贡市档案馆藏，档案号:3-5-4019-2。

⑥ 《民国三十四年春生井约》，民国三十四年(1945年)，自贡市档案馆藏，档案号:7-1-257-105。

事务的执行,在对外关系中以合伙商号的名义,即"同福厂"签章,并且在合伙协议中强调合伙人的份额持有人身份,而非合伙人的共有人身份。(2)《民国二十三年谢慎之退股约》①中,从"为呈请存查以杜后累事。缘钧知去岁已下炭灶牌子二口,伙同周慎之煎烧大钧炭灶;钧知出股本洋一千元,慎之出股本洋一千元,共凑成股本洋弍千元。灶内一切买卖收交,概由慎之一人经手;所有大钧灶图记,亦由慎之掌管行使"可知,该合伙拥有商号即"大钧灶",并且由合伙人之一"慎之"作为合伙事务的执行人,并且,在对外关系中是以合伙商号"大钧灶"的签章展开交易。但是,盐业合伙从民事合伙到商事合伙过渡的道路并非一蹴而就,而是经历了民事合伙类型与商事合伙类型并存的过程,从上述契约的立约日期便可知,在民国期间[民国三十二年(1943 年)、民国三十四年(1945 年)]仍然存在民事合伙的组织形式。

第二节 盐业合伙契约

盐业合伙契约是盐业合伙成立的法律基础,但是与现代合伙协议中对诸多事项统一约定的方式不同,盐业合伙契约呈分类缔结的状态。按照合伙所处阶段可分为凿井阶段的合伙凿井契约和经营阶段的合伙推煎契约;按照合伙契约的内容可分为约定损益分担比例的起班分班契约、约定转让份额方式的合伙契约,以及约定退伙散伙方式的退股契约;按照合伙契约的缔结主体可分为土地所有权人和投资人之间缔结的合伙契约以及投资人之间缔结的合伙契约。下文将按照合伙所处不同阶段分析盐业合伙契约的内容与特征。

一、凿井类合伙契约

凿井类合伙契约的特点在于从租佃法律关系到合伙法律关系的过渡,过渡的分界点是盐井见功与否。凿井类契约可以分为新井开凿契约和旧井复淘契约,本节选取了 3 个较具代表性的契约进行分析。

(一)《同治三年济兴井开凿约》②

该约是土地所有权人和投资人围绕开锉新井而达成,合伙人双方均是自然人

---

① 《民国二十三年谢慎之退股约》,民国二十三年(1934 年),自贡市档案馆藏,档案号:17-1-650-12。

② 《同治三年济兴井开凿约》,同治三年(1864 年),自贡市档案馆藏,档案号:3-5-4016-22。

个人。其中,土地所有权人是杨泰安父子,投资人是李桂堂。现根据契约条款分析合伙契约内容如下。

1. 合伙人出资方面。根据“杨泰安父子,今将祖遗坵垱地名石桓子业内地基,凭中出佃与桂堂名下出本开锉盐井一眼,更名济兴井,一井三基”可知,土地所有权人以实物出资,即地基,而投资人则以货币出资,即由投资人出成本淘锉盐井。

2. 合伙人各占份额方面。根据“主人每月占地脉日份七天,桂堂每月占净日份二十三天”可知,土地所有权人和投资人对合伙财产收益分享的比例是7∶23。

3. 合伙期限。根据“子孙为业,永远管理”可知,合伙没有固定期限,而是永久性的。

4. 合伙人权利。所有合伙人在合伙关系存续期间均有权分享合伙收益。根据“井见功日,或水、火、油除修置廊厂、缴井报课之外,如有鸿息,照三十天均分,地主按收”可知,在盐井见功前一切收益由投资人支配,盐井见功后的收益首先必须用于对合伙财产的维护和对税收的缴纳,之后如果有盈余再按照合伙人对日份比例的享有分配。

5. 合伙人义务。一方面,所有合伙人在合伙关系存续期间均有义务分担成本。根据“自付出承接之后,任随桂堂捣锉办理,所有开淘、门户修整,均不与地主相涉”和“如分过红利,年久日远,井老水枯,复行下锉,缴费不敷,照三十天均派”可知,盐井见功前,不形成合伙关系,因此无论是税收缴纳还是盐井的维护开凿成本均由投资人桂堂一力承担;盐井见功后形成合伙关系,因此所有盐井生产相关成本均按照土地所有权人和投资人对日份比例的享有分担。另一方面,各合伙人按出资类型的不同负有不同的义务。根据“已见大功,修置廊厂、取土取石、牛马出路、抬锅运炭、安笕放卤、挑水出渣、均在地主业内,不得阻滞,一切有地主承当”可知,就投资人而言,负有具体运行盐井生产的义务(包括修建盐井生产设施义务、管理人力畜力义务);就土地所有权人而言,则负有不妨碍的义务。

(二)《嘉庆八年天圣井开凿约》①

该约是在承首人和土地所有权人之间缔结的新盐井合伙开凿契约,双方均是自然人的联合体,其中合伙人一方为承首人合伙即陈三锡、林振仑、刘坤伦、颜鸣凤,合伙人另一方是土地所有权人即天后宫。下文根据契约条款分析合伙人权利

---

① 《嘉庆八年天圣井开凿约》,契约全文参见自贡市档案馆、北京经济学院编:《自贡盐业契约档案选辑(1732~1949)》,中国社会科学出版社1983年版,第334~335页。

义务如下。

1. 合伙人出资。根据“地主得地脉水份六口，不出凿井使费，只出井基、车基、火灶基、过江、偏厦等地，其有车基，定在熊姓酒店连康姓茶馆之处，如基址不足，一力有地主承认”可知，土地所有权人的出资类型是实物，即提供基址，包括井基、车基和火灶基，投资人的出资类型是货币，即对盐井开凿费用的承担。

2. 合伙人各占份额。根据“二十四口开锅水份，地主得地脉水份六口……余有八十口，归承首任邀伙开凿，永远管业”可知，土地所有权人与承首人就共同财产的收益所占比例是1∶3。

3. 合伙期限。根据“但注册承课，二十四口各立名榷纳，子孙永远管业”可知，与年限井合伙开凿契约不同，子孙井合伙是永久性的，合伙人份额可继承。

4. 合伙人权利。根据“起推之日，无论水、火大小，照二十四口分班”可知，在土地所有权人进班后，合伙关系形成，所有合伙人均有权按照各自对共同财产所占份额分享收益。

5. 合伙人义务。根据“其修竖天地二车车房，及下木竹、顶打店方、初报推煎使费，照十八口均派。起推之后，遇有淘井并官前使费、注册承课壹切费用，俱照二十四口均出”可知，在盐井见大功前无论是对用于盐井生产的天地二车的修建还是对盐井注册费用的支付均由承首人合伙负担，即约中所言之“照十八口均派”，至于在承首人合伙内部按照什么样的规则分派则与土地所有权人一方无关。在盐井见大功土地所有权人进班后，全体合伙人均有义务按照各自份额分担对共同财产修葺的费用、缴纳税收的费用，以及在官方登记注册的费用。

6. 合伙解散条件。根据“自佃之后，倘有停工住凿，将原合约退回，开户人等不得称说工本”可知，一旦投资人无故停工，造成盐井的荒废，土地所有权人有权终止合伙关系，并不对投资人之前所付出的成本进行补偿。

(三)《同治三年长流井开凿约》①

该约是在投资人和土地所有权人之间缔结的合伙开凿新盐井契约，双方均不是个体，而是自然人的联合，其中，投资人合伙是汪三多、周玉春和陈永盛，土地所有权人是王书元五房。在出现承首人的合伙契约中，存在两个不同规模的合伙：承首人和投资人之间在开凿盐井期间结成的小合伙关系；承首人、投资人、土地所有权人三方在盐井见功后形成的大合伙关系。下文根据契约条款分析合伙人权

① 《同治三年长流井开凿约》，同治三年(1864年)，自贡市档案馆藏，档案号：3-5-4018-5。

利义务。

1. 合伙人出资。根据“如井基、地基、灶基、柜房、财门、安笕、安桶、过江、风蔑,以及牛棚、偏厦、抬锅运炭、倾渣放卤、取石取土、牛马出入,一切地基等项不明,一力有地主承当”可知,土地所有权人出实物即盐井开凿的土地及不动产设施;根据“其有十八口开锅,该承首人邀伙出资凿捣,不与地脉、浮锅相染”可知承首人出技术和经验,投资人出资金。

2. 合伙人份额分配。根据“井规照……二十四口……地脉六口……客人十八口……承首人浮锅二口……”以及“其有十八口开锅,该承首人邀伙出资凿捣”可知,合伙关系出现三方当事人,其中土地所有权人占共同财产 24 份额中的 4 份,承首人占 2 份,投资人占 18 份,三方所占比例是 2∶1∶9。

3. 合伙期限。根据“井规照小溪弍十四口……亦是子孙永远管业”可知,合伙无固定期限之约。

4. 合伙人权利。一方面,根据“基址未定宽窄,任随承首人修理,五房人等不得异言”可知,在承首人和投资人的小合伙内部,承首人享有对基址宽窄的界定权,投资人须在承首人所划定的基址范围内开展凿井工程;另一方面,根据“无论水、火、油出二三口,除凿井费用有余,照二十四口均派”可知,盐井一旦见功,无论见功大小,在敷补凿井开支后,大合伙成员即土地所有权人、承首人、投资人均有权要求按照各占份额分享剩余收益。

5. 合伙人义务。一方面,就小合伙内部而言,根据“若始初修廊厂、大小木竹等项,照十八口派出,不与地脉、浮锅相染”可知,投资人有义务承担廊厂木竹修建的费用,并应当按照在共同财产中所占份额分担,承首人和地主没有义务承担此费用;另一方面,就大合伙内部而言,根据“俟井见功,凡报市推煎、呈课注册、官前费用、迎神演戏,概照二十四口均派”可知,地主、承首人、投资人均有义务对盐井的注册登记费用、税收、迎神演戏费用按照各占份额分担。

6. 合伙财产分割条件。根据“出至保满四口,始行分班”可知,当盐井见大功时,即盐井所产卤水和天然气达到 4 口以上时,各合伙人有权请求分割共同财产,进行分别经营。

7. 合伙关系终止条件。从“……如停工住凿三、两月……承首人……将合约退还地主……开户……不得称说工本”可知,在大合伙关系形成前,一旦盐井开凿工程停止达到 2 个月以上,小合伙关系解散,投资人无权要求承首人对已投入成本进行补偿。

二、经营类合伙契约

当盐井见功后，根据合伙各方的地位和角色，可以分为起班分班合伙契约与合伙推煎契约。前者在土地所有权人和承佃人之间达成，合伙人之间地位不平等；后者在投资者之间达成，相互之间地位平等。起班分班契约内容较为简单，关系相对明晰，因此本节就起班分班合伙契约只选取了一例。① 而合伙推煎契约涉及合伙人较多，关系相对复杂，因此本节就合伙推煎契约选取了5例，期望能够通过分析两类契约的内容以展现盐业产业日常经营中的合伙样态。

（一）起班分班契约

例：《宣统三年海顺井起班分班约》②

此约法律关系简单明了，是在土地所有权人王三畏堂与承佃人李心符之间缔结的合伙推煎盐井契约。辨明根据有二：其一，“起班”即“进班”，“进班”即合伙；其二，根据“今井已成功，出火足煎，应请主人起班入伙，照十式天日份分红”可知，起班即入伙，入伙即邀请主人加入合伙。本约的特色在于建立在原租佃契约的基础上：一方面，根据契约中“原约注明”字样便知；另一方面，根据“火以六十口为准，水以六十担为准，无论水、火、油，起班以十八年为满”、“今井已成功，出火足煎”可知，原租佃契约中已约定合伙关系的形成条件，即盐井见大功。现根据契约条款分析合伙人权利义务如下。

1. 合伙收益份额的分配。根据“押头无还。客人出本捣锉，起班占昼夜水火油日份十八天；主人出一井三基，起班占昼夜水火油日份十二天”可知，此合伙契约对收益份额的分配遵循原租佃契约中相关约定，即地主占12天，投资人占18天。后文的“应请主人起班入伙，照十式天日份分红”也印证了地主和投资人的份额比例为2∶3。

2. 合伙期限。根据“无论水、火、油，起班以十八年为满”以及“起班期限于辛亥年四月初一日起，至庚午年三月三十日止”可知，合伙期限为18年。

3. 合伙人权利。根据“起班后一切赚折，按日份收补”可知，全体合伙人均有

---

① 起班分班约并不都是合伙契约的性质，部分契约还具有租佃契约的性质。详见“盐业租佃契约”一章。

② 《宣统三年海顺井起班分班约》，契约全文参见自贡市档案馆、北京经济学院编：《自贡盐业契约档案选辑（1732～1949）》，中国社会科学出版社1983年版，第419～420页。

权按照对日份占有的比例分享盐井收益。

4. 合伙人义务。根据“起班后一切赚折，按日份收补”，以及“如年限内火不足，应复行下锉，以三十班派逗，主人不得刁难阻滞”可知，全体合伙人均有义务根据所占日份比例分担盐井损耗，只要该损耗是在盐井见功后为继续开发盐井生产能力而产生的。

5. 合伙财产归属。根据“客人年满之日，将十八天净日份及一井三基并一切廊厂、牛只、家具、器械等项全交主人”可知，当主客双方约定的18年期限满期后，合伙存续期间内所形成的日份以及所拥有的动产和不动产均由地主即主人享有，客人则无权要求土地所有权人进行变价补偿。

笔者认为，从此约中显见古代盐业契约中合伙人双方地位的不平等。盐井是在土地所有权人业内的地基上修建，根据井随地走的原则，以及根据契约中“主人出一井三基”的陈述，盐井本就应当归属土地所有权人所有。但对于其他不动产和动产的归属，双方的得失是不平等的。因为投资人在盐井开凿期间所修建的廊厂，以及在盐井生产经营期间所添置的动产，应当为双方所共有，如果将其归于土地所有权人所有，则应当对投资人进行变价补偿。从这一点上，笔者深刻感受到盐业契约所反映出传统契约文化在从身份到契约发展之路上所经历的挫折，它使我们对当今平等的契约关系更觉得来之不易与倍加珍惜。

（二）合伙推煎契约

1.《光绪三十年神涌井合伙推煎约》①

此约是在平等合伙人之间缔结的合伙经营契约，所谓平等，即所有合伙人身份相同，均是投资人而非土地所有权人。根据“立合伙同文约人张可风、曾三友等，情因去岁九月，伙佃刘呈埙承首所佃所顶新垱金龟山神涌井……铨顺源伙等甘愿合伙协办”可知，本约中合伙人张可风与曾三友实属承佃人，是在承首人刘呈埙的召集下进行合伙推煎，而约中所提铨顺源合伙则是后来加入张可风与曾三友合伙的新合伙人。现根据契约条款分析合伙契约内容如下。

（1）合伙财产。根据“伙佃刘呈埙承首所佃所顶新垱金龟山神涌井现推盐岩水火油每月昼夜日份十五天”可知，因合伙并不享有对神涌井的所有权，因此合伙财产是对神涌井日份15天的占有使用收益权。

---

① 《光绪三十年神涌井合伙推煎约》，光绪三十年（1904年），自贡市档案馆藏，档案号：3-5-916-91。

(2)合伙期限。根据“一佃七年”和“其年限从甲辰年五月二十八日起，至辛亥年五月二十八日止”可知，因为合伙在承佃人之间形成，而合伙财产也是对租赁物的占有使用收益权，因此合伙的年限只能短于或等于承首人与土地所有权人之间所订立的租佃契约的年限，因此本约中年限是从甲辰年(1904年)五月二十八日至辛亥年(1911年)五月二十八日。

(3)合伙份额分配。根据“铨顺源伙等甘愿合伙……占日份五天，张可风……占日份五天，曾三友……占日份五天，共……十五天”可知，三方合伙人对合伙财产份额的占有比例是1∶1∶1。

(4)合伙损益分配。根据“工本、佃价、推办用度、均照日份派逗”、“其余井上账目，满年一算，余有红息，亦照日份派用”以及“限内如有淘费锉办用度，亦照日份派逗”可知，合伙内部对收益的享有以及对开销的分担以各合伙人所占日份比例为据。

(5)合伙事务的执行。根据“自合伙之后，同心协办，彼此并无异言”以及“所有井上事件，伙等相商办理”可知，合伙契约是在平等自愿的基础上达成，并且，就合伙事务的执行而言，所有合伙人均有平等权利参与决策。

2.《民国十年海旺井合伙推煎约》①

选取本约是为了展现盐业生产中日份或锅份所具有的份额权性质。根据契约文本可知，此约是在投资人曾德华、陈勤初、廖树卿、陈耀南、魏绍东、王相臣之间达成的合伙推煎契约，内容重点是合伙人对份额的分配以及对损益分担方式的约定。

(1)合伙期限。根据“一佃二十七年零四十七天，自辛酉年冬月十三日起，至戊子年全月三十日为满”可知，因全体合伙人同时也是承佃人，故合伙期限同租佃期限，为7年零47天。

(2)合伙出资义务。根据“兹将伙友以拾股计算，每股出资五百五十两正”可知，该合伙将合伙财产均分为10个份额，每份额的出资义务明确为550两。

(3)合伙份额分配。根据“曾德华占股份三股，陈勤初占股份二股，廖树卿占股份二股，陈耀南占股份一股、魏绍东占股份一股，王相臣占股份一股，共成十股”可知，除曾德华和廖树卿所占份额较多外，其余合伙人每人占一股。

---

① 《民国十年海旺井合伙推煎约》，民国十年(1921年)，自贡市档案馆藏，档案号:7－1－376－35。

(4)合伙权利义务分担。根据“每一股按股份派……资……今后照股……分红……一切权利、义务……按十股分担盈亏……”可知,合伙人就权利义务分配达成合意,即根据所占份额分担损益。

(5)合伙契约达成前提。根据“彼此同意欣允,并无勉强情形”可知,该合伙契约在平等自愿的基础上达成,没有胁迫等情形。

3.《民国二十八年域川井合伙推煎约》①

本约是在土地所有权人和投资人之间订立的,其中,土地所有权人即胡崇安堂,投资人即咸禧灶。此约的特色在于:其一,在契约行文上已初具现代合同式样;其二,虽然双方是地主和投资人但契约在内容上并无体现二者之间权利义务的不对等;其三,契约对不可抗力造成的损失如何分担有了交代。现根据契约条款分析合伙契约内容如下。

(1)合伙期限。根据“本井租办年限,协定为十年,从起推之日批字起限,限满无敷补”可知,该合伙存续的期限为10年,从盐井见功日起算,之前开凿日期不计入内,并且,年限届满合伙即解散。

(2)押金。根据“井主取押租法币一千元正,限满无息退还”可知,土地所有权人有权要求投资人缴纳押金。在合伙关系中本应不存在押金,但盐业生产不同于其他产业,且根据上文对合伙期限的分析,盐井开凿阶段不计入合伙期限,换言之,在盐井开凿过程中合伙关系并未成立,在该阶段土地所有权人和投资人之间的关系是出佃方与承佃方的关系,并非合伙人关系。此时土地所有权人所有的盐井也非出资,而是租赁物。因此,此约中会出现押金条款。

(3)合伙损益的分配。根据“起推后,如有火力,主、客各煎一半;如水不足推淘……主、客平均煎烧。所有灶房、锅卤一切费用,主、客平均担负”、“承办客人垫款扣清时,每月所有盈余,主、客平均分润”以及“站炉机车如不适用时,得由客人另备,其费用主、客平均担负”可知,土地所有权人与承佃人进班之后合伙人对合伙的收益和开销均按照1∶1的份额进行承担。

(4)合伙人义务。第一,根据“廊厂、天地二车,由井主指定成缘井现有廊厂全部移筑,其余客人垫办;至移筑、刁下、淘办、起推应备各费,统由客人垫出,俟井起推时,在全井鸿息项下,尽先无息扣还”可知,土地所有权人有义务提供盐井生

---

① 《民国二十八年域川井合伙推煎约》,民国二十八年(1939年),自贡市档案馆藏,档案号:8-1-714-183。

产相关不动产,如果土地所有权人未能及时提供设备,则应当对承佃人为此所支付的开销进行补偿。第二,根据"所有灶房、锅卤一切费用,主、客平均担负"可知,全体合伙人均有义务按照约定份额承担生产成本。

(5)合伙人权利。根据"起推后,如有火力,主、客各煎一半;如水不足推淘,锉硬底所添之火,仍照前例,主、客平均煎烧"可知,全体合伙人均有权利按照约定份额分享盐井收益。

(6)合伙财产的归属。根据"限满之日,锅炉机车照租约行事。除盐锅、红土客人自行处理外,其余一切建筑厂规,概归井主无条件收回"可知,合伙人之间约定了合伙关系终止之后财产的处理规则:一方面,动产和红土由投资人享有所有权;另一方面,不动产由土地所有权人享有所有权。

(7)合伙事务的决策。根据"本井如向官府抵押贷款,必须取得双方同意,方能生效"可知,合伙人约定涉及合伙关系未来发展重大方向的决策须由双方达成合意后方可执行。

(8)合伙事务的执行。根据"本井开办与起推时,主、客双方各派一人,监督水担账目。阅帐时,四个月一结,每月月结,主、客双方按月分送"可知,该合伙没有雇用经理人代为执行合伙事务,而是由合伙人各方同时履行监督管理权。

(9)合伙关系的终止。根据"客人淘办至半途停搁,在六个月以上者,不问客人费用多寡,均应将全井交还,井主无条件收回。但起推之后不在此限"可知,双方约定在盐井见功前,若投资人中途停工超过6个月,则土地所有权人享有单方面的解除权,而盐井见功后的停工则不受此限。

(10)免责条款。根据"现值国难严重,在本约存续中,如井份建筑被空袭破坏,人力不可抗敌之损失,客人不负责任"可知,鉴于当时所处的政治环境,合约人就不可抗力达成如下合意——如果盐井在开凿期间受到不可抗力,则投资人作为承佃人无须对盐井所有权人承担任何赔偿责任;如果盐井在生产期间受到不可抗力,则投资人作为合伙人也无须对盐井所有权人承担任何赔偿责任。

4.《民国三十二年双福井合伙推煎约》①

本约是在承佃人即投资人之间达成的合伙契约,其中,投资人双方分别为杨树琪和张绍鑫。现根据契约文本分析合伙契约内容如下。

---

① 《民国三十二年双福井合伙推煎约》,民国三十二年(1943年),自贡市档案馆藏,档案号:8-1-717-38。

(1)合伙财产。根据“杨树琪、张绍鑫经手杨树琪名义,向曾远驰佃得地方大松林双福井全井二十四口,及天地二车、全部廊厂一概佃明推办”可知,因为双福井并不属于本约中任一合伙人所有,故本约中的合伙人所共有的不是双福井,而是对双福井的推煎权。①

(2)合伙期限。根据“年限八年零九个月半,自民国三十二年十一月十六日起,至民国四十一年八月三十一日止为满限”可知,合伙期限同租佃盐井的年限,即为8年9个月。

(3)合伙出资义务。根据“佃价法币二十八万元正,顶笕竿、笕路一万五千元正,共计法币二十九万五千元正。即以此数作为股本,由杨树琪、张绍鑫各占一半,平均逗出,即各出股本法币一十四万七千五百元正;其余购买牛只及营业活动资金,视需要多寡,平均分逗,以账为凭,不载此约内”可知,一方面,合伙双方均有义务按照1:1比例缴纳股本金额;另一方面,对于日后盐井经营中所花费的开销,合伙双方亦有义务按照均等比例出资。

(4)合伙损益的分配。根据“每月结算一次,账目盈余,按股均分;折阅按股派逗,当月结清”可知,不论就合伙的盈余而言还是就合伙的开销而言,合伙双方均有义务以月为单位要求分享利润或履行缴纳出资义务。

(5)合伙事务的管理。根据“本井……对内对外……事项……由杨树琪、张绍鑫……共同……协商办理……如……事务纷繁不能亲督……派人……负责……”可知,合伙双方均有平等权利参与合伙事务的管理和执行,并在客观不能的情况下可通过各自代理人行使监督权。

(6)合伙份额让与条款。根据“本合伙……中途如有……出顶者……先尽伙内……或……协议出顶……不得单独顶与外人……”可知,合伙任一方若意欲转让份额,必须遵循伙内优先权条款,并且在对方未同意情况下出让给第三人的无效。

5.《民国三十四年金源井合伙推煎约》②

本约依然是在土地所有权人和投资人之间达成的合伙推煎契约,其中,土地所有权人为李子章,投资人为李玉华。根据“立合约人李玉华、李子章,今因李子

① 盐井推煎权的性质为用益物权,详见第六章第一节关于日份性质的分析。

② 《民国三十四年金源井合伙推煎约》,民国三十四年(1945年),自贡市档案馆藏,档案号:8-1-679-12。

章名下坐落第廿五保第七甲金源井祥顺灶火力回转，可烧四口火圈之多。兹凭证说明，愿与李玉华合伙煎烧”可知，此约特色在于无出佃人和承佃人，而是因现有的水火旺盛的盐井经营人精力有限而与他人之间缔结的合伙约。现根据契约文本分析合伙契约内容如下。

(1)合伙协议的达成。根据“将来期满，如果双方愿意继续合伙，再行另订合约”以及“以上各条，均系双方同意，不得异言”可知，合伙关系在平等、自由、自愿的基础上达成。

(2)合伙关系的期限。根据“本合伙有效期间，暂定为二年，从三十四年十月七日起，至三十六年十月七日止”可知，合伙期限为2年。

(3)押金条款。根据“由李玉华拿出无息押金国币一十万元，交与李子章作为合伙信用金；将来解伙后，应由李子章全部一次交还，不得拖欠分文”可知，投资人有义务向土地所有权人交付押金10万元。此处约定押金条款的原因不同于前一契约《民国二十八年域川井合伙推煎约》，鉴于土地所有权人将自己所有的盐井出资合伙，因此此约中其向投资人所收取的押金在法律意义上等同于投资人的保证金，保证的内容是投资人资金实力。因此在合伙关系终止时，土地所有权人有义务将押金退还投资人。

(4)损益分担条款。一方面，根据“开办时所用之修建购置及其他有关种种费用，应由双方平均摊派，不得异言”以及“如若亏折，亦应由双方平均负担”可知，合伙人双方均有义务对盐井从开办到运营所花费的开销平均承担；另一方面，根据“将来定期结算账目，除资本外所得利润，应有双方平均分摊”可知，双方根据所占份额对合伙的盈余均有收益分享请求权。

(5)合伙事务的执行。根据“对外行文署名及应付内外一切事件，即由经手李玉华或李子章二人出面办理”可知，对内以及对外合伙事务均有合伙人双方共同参与共同执行，双方互为对方代理。

(6)合伙关系的终止。根据“自合伙煎烧之后，不得无故申请解伙。如因万不得已必须解伙时，应申明理由，并凭当地保甲，取得双方同意而彼此不受损失之原则下解伙”可知，合伙关系一旦成立不得无故解散。当且仅当合伙方有正当理由，并且在该理由得到对方谅解、不造成对方损失的前提下方可终止合伙关系。

三、份额转让类合伙契约

虽然在上述经营类契约中也可以见到合伙份额转让的条款，但为了更详尽地研究当时在合伙份额转让方面转让人和受让人的权利义务分配，本书特选取了在不同时间段较具代表性的两例进行分析。

（一）被动转让：《光绪元年三生井约》①

本约分析的重点在于合伙人对伙内份额转让方面的约定，其中有对合伙人主动寻求份额转让规则的约定，也有被动让与（伙内抬做）的约定。伙内抬做是当时对不履行出资义务者较为有效的惩罚，虽未将其合伙人身份褫夺，但从根本上剥夺了该合伙人继续分享收益的可能，伙内抬做也间接造成了伙内份额的转让。

1. 合伙份额的分配。根据“其井照厂规每月作成昼夜水火锅份二十四口分派：王五房占地脉锅份三口半；璜溪出力承办，每月占浮锅份二口，颜庆升占浮锅份半口，不出工本；下余锅份十八口，派逗工本锉办，璜溪占锅份九口，庄穆祠占锅份一口，卢永兴占锅份三口，郭鲁泉占锅份一口，林万选占锅份一口，熟五堂占锅份半口，惠安堂占锅份半口，承先堂占锅份半口，裕后堂占锅份半口，郑荣泰占锅份半口，卢敦五占锅份半口，均系子孙永远推煎管业”可知，土地所有权人王五房占锅份 3 口半；颜璜溪占锅份 11 口（作为承首人占承首锅份 2 口、作为投资人占锅份 9 口）；熟五堂、惠安堂、承先堂、裕后堂、郑荣泰、卢敦五各占锅份半口；庄穆祠、林万选、郭鲁泉各占锅份 1 口，卢永兴占锅份 3 口。

2. 合伙人出资义务。根据“于壬申年已见微水，除缴井外，已将工本红息提用”以及“倘以后下锉，水价不敷缴井，应照二十四口锅份均派，各人按月照数逗出，不得推诿”可知，因为在立此约时盐井已经开锉成功，因此对出资义务的约定是针对盐井见功后如果有井老水枯需要继续下锉时候的情形，全体合伙人均有义务按照在合伙中所占锅份比例每月及时清缴出资，不得拖欠。

3. 伙内优先规则。根据“如有不……逗工本者……或出顶……或分上、中、下节……锉办……先尽伙内……无人承顶……方……顶外人”可知，合伙允许对份额的转让，但必须遵循伙内优先的规则，即无论是对份额的全部转让还是对份额的部分转让，都必须先满足伙内人的需求，当伙内无人愿意受让时，才可转让给伙外第三方。

4. 合伙份额被动转让规则。根据“因见近来往往有一、二不逗本者，遂阻全井不能锉捣，今特议计本摊占扣除锅份，俾逗本者踊跃齐来，庶不致有碍众伙”和“即或派逗工本不按月如数逗足者，任凭伙内抬做：一经见功，计众伙所垫工本数

① 《光绪元年三生井约》，光绪元年（1875 年），自贡市档案馆藏，档案号：3－5－4019－2。

目摊占锅份若干，归入众伙；至欠工本者，扣除锅份外，所余锅份方与本人，不得按照合约所占锅份执字索取”可知，为了避免部分合伙人拖欠缴纳出资而影响盐井的开锉进度，合伙人同意采取伙内抬做的措施。具体规则如下：第一，前提条件是有合伙人拖欠出资；第二，为了避免耽误盐井开锉进度，该合伙人所拖欠的出资将由其他合伙人垫付；第三，盐井一旦见功，将按照其他合伙人在对该合伙人出资上所垫付的比例将该合伙人所占份额应分得的收益归入其他合伙人所有；第四，对于该拖欠出资的合伙人，在扣除其拖欠出资后若仍余有锅份，将交还其本人。

（二）主动转让：《民国三十四年春生井约》①

此约较为全面的展现了在盐业合伙伙内份额转让中转让方和受让方的权利与义务，并且，此约在用语和形式上与现代合同十分类似，因此阅读起来十分顺畅。本约属于伙内份额转让契约，份额转让人为毛蜀梧，受让人为黄鹏翼。根据“情因甲、乙方于三十二年九月十四日，合伙由甲方经手，以同福厂名义，承租推办王问桃、王利材父子所有大区盐崖春生井一眼”可知，当事人双方均为同一盐业合伙之合伙人。

1. 转让标的。根据“……因甲方另有良图……甘将己下……二分之一股权……完全转移……乙方接收……”可知，该转让契约的标的物是甲方所占合伙财产份额。

2. 转让方义务。第一，根据“甲方应将……井主出租字约……井主收据……许可证……等……概交……乙方保管……”以及“凡有同福厂对官方之各样证件及图记等，均交乙方”可知，转让方有义务将与所转让份额相关的权利凭证一并交付给受让方。第二，根据“立约之后……乙方如对……井主有……更换条约时……甲方应……尽量促成”可知，转让方还有辅助修改契约的义务，即若受让人希望对原租佃契约做出修改，则转让人有义务协助之。

3. 受让方权利。根据“甲方所垫……款……依……账表本息结算……先……乙方代井主垫付……如将来……发生异议……由乙方自行洽办……甲方不负退款责……至押金一百五十万元……亦……乙方按……日期计息……和本付清……以上款项……立约之日……一并付楚”可知，转让方将份额相关债权也一并移转给了受让人所有。细言之，转让方债权有二：其一，对于转让方所垫付的款

---

① 《民国三十四年春生井约》，民国三十四年（1945 年），自贡市档案馆藏，档案号：7－1－257－105。

项,受让人有权要求第三人即井主直接向自己支付;其二,对于转让方所缴纳押金的本息,受让人有权要求第三人即井主直接向自己归还。

4. 转让后果。根据“前由甲、乙两方合伙时所收水稳……应由乙方转换撤还”、“前由甲、乙两方共同加入建新盐厂之事业,先后赚折,甲方不负……责任”以及“自立约……之日……对内、对外甲方……脱离……同福厂关系……不负任何……责任”可知,转让契约生效后,产生如下法律后果。第一,转让人对之前双方共同修筑之盐厂今后经营的兴衰不负有任何责任,换言之,即便今后盐厂水火兴旺,转让人也不得以此为要求分享收益,即便今后盐厂经营衰败,受让人也不得以此为借口要求转让人承担损失。第二,转让人在合伙的内外事务上均不再负有任何责任,换言之,不但就合伙的内部事务而言,转让人无权干涉、参与、决策,而且就合伙的外部事务而言,转让人也无义务与其他合伙人一同清偿合伙债务。

四、退股散伙类契约

虽然在前面所列举契约中也有关于合伙关系终止的条款,诸如《嘉庆八年天圣井开凿约》、《同治三年长流井开凿约》、《民国二十八年域川井合伙推煎约》,以及《民国三十四年金源井合伙推煎约》,但均只是约定合伙关系终止的条件,并未就合伙关系终止后的法律后果进行约定。因此,本书特选取3例退股散伙类契约进行分析。

(一)简单退伙约

例如,《民国三十六年自兴灶退股约》①

立退股约人牟祝华,缘祝华与施华村、叶九皋合资伙办之自兴炭巴灶圈额式口,计:施华村占一口四分,祝华、九皋各占三分。现祝华自愿退股,所有圈额三分,让与伙内施华村占二分,叶九皋占一分。自退股之后,所有自兴灶圈额廊厂,以及一切有关权利、义务,均与祝华无涉。恐口无凭,特立退股约为据。

凭证 余建章 潘玉光 杨欣荣

尤驻丹代笔

立退股约人 牟祝华

中华民国三十六年十月三十日立

---

① 《民国三十六年自兴灶退股约》,民国三十六年(1947年),自贡市档案馆藏,档案号:5-4-55-106。

此约是所有盐业退股散伙类契约中最为简短的一例，故在此处附上全文。它虽简短，但就退股原因、所占份额处分，以及退股法律后果均做了约定。第一，就退股原因而言，根据“现祝华自愿退股”可知，退股股东乃自愿退出合伙。第二，就所占份额处分而言，根据“……圈额三分……让与……施华村……二分……叶九皋……一分”可知，退股人将所占份额转让给伙内其他成员。第三，就退股后果而言，根据“自退股之后……自兴灶……圈额廊厂……及一切……权利、义务……与祝华无涉”可知，退股人在退股后对合伙对内对外事务均无权利也无义务。

（二）典型退股约

例如，《民国二十三年谢慎之退股约》①

本约是典型的退伙约，从退伙理由以及退伙法律后果方面均做了较为详尽的约定。其中，从“缘钧知去岁已下炭灶牌子二口，伙同周慎之煎烧大钧炭灶：钧知出股本洋一千元，慎之出股本洋一千元，共凑成股本洋二千元”可知，退伙人周慎之是大钧灶仅有的两名合伙人之一。且从“灶内一切买卖收交，概由慎之一人经手；所有大钧灶图记，亦由慎之掌管行使”可知，退伙人是合伙事务的执行人。因此此约颇值得研究，合伙事务执行人退伙比一般合伙人退伙而言，过程更为复杂，涉及债权债务关系更为众多。

1. 退伙理由。根据“殊一年以来，亏折甚大，虽统售处成立数月，亦所赚无几，得不偿失，乃于今八月五日，请凭炭灶公会钟主席禹敷、黄监察学周，及绅商金志贤、牟国章诸人，从场商决本灶行止”可知，退伙人退伙理由是合伙组织的亏损较大，不愿继续参与合伙。

2. 退伙人在合伙关系存续期间的债务。根据“慎之出股本洋一千元”、“每股本一千元实折去四百元，现只能归本六百元”以及“其余六百元……由慎之自贸……同德炭厂……应付还本灶……六百零数元……两相抵拨清楚……”可知，退伙人所欠合伙组织的600元与合伙组织应当退还退伙人的600元进行了债务抵消。

3. 退伙人声明。根据“灶内一切买卖收交，概由慎之一人经手；所有大钧灶图记，亦由慎之掌管行使”以及“惟查慎之经手各件，皆派人向来往各处逐一核算无讹，即对于大钧灶图记，据慎之当场声明，亦仅有牟国章已下贷款四百元到票款已

① 《民国二十三年谢慎之退股约》，民国二十三年（1934年），自贡市档案馆藏，档案号：17－1－650－12。

付楚,跟即絜销;其他并无到借各票,暨代人担保公私银钱各项”可知,因为退伙人是合伙事务的执行人以及合伙对外事务的经手人,因此在退伙时需对其所经手的业务进行说明。第一,声明在合伙关系存续期间,并未借合伙名义为诈骗等行为;第二,声明在合伙关系存续期间,并未利用对合伙图章的占有而为抵押、质押、贷款等不当行为。

4. 大钧灶合伙声明。根据“钧知刻已另刊谢大钧灶图记一颗行使,以资识别而昭信守。倘以后发现从前大钧灶图记所盖银物票据公私文件,则为伪造,钧知自不能负其责任”可知,为了避免合伙组织在退伙人退伙后为其与第三方的个人债务以及退伙人以合伙组织名义所欠下债务负责,大钧灶合伙决定作废原有图章,另刻新章。

5. 退伙后果。根据“当众并将大钧灶图记眼同销毁,以前大钧灶图记一切事件,从此结束清楚,分道扬镳,各谋进展”可知,此约生效后,退伙人与原合伙不再有任何法律上的关系,退伙人无权因先前在合伙所投入的成本和精力要求分享收益,合伙也无权要求已退伙人对合伙债务负连带责任。

(三)散伙契约

例如,《民国三十五年杠美灶散伙约》①

此约不同于前文所列举的退出合伙契约,而是从根本上解散合伙关系的散伙约,从“自分之后,火力消涨,各听天命;盈亏损益,各不相涉”便可知此约性质。现根据契约文本分析散伙契约内容如下。

第一,从“立解伙分煎合约人毛兰芬、毛鹏高,情因民国三十一年,集资合伙承佃郭区积美井杠美灶火圈拾口,一佃十年,自民国三十一年一月一日起,至四十年十二月底止”可知,原合伙中的合伙人均为承佃人,为了更好地推煎所承佃的租赁物才决定合伙推煎经营。但后来又决定解散合伙关系,各自独立经营。根据“俟向盐务主管机关申请更换制盐许可证手续完毕后,即行正式分剖,各自煎烧”便可推知此意。

第二,既然合伙关系解散,便意味着分割合伙财产。就合伙财产的分割,双方达成合意做如下分割“毛兰芬分得中火塘火圈五口,及上站桶一个,东束仓仓份;毛鹏高分得长火塘火圈五口,及下站桶一个,东助仓仓份”,可见二者对合伙财产

---

① 《民国三十五年杠美灶散伙约》,民国三十五年(1946年),自贡市档案馆藏,档案号:6-1-311-192。

的分割较为平均。

第三，就合伙关系解散后的后续事宜，譬如作为承佃人的双方如何将所承佃之物交还给所有权人，双方约定“佃约由经手承佃人毛鹏高保管。俟限满之日，双方照原约所载交还主人”，即在散伙时不立即向出佃人交还火圈，而是由原合伙人之一暨原合伙的经手人毛棚高保管，在佃约到期后按期交还。

第三节 比较与评论

一、盐业合伙方式的灵活性

（一）租佃式合伙

所谓“租佃式合伙”，即建立在租佃关系上的合伙，合伙双方为租佃关系的出佃人和承佃人。此类合伙是盐业合伙的精髓。盐业生产因其所需资金投入巨大、开凿周期长，回报见效慢，面临自然风险大，同业竞争压力大的特征，注定难以通过个人独资的形式成功经营盐井。一方面，拥有丰厚盐卤资源的土地所有权人急需寻求长期资金投入；另一方面，拥有丰足资本的外来投资人急需在盐场本土寻找到宜于开发的基址。双方的结合成为必然。但鉴于盐井开凿不一定等于盐井见功，土地所有权人出于担忧而不愿过早地与外来投资人缔结合伙关系，他们既担忧如果在盐井开凿阶段就形成合伙会将自己陷入不可预知的巨大风险中，还担忧如果过早形成合伙关系并以土地所有权出资会面临外来投资人因资金不足的原因，抑或因为难以承受未可知盐井命运的原因而抽逃资本的风险。同理，外来投资人也有自己的考量而不愿过早地与土地所有权人缔结合伙关系，他们担忧一旦在开凿盐井过程中形成合伙关系则可能面临盐井一旦见微功（微水微火）土地所有权人便要求分享收益的局面，而一旦在此阶段开始分享收益，便会造成投资人在无法对前期成本进行敷补，从而在后面的下锉过程中因资金不足而影响盐井的下锉深度，从而造成盐井见大功速度慢的后果。因此，出于上述诸原因的考量，土地所有权人和外来投资人均同意以盐井是否见大功为标准来决定是否形成最终的合伙关系。如果盐井未见大功，则双方保持租佃法律关系，投资人依旧是承佃人，土地所有权人依旧是出佃人；如果盐井见大功，则双方转为合伙法律关系，投资人和土地所有权人就盐井收益形成按份共有关系，从此之后无论盐井是否需要继续开凿，双方共享收益共担成本。前文所列举的土地所有权人（主人）和投资人（客人）所缔结的起班分班约，以及开凿盐井约均是此类合伙的代表。

（二）"大合伙"套"小合伙"

在承首人和土地所有权人直接缔结的凿井类合伙契约中，则存在两个合伙关系，即本书所称之"大合伙套小合伙"的形式。所谓"大合伙"，即是在土地所有权人与承首人、投资人之间形成的合伙关系；所谓"小合伙"，即是在承首人和投资人之间形成的合伙关系。"大合伙"与"小合伙"并非从合伙契约成立之始就同时存在，而是经历了由"小合伙"独存到"大合伙"与"小合伙"并存的阶段。

1. 阶段一："小合伙"独存期

当土地所有权人和承首人缔结了凿井类合伙后，诚如上文所分析，在盐井见大功前，土地所有权人与承首人双方之间关系依旧是租佃法律关系，前者为出佃人，后者为承佃人。承首人在成功佃得基址后，便邀约具有资本的外来投资人进行合伙开凿盐井。此时，"小合伙"形成，承首人以技术和经验出资，投资人则以货币出资，二者共同开凿盐井，并在盐井开凿过程中共担风险，共享收益。一旦投资人停工住凿，承首人须为此承担责任，将基址交还土地所有权人，此时"小合伙"解散。如有幸投资人团体勤勉开凿：若盐井见微功，此时所获收益用于敷补成本，筹集继续下锉盐脉所用资金；若盐井见大功，则"小合伙"独存期结束。

2. 阶段二："小合伙"与"大合伙"共存期

当盐井见大功，或者盐井达到立约当时土地所有权人与承首人约定的产量时，土地所有权人有权要求进班，即分享收益。此时，土地所有权人的身份从出佃人转为合伙人。土地所有权人用基址出资，投资人用货币出资，承首人继续用管理经验出资，三方对此后的盐井开凿和经营共享收益，共担成本。这便是在合伙契约中屡屡看到的"按三十班派逗"或者"按二十四口派逗"的原因。此处的"三十班"与"二十四口"均代表将土地所有权人所占份额计算在内之意，换言之，从土地所有权人进班开始，其必须承担作为合伙人的权利与义务。这种"大合伙"套"小合伙"的合伙方式使盐业生产组织更具有稳定性，一方面解除了土地所有权人对投资人停工住凿废弃盐井的担忧，另一方面亦解除了投资人对土地所有权人过早要求分享收益从而影响盐井可持续生产能力的担忧，是"双赢"之举。

二、盐业合伙财产的范围和性质

(一)盐业合伙财产的范围

合伙财产包括积极的合伙财产和消极的合伙财产,前者是指合伙关系存续期间所获收益以及合伙原始资产,后者是指合伙关系存续期间所负债务。本书之所以认为合伙财产应当包含合伙人的出资,是考虑到合伙资产收益来源的正当性。根据《合伙企业法》第16条可知:(1)作为所有权人,合伙人既可以用货币、实物等有形资产出资,也可以用商标权、专利权等无形资产出资;(2)作为所有权人,合伙人还可以用劳务等具有人身依附性的元素出资;(3)作为非所有权人,合伙人也可以用他物权出资。当出资类型属于(1)时,所出资标的物之所有权将从出资人移转到合伙组织;当出资类型属于(2)时,由于劳务和经验无法从出资人身上抽离,因此所出资标的物之使用权从出资人移转到合伙组织;当出资类型属于(3)时,所出资标的物之占有使用收益权从出资人移转到合伙组织。当合伙人履行完毕出资义务后,合伙组织对出资财产享有占有、使用、收益以及(或)处分的权利,而合伙人也对合伙财产形成共有或准共有的关系。所谓"准共有",即是建立在非所有权上的共有关系,准共有人之间权利义务关系以及准共有人对准共有物所享有的权利义务适用所有权共有的规定。① 在盐业合伙契约中,首先,土地所有权人既有仅以基址(井基、地基)出资的,也有以基址与其他不动产出资的,譬如在《同治三年济兴井开凿约》中,根据"情因杨泰安父子,今将祖遗坵垱地名石桓子业内地基,凭中出佃与桂堂名下出本开锉盐井一眼,更名济兴井,一井三基"可知,杨泰安父子作为土地所有权人是以地基出资的,而在《民国二十八年域川井合伙推煎约》中,根据"廊厂、天地二车,由井主指定成缘井现有廊厂全部移筑"可知,作为土地所有权人的井主是以基址与其他不动产(廊厂、天地二车)出资的。其次,作为非所有权人,承首人是以对盐井开凿的技术的熟悉、与投资人相熟知的人脉资源,以及对盐井切实进行管理运营的劳务出资。最后,作为非所有权人,承佃人也可以自己对租赁物的占有使用收益权出资,譬如,《光绪三十年神涌井合伙推煎约》中,从"立合伙同文约人张可风、曾三友等,情因去岁九月,伙佃刘呈埙承首所佃所顶新垱金龟山神涌井现推盐岩水火油每月昼夜日份十五天"可

① 王宗正:"论合伙财产的法律性质",载《中外法学》1997年第4期。

知,合伙人是同一租佃契约的承佃人,[①]再如,从《民国十年海旺井合伙推煎约》中"订合约人曾德华、陈勤初、廖树卿、陈耀南、魏绍东、王相臣等,情因合伙佃得本场大文堡周家冲海旺井仪生灶现火圈拾口"、"每一股按股份派逗资本,今后照股份分红,所有一切权利、义务,按十股分担盈亏",[②]以及《民国三十二年双福井合伙推煎约》的"立合伙文约人杨树琪、张绍鑫经手杨树琪名义,向曾远驰佃得地方大松林双福井全井二十四口,及天地二车、全部廊厂一概佃明推办"、"兹因意气相投,愿合伙营业"[③]可知,合伙人亦是承佃人,其所出资的类型并非自物权,而是他物权。

(二)盐业合伙财产的性质

从《民法通则》第32条以及《合伙企业法》第二节中几乎无法解读出立法者关于合伙财产的性质有什么观点。虽然理论界对合伙人应当是按份共有合伙财产还是共同共有合伙财产一直众说纷纭,但本书认为从合伙组织的目的、特征考量,将合伙财产的性质界定为按份共有或准按份共有更有利于兼顾合伙组织的资和性与人和性。[④] 在分析盐业合伙财产的性质时,要分情况讨论。(1)当盐业合伙是民事合伙时,出资人并不会丧失对所出资物的所有权,譬如土地所有权人以基址出资,并不意味着在盐业民事合伙中该基址的所有权从土地所有权人手中移转到合伙人手中,因此合伙人只对合伙关系存续期间所产生的收益享有共有权。(2)当盐业合伙是商事合伙时,出资人一旦决定将享有所有权之物或享有占有使用收益之物出资,则该出资物的所有权或用益物权便从出资人手中移转到合伙组织手中,而合伙人也对出资物形成共有关系或准共有关系。(3)无论盐业合伙是民事合伙还是商事合伙,根据本书的观点,土地所有权人、承首人、投资人作为合伙人均对合伙财产形成按份共有关系或准按份共有关系。

三、盐业合伙关系的先进性

自贡合伙关系的历史和西方合伙关系的历史形成了有趣的对比。在清末民

---

① 《光绪三十年神涌井合伙推煎约》,光绪三十年(1904年),自贡市档案馆藏,档案号:3-5-916-91。

② 《民国十年海旺井合伙推煎约》,民国十年(1921年),自贡市档案馆藏,档案号:7-1-376-35。

③ 《民国三十二年双福井合伙推煎约》,民国三十二年(1943年),自贡市档案馆藏,档案号:8-1-717-38。

④ 周显志、陆露:"试论我国合伙财产的立法定位",载《河北法学》2005年第7期。

国初期,自贡盐业合伙契约一方面具备了同时期美国合伙契约的特征;另一方面在某种程度上比其先进。就前者而言,盐业合伙契约同西方合伙契约一样,也发展出了契约中的必备要求,比如,在契约中要阐明商业类型、经营方式、出资方式、合伙存续期间、入伙和退伙、合伙资产如何处分等。就后者而言,同时期美国的合伙组织会对合伙人分工做硬性要求,规定没有切实投身于合伙事务的成员将被排除出合伙组织。但盐业合伙契约却允许雇员以劳动力参伙,持有劳力性质的财产份额。① 因此,19 世纪末 20 世纪初的盐业合伙和 19 世纪中期美国的合伙相比,在资本积累、风险分担等方面都具有可匹敌的优势,②代表了商业发展的较高级阶段。

(一)合伙人之间分工明确

作为早期工业发展阶段投资关系的例子,像自贡合伙关系这样的形式并不多见。在美国有文字记载的大多数合伙关系中,基本上都是由一个或几个很少数量的合伙人组成的,而每一个人都在合伙业务中承担了积极主动的角色。而在自贡盐业合伙契约中,并非所有人都在合伙业务中发挥了主动积极的作用,除了每年参加年度股东大会对账簿进行审计、在股东大会上对合伙关系发展的方面进行商讨、对经理人如何表现发布指示、对分红方法进行讨论外,并非所有人都参与了日常的盐业合伙经营关系。此外,就分工而言,自贡盐业合伙关系与其他国内产业合伙关系相比也是处于较高级阶段的,不像大多数中国的煤矿产业那样建立在简单合伙关系基础上的,而是采取"大合伙"和"小合伙"并存的方式,更不像同时期国内煤炭产业那样涉及的合伙人较少,而是在有利于盐业合伙稳定的基础上尽可能多的发展合伙人,并且合伙人之间无论是对于经营管理方面或是账簿监督方面均有较为明确的分工。

(二)合伙协议内容涵盖面广

清朝的契约相比起明朝的契约在内容上进一步具体化。明朝的合本契约规定了共同管理、利润分享的事宜,但却没有对管理权的归属以及企业内部劳动力的配置事宜进行规定。而到了清朝末期,对劳动力的划分和对利润的划分却都成为了合本或合股契约的共同特征。此外,清朝末期的契约还对合伙企业的入伙退

---

① Robert Gardella, "Contracting Business Partnerships in Late Qing and Republican China", *Contract and Property in Early Modern China*, Standford: Stanford University Press, 2004, p. 330.

② Ibid., p. 344.

伙事宜、资本投资的追加事宜以及合伙财产分割事宜进行了规定,并强烈地体现在自贡盐业契约上。虽然自贡盐业契约从整体上体现出了强烈的地方生产传统,尤其是在对财产的占有使用收益处分方面,但是自贡盐业合伙契约却对全国各地产生了深远的影响。比如,他们会对正本(主要资金)和副本(补充资金)之间作区分,正本一般是由一家公司或银行的所有人投入合伙的,每一份正本都代表了几万两至几千两,它们产生红利产生利润,副本一般代表公司的额外资本,产生利润而非红利。又如,自贡盐业契约还会在银股(金钱份额)和身股(劳力份额)之间作区分,持有银股的人可以要求分享利润并且对利润的享有是可以继承的,但他们同时也要分担合伙企业的亏损,持有身股的人无权要求分享利润,但可以要求分享红利并且没有承担亏损的义务。①

(三)合伙关系具有永续性

自贡盐业合伙关系存在期限较长。虽然有很多的原因可以解释这个现象,但其中最主要的还是有的合伙人并不期待实际参与合伙业务的日常经营,也因此不会担心被其他股东占便宜。次要原因可归咎于上中下节契约(做节制度),因为新的资本借由做节制度得以不断注入盐业产业。但上述两个因素都无法解释为什么自贡盐业合伙关系在创建者死亡后依然存在。为什么合伙关系可以跨越生死而存在?根本原因是份额的商品化、份额的可继承性和与合伙紧密相关的永佃权。一方面,多数合伙人非个体而是堂的事实更进一步地抽象了合伙中的份额,使份额的转让和继承可以在宗亲分支内部流通;另一方面,对井基或盐井永久性租佃权的获得也是合伙能够无限存在下去的必要条件,若是在有期限租佃权前提下,合伙恐怕不得不因为盐井到期必须交还给地主而解散。

(四)合伙事务管理的系统性

自贡盐业产业同样还阐释了这样一个现象不断增长的国内市场会刺激大规模的资本密集型商业组织的发展,刺激商业协作关系从合伙向公司发展、从水平松散的结构向纵向结构的管理型公司发展。在前述盐业产业发展的部分已经提到,湖广市场对四川盐业产业的准入不仅刺激了钻井技术的提高,而且促进了生产模式从家庭作坊向合伙关系的演变。对湖广市场的逐步进驻以及对西南市场的同时兼顾使盐业合伙实现了资金上的融通和投资上的多样化。如果我们将宗

---

① Robert Gardella, "Contracting Business Partnerships in Late Qing and Republican China", *Contract and Property in Early Modern China*, Standford, Stanford University Press, 2004, pp. 329 - 330.

亲合伙视为一种特殊形式的合伙,我们会发现它们已经初具现代公司垂直管理的特征。清末开采食盐和天然气井的不断增长的需求以及越来越高的起步开销迫使宗亲合伙开始吸纳非血缘关系的人进入合伙组织。随着份额的等额分割,血缘合伙人和非血缘合伙人的差别日益缩小,等同于现代股份公司中的股东。①

本章小结

为变现盐业资本、增强风险抵抗能力,以及分担巨额成本,盐业人采取了合伙组织的形式开发盐井、推煎食盐。建立在合伙协议基础上的盐业合伙既具有与现代合伙制度相似的特征(出资方式灵活、管理模式民主,无限连带责任、按份共有财产、份额转让灵活、入伙退伙自由),亦从合伙方式与合伙财产范围方面体现出盐业人的智慧结晶(租佃式合伙、"大合伙"套"小合伙")。尤其是当盐业人意识到民事合伙在面对商业风险时的弱抵御能力、在执行合伙事务方面的低效率,以及在合伙内部关系处理方面内耗严重时,他们自我摸索着走上了商事合伙的道路。因此,19 世纪末 20 世纪初的盐业合伙与同时期西方的合伙关系相比,在资本积累、风险分担等方面都具有可匹敌的优势,代表了商业发展的较高级阶段。

---

① Madeleine Zelin, "Managing Multiple Ownership at the Zigong Salt Yard", *Contract and Property in Early Modern China*, Standford, Stanford University Press, 2004, pp. 237 - 238.

下篇　现 时 价 值

第九章　盐业契约的现时价值

第一节　盐业契约与社会转型

本时代的社会转型，是在保持社会形态不变的前提下以关怀个人和人类为终极目标的利益调整、社会结构变动以及体制的转变，在社会转型过程中，会呈现农业因素和工业因素、传统因素和现代因素相并存、相替代、彼此纠缠、此消彼长的特征。[①] 费孝通先生在《乡土中国》中曾指出，社会可分为两种：一种是经历共同生长过程而发展起来的社会；另一种则是被共同任务凝聚在一起的社会。[②] 用两个术语概括，前者是礼俗社会，后者是法理社会。从礼俗社会向法理社会变迁的过程便是社会转型的过程，[③]费孝通先生还指出中国社会从未曾是静态社会，而是一直处于转型的过程中，转型之实质便是从农业文明向工业文明的转型。但不幸的是，转型并非一蹴而就，却要经历农业文明和工业文明更替乃至并存的局面。中国近现代社会便在这样一种节奏中被不断地挤压、碰撞

---

① 郑佳明："中国社会转型与价值变迁"，载《清华大学学报》2010年第1期。

② 费孝通著：《乡土中国》，三联书店2013年版，第6页。

③ 刘祖云："社会转型：一种特定的社会发展过程"，载《华中师范大学学报》1997年第6期。

和再生。[①] 研究从盐业契约中所反映出来的盐业产业对当时社会乃至社会转型的影响是研究中国近现代社会转型不可回避的一个路标,因为盐业契约中所反映出来的盐业社会正是从古代农业文明向近代工业文明发起冲击的一次尝试。

一、中国社会转型的难题

(一)价值体系缺位

观诸西方各国的社会转型,无一不是以启蒙思想辅佐完成。譬如文艺复兴、宗教改革、工业革命,均在民间经过长期酝酿并得到大众的认同和参与。[②] 因此,西方政党在社会转型中所承担的任务十分专一——负责政治层面的社会转型,将文化思想和意识形态方面的社会转型留给民间自行解决。我国虽没有经过启蒙运动的洗礼,但千百年来形成的传统文化思想和强烈的民族自信心和自豪感完全可以担负起启蒙运动的功能和功效,因为虽然传统文化在理论上和价值创新上没有突破,但依然承担着千百年来文化积淀的社会功能。如果政治形态能够为传统文化的自我演进提供宽松的发展空间,那么中国社会转型的思想基础也许能够在厚度和广度上自行酝酿。但十分遗憾的是,中国近代的政治革命使传统文化的演进戛然而止,尤其是戊戌变法和辛亥革命更使传统文化千百年树立起来的权威和可信度逐步被瓦解。于是,在价值体系缺位的情况下,执政党不得不在社会转型的过程中或在社会转型前创造新的思想价值体系,而在创造的过程中不可避免地会产生将价值体系的创造和政党的执政目标相统一的效果,这使中国社会转型的思想积淀夹杂着工具主义的色彩,政治进程打断了民众思想进程,更左右了民众思想的自然发育过程,从而削弱中国社会转型的内在动力。[③] 于是中国社会转型的道路也变得曲折蜿蜒、重叠反复。不仅如此,若文化启蒙的思潮来源于外部,排异反应也大。不论是受到西方文化启发后结合中国国情提出的思想观念,还是全盘照搬西方的思想观念,在民间的接受度都较弱,缺乏从中国社会的根基所发掘的能够引领人民完成思想意识形态转变的观念。[④] 而中国社会的根基正是人们

---

① 侯猛:"转型社会的乡村法律民族志:方法与对象",载《清华法律评论》2006 年第 1 期。

② 郑佳明:"中国社会转型与价值变迁",载《清华大学学报》2010 年第 1 期。

③ 同上。

④ 也有将立足中国国情的转型称为"对象化转型",而将全盘照搬西方经验称为"漫游式转型"的学者,参见孙泽建:"从'对象化转型'到'漫游式转型'——近现代中国政治社会转型中的'欠缺范式'及其超越",载《南方论丛》2013 年第 4 期。

千百年来所形成的日常生活习惯。[①] 也许只有通过对传统文化中所蕴含的生活习惯生活模式进行研究，方可得出能够从根本上启发民智的思想，也才使社会转型能够得到民众最发自内心的接受。

（二）转型路径模糊

中国社会转型特色在于其“混合性”，既未遵从社会主义国家的计划经济转型模式，也未完全采取资本主义国家的市场经济转型模式，而是采取了在社会主义体制内部的市场经济转型模式。[②] 这样的路径模式是独特的，一方面，因为“市场经济+公有制主体+社会主义制度”的路径模式尚属先例，不论做任何方向的努力都是探索，是有益探索还是无用探索只能留待时间来验证；另一方面，社会结构的转型难以在一个时代彻底完成，而经济体制转型却应当在一个较短的时期完成，[③]二者目标上的矛盾性会增加社会转型的成本，会导致两类转型中本可逐一解决的问题纠缠出现变得难以解决，会产生“一波未平，一波又起”式的社会矛盾的内在叠加。政党文化与自上而下的驱动力过于强硬，迫使传统文化、商品文化与自下而上的驱动力受到束缚。虽然政府已经注意到这一点并逐渐减少对社会转型的控制，譬如实现从控制型政府向服务型政府的转变，但传统文化、商品文化和市场依旧显得动力不足，潜力还未完全开发，无法在自上而下与自下而上的两极管道中搭建平台以实现能量的衡平。因此，自上而下的社会转型与自下而上的社会转型相比需要承担更大的成本与风险，更加需要上层与下层衔接、磨合与配套。换言之，如果能够通过某种制度设计润滑摩擦，实现二者之间的互动，则必然能够为中国社会转型保驾护航。[④]

---

① 贺潜：“论当代中国社会转型中的文化转型”，河南大学政治系2010年硕士学位论文，第32页。

② 该模式结合了中国在政治制度和文化传统上的强势以及在经济制度尤其是经济资本运作上的弱势，因此所产生的效果有二：其一，使中国的社会转型烙上了政党文化、传统文化和商品文化的三元印记；其二，使中国的社会转型成为“双转式”的模式。所谓双转型，即从农业社会向工业社会的社会形态转型和从计划经济体制向市场经济体制的经济体制转型同时进行的社会转型模式。参见郑杭生：“改革开放三十年：社会发展理论和社会转型理论”，载《中国社会科学》2009年第2期。

③ 郑杭生：“改革开放三十年：社会发展理论和社会转型理论”，载《中国社会科学》2009年第2期。

④ 刘燕、万欣荣：“中国社会转型的独特性分析”，载《中国经济问题》2011年第5期。

二、盐业契约文化对中国社会转型难题的破解

（一）通过契约文化破解

转型一词来源于生物学，是指为了获得物体的稳定性而改变物体的内在组成以及内在结构各部分与外界的作用关系。转型的结果要么是增加原物体的功能，要么是变成新的物体。① 但正如前文在中国社会转型定义中所言，中国社会转型是在保持社会主义形态不变的框架内的社会转型。如果转型后果使社会形态发生改变，便违背了中国社会主义转型的初衷。而要避免这样的状况，只有寻找一个常量。虽然中国有句古谚——天不变，道亦不变，但社会转型中所寻求的却应当是——天变，道亦不变。一方面，只有维持一个常量，才能够安定民心，才能够保留社会转型道路中的基准；另一方面，社会转型过程中不可能所有因素都是变量，如果全部是变量则会产生转型失控的后果。因此必定有一个量是常量，且该常量在社会转型过程中至少可以发挥两个功用：提供社会转型完成的蓝图与纠正社会转型过程中的偏差。因此研究社会转型的首要任务便是寻找可有效防止社会失范的常量。

虽然对政党的信仰在很大程度上能够支撑和规范人们的精神世界，但这样的信仰并不是从千百年来的中国传统社会内生的，而是在政党建立后外加的，其与内生性的价值体系区别在于认同范围狭窄、独立性较弱、自我演进能力较弱。因此社会转型常量的首选发掘点应当是中国传统文化。如果能够找到一种既源于传统文化又存在于近现代社会的常量，则其必然具有认同范围广、独立性强、自我演进能力强的优势，也必然能够在功能上与西方宗教相媲美。若是要寻求中国社会转型的内在动力，就应当从社会成员最在乎的问题着手寻找，对民众而言，最重要的便是民生，民生又可细化为物质利益的追求和精神利益的实现。若是要寻找能够在自上而下发起的转型路径与自下而上发起的转型路径之间搭建平台的桥梁，就应当从统治阶层和被统治阶层均离不开的载体着手寻找。若是要在现代社会寻找能够容纳传统因素积淀的价值体系，就应当从既存在于传统社会亦存在于现代社会的意识观念中寻找。契约文化恰是能够回应以上三个“寻找”的答案，更是解决内生动力不足、转型路径模糊、价值体系缺位的关键。因此本书认为转型常量是契约文化。经由盐业契约而构建的盐文化圈所表现出来的契约文化证

---

① 晏辉：“论社会转型的实质、困境与出路”，载《内蒙古大学学报》1998年第1期。

明了在中国近代社会曾经出现过推动社会转型的思想：譬如通过盐井买卖契约、井基租佃契约、盐业借贷契约的协商性缔约过程所体现出来的地主和佃户之间的身份平等意识；譬如通过盐业合伙契约、盐业承首人契约、盐井开凿契约所体现出来的地主与劳动者及外来投资人之间的包容、自由、合作意识及对个人价值的尊重意识等。此外，盐业文化圈中的成员无疑是自由的，不论是从契约自由的宏观视角而言，还是从密尔所确立的自由三原则验证，①他们均体现出了契约意识对传统三纲五常规则所建立的身份等级制度的冲击力。虽然盐业文化圈中所风靡的契约文化并没有取代当时统治者的教化工具成为后来的民间信仰，但其确实推动了中国近代的社会转型，并值得当今构建社会思想意识形态转型路径者所借鉴。一方面，自贡盐业契约依靠传统固有文化传承体系，以儒家伦理之核心价值为依托，以“契约 + 市场”为模式，成功整合各类资源，开发出迥然异于江南经济的近代化道路，并由此建构了一整套制度化的、涵括了义务、同情、辞让、正义和公德的文化体系，同时，自贡盐业契约亦并未偏废西方发达科技在盐业开凿中的具体应用，最终缔造了不可替代的区域经济，适足为中国现代化转型在转型动力、模式选择、制度构建等方面提供本土化有益资源。另一方面，无论是中国传统社会还是近现代社会，国家、家庭、个人始终是价值主体的恒量，从左至右便是价值主体的位阶排序。因此，所谓自上而下式的社会转型便是从国家到家庭再到个人的社会转型；所谓自下而上式的社会转型便是从个人到家庭再到国家的社会转型。自贡盐业契约文化所体现出的自下而上式内生力量及制度生成轨迹，不仅可以从根本上抽离西方社会转型判断标准的适用性和实用性，浮现适合国情的中国社会转型必备要素，对当前社会转型提供经验和借鉴价值，而且还可证明不盲从西方

---

① 密尔认为，市民社会中的市民自由是通过三个原则表现出来的——伤害理论原则（self - protection）、自由而平等的讨论原则（free and equal discussion）、自担风险原则（at one's risk）。所谓伤害理论原则，是指私个体须约束自己权利的行使后果，不得以个人利益为缘由伤害其他私个体的利益，公个体当且仅当在匡扶私个体利益之间的不平等时方可介入私权利范围。所谓自由而平等的讨论原则，是指社会成员均在平等的基础上生活，不论是经济层面上的讨论，还是政治或文化上的讨论。所谓自担风险原则，是指私个体须对个人主义发挥的后果埋单，不能只享受权利不承担义务。参见［英］约翰·斯图亚特·密尔著：《论自由》，于庆生译，中国法制出版社 2000 年版，第 29 页、第 31 页、第 85 页。盐业契约中所树立的主客在地役权方面的约定体现了伤害理论原则；缔约、修约、解约过程体现出自由而平等讨论原则；地主在盐井见功进班后不论其后盐井是否持续见功均须与客人共担损益则体现了自担风险原则。

社会转型经验,保持民族特色、尊重传统文化即可实现转型目标、走在世界前列。①

(二)通过市民阶层的培育来破解

转型常量所维持的是静态社会,转型变量所着力的便是动态社会。② 根据马克思对社会关系发展和人自身发展的联系观点,社会发展可分为三个基本阶段:人依赖人的阶段、人依赖物的阶段、建立在人依赖物的基础上的人与人之间彼此独立的阶段,③因此本书将社会转型变量分为两类:人与物。前者解决人与人的关系;后者解决物与人的关系。概言之,“人”本身转型的问题是市民阶层的形成问题;“人”与“人”之间关系转型的问题是市民阶层的发展问题;公的“人”与私的“人”之间关系转型的问题是市民阶层与非市民阶层的公私矛盾如何化解的问题。市民阶层是社会中坚力量,本书所理解的中坚阶层是历史上的重要阶层,是能够在社会经济发展上做出主要贡献的、能够推广契约意识的重要阶层。就我国而言,市民阶层源于农民阶层却不同于农民阶层,因为市民阶层是从农民阶层的剩余人口转化而来。④ 本书认为中国社会转型中的市民阶层组成成员应当是多样化的,不仅有商人和手工业者,还应当有农民。只要满足“拥有资产”和“具有逐利性”两个基本要素就具有被培育成市民阶层成员的可能。我国自古以来就是农业大国,因此市民阶层中应否有农民、是否有农民、农民怎样发展是决定市民阶层力量会否强大的重要原因。盐业社会中从事盐井开凿、运营、卤水运输的劳动力无不是农业剩余劳动力,盐业契约中的拥有土地的农民和承佃他人土地的农民均有意识地利用“租佃+合伙”的模式成功实现了从纯农业耕种人向持有份额的盐井合伙人的转变,以及从以耕种农作物为生的农民向拥有资产追逐利益的市民的转变。此外,盐业人通过自治共同体的缔结和习惯法的形成亦有效协调着政府与市场的关系。他们通过结成共同体增添了同政府谈判的竞争力,直接造成市民阶层与统治阶层的权利范围和权力范围在退让和进攻中的重新划分,间接造成社

---

① 关海峰、刘东黎:“当代社会转型与哲学、文化转型的若干思考”,载《北方论丛》1998年第1期。

② 晏辉:“论社会本体与社会转型”,载《江淮论坛》1997年第5期。

③ 《马克思恩格斯全集》(第46卷),中共中央马克思恩格斯列宁斯大林著作编译局编译,人民出版社2003年版,第104~109页。

④ 江启疆:“论西方向法治社会转型的演进”,载《法学家》2006年第2期。

会经济结构和社会文化结构的改变,[①]值得我国当前社会转型借鉴。具体而言,一方面,就市民阶层中的农民而言,或许利用集体土地流转的股份制方案可实现我国农民向市民的转变;另一方面,就市民阶层中的商人和手工业者而言,在自治组织的建立中注意设立目的的外向性、成员关系的平等性以及提高自治组织的市场参与度对二、三产业从业者向市民的转变将有极大的帮助价值。

(三)通过农村土地资本化来破解

市民阶层问题解决社会转型中之"人"与"人"的关系,农村土地问题则解决社会转型之"人"与"物"的关系。所谓"物",即人可依赖的资源和利益。具体到我国社会转型,能够推动社会转型,也能够在社会转型中作为最基本的资源为人们所依赖的,便是农村经济生活。任何社会的转型都是从农村经济生活转型开始,其中土地资本的运用和变现是决定性因素。一方面,就农村产业结构变化而言,土地与资本的结合可对传统农业的领域进行创新性扩展,横向发展多样化农业经营,纵向发展一条龙式规模化产业经营;另一方面,就农民职业结构变化而言,土地与资本的结合可实现农民身份与工作的分离,譬如通过农地股份制使农民不再因身份束缚而被困于传统农业耕作分工上,而是进入企业工作或迁移到城镇地区从事二、三产业的工作。通过盐业契约建立的盐文化圈不论是在农业产业结构转型上、农民职业转型上,还是在农业社会结构转型上都有值得现代农村社会转型借鉴之处。第一,年限井开凿契约中所体现的土地所有权人和投资人之间建立的"客来起高楼、客走主人收"的原始 BOT 模式可为我国集体土地制度改良所借鉴,有利于构建城乡一体的建设用地市场机制。第二,上中下节契约和承首人契约中所体现的建立在租佃基础上的合伙模式可为我国集体农用地制度所借鉴,不仅有利于明晰村集体和土地承包经营权人之间的平等合作关系,将土地承包经营权人从零碎化经营、自给自足式经营的困境中解脱出来,而且有利于通过股权在村集体和农民个人之间建立土地财产性利益分享机制,促进"农村三结构"的转型。第三,盐业契约缔约主体对身份依附性的突破以及土地所有权人在租佃式合伙中的控制性地位的确立提示我国如何利用土地资产来强化村集体对农村经济发展的导向力。因为农民对宗族的身份皈依感和身份认同感会造成农民对村落的依赖,而对村落的依赖则将进一步加深不同地域、不同习俗之间农村社会的差别,从而为农村社会一体化转型制造障碍。只有弱化农民与宗族的联

① 江启疆:"论西方向法治社会转型的演进",载《法学家》2006 年第 2 期。

系，才能弱化农民的身份认同感，才能实现集体与国家对话语权的掌握，才能将农户的身份认同标准从血缘和家族调整为经济利益，弱化农户彼此之间的身份关联，使国家和集体变为其新的依靠，①形成新的格局，改变农村社会结构，为实现农村社会的转型铺路。

第二节　现时价值：对我国社会转型期市民阶层的培育

虽然清末时期的中国绝不是一个开放的国家，也绝无可供人们用来维护私人权利的制度，更没有议会等民主议政机制，甚至革新求变等市民社会独具的人格特征也鲜在人们身上看到，更加没有可以将市民塑造为“现代人”形态的文艺复兴、宗教改革和启蒙运动，②但在盐业文化圈中，仍然存在堪比西方国家市民阶层的盐商群体，他们身上所表露出的革新求变、躁动不安、积极进取的性格，以及对等级制度和家庭宗族关系的挑战，可证明传统社会中存在市民阶层并对现代社会市民阶层的培育提供借鉴价值。他们的崛起之路恰是市民阶层形成过程的写照；他们为了自治而形成的共同体正是市民阶层内部秩序形成的写照；他们为了利益表达和争取而与公权力的交涉正是市民阶层与统治阶层相互牵制相互扶助的写照。正因如此，很多人认为英国同中国的“大分流”出现在19世纪。③

一、盐商阶层的形成与生长

自贡盐业产业见证了现代商业的演变，诠释了在技术因素之外，文化和社会因素的重要性。一直以来人们所持有的偏见——中国近现代由于缺乏契约文化致使商业发展停滞——被打破。自贡盐业契约证明契约在中国近现代社会所扮演的重要角色：不仅促进了复杂商业关系的发展，培育了市民阶层，还促进了商业组织在应对不断变化的政治、技术、经济情势基础上的转型。而正如前文所论证，盐业契约是以盐业推煎权的产生、流转、灭失为内容的契约，并囿于盐业产业特性主要采取合伙形式经营，因而市民阶层的成长也主要通过盐业合伙契约的产生与

---

① 贺雪峰：“中国农村社会转型及其困境”，载《东岳论丛》2006年第3期。

② ［荷］皮尔·弗里斯著：《从北京回望曼彻斯特：英国、工业革命和中国》，苗婧译，浙江大学出版社2009年版，第33页。

③ 所谓“大分流”即英国同中国在经济文化上拉开显著差别。参见［荷］皮尔·弗里斯著：《从北京回望曼彻斯特：英国、工业革命和中国》，苗婧译，浙江大学出版社2009年版，第35页。

发展而逐渐成熟壮大。根据法国著名社会学家布迪厄的观点可知，社会成员所拥有的资本数量及资本类型将决定其属于哪一个阶层，而一旦进入不同阶层后，便会为该阶层的习惯所同化，拥有相同的阶级品位。① 而正是通过盐业买卖契约、盐业租佃契约、盐业借贷契约、盐业上中下节契约、盐业承首人契约、盐业合伙份额契约，尽可能多的人获得了进入盐业产业活动的启动资本，不断充实壮大着市民阶层。

（一）盐商阶层的浮现

1. 浮现原因：契约与盐业产业的结合

浮现原因之一：契约。清代中国的交易模式毫无疑问是“商业社会”之典范，大部分商品和服务都是在契约的基础上进行交易。② 无可否认，晚清时期商人阶层的浮现与清朝政府对商业所采取的宽松政策不无相关。③ 农业发展的内卷化也为二、三产业的发展留足了空间。④ 但是除了契约的要素，家庭宗族成员之间的互信和互惠也是相当大的决定因素。⑤

2. 浮现时间：19 世纪中叶

自贡虽一直以盐业为当地的经济支柱，通过从盐井中汲取卤水，蒸发成食盐，进行销售来获取经济收益，但鉴于食盐是国民生活的必需品，为了防止垄断，官方对盐业的分配一直保有控制权。这便是为何在早期自贡盐业产业中并未出现盐商阶层的原因。既因为官方对盐业市场规模的调控使盐业产业的生产力受挫，使自贡的食盐只能在四川、贵州、云南部分地区销售，亦因为盐业产业一直以家庭作坊以及小型合伙为主要经营形式。这样的状态一直持续到 19 世纪中叶。1853 年，随着太平天国运动对南京的占领造成长江交通运输的受阻，四川食盐逐渐流通到了湖广地区。于是与 1853 年之前只用满足西南片区食盐需求相比，整个食盐需求量猛增，更带动了新科技的发展。⑥ 与此同时，在自流井发现的大量的天然气也为食盐的蒸发降低成本。这一方面带动了盐场生产力的提升；另一方面冲

---

① 周鸿：“阶级阶层形成理论探析”，载《学术探索》2005 年第 2 期。

② ［荷］皮尔·弗里斯著：《从北京回望曼彻斯特：英国、工业革命和中国》，苗婧译，浙江大学出版社 2009 年版，第 43 页。

③ 杨松涛、王彦章：“19 世纪末 20 世纪初中国商人阶层的崛起”，载《学术交流》2010 年第 4 期。

④ ［荷］皮尔·弗里斯著：《从北京回望曼彻斯特：英国、工业革命和中国》，苗婧译，浙江大学出版社 2009 年版，第 72 页。

⑤ 同上书，第 44 页。

⑥ 钻井深度越来越深，打卤技术越来越精确。

击了长久以来家庭作坊的保守经营方式。在盐井需求猛增下以及专业技术的提高下,简单的家庭作坊和小型合伙已无法满足市场需求(比如,深度盐井的开凿需要更充分的准备过程,更丰厚的前期资金,以及更长的打卤时间),自贡盐业人开始寻求通过契约整合资源和资金优势,缔结规模更大的合伙:希望通过合伙可以将土地汇集在一起形成成片优势、将资金融合在一起为盐业生产提供充足的资金支持;希望能够通过承首人保证盐业开采的职业性、保证不同类型资金的支持。而以合伙契约为维系纽带的地主和外来投资人之间的联合则冲击了传统农业社会中根深蒂固的小农经济的自给自足性,生产手段以及生产技术的落后性。于是,在资本和劳动力的流动下以及新生产技术研发的推广下,以契约为维系纽带的盐商阶层由此产生。

(二)盐商阶层的初具规模

盐商阶层随着盐业契约内容的完善而壮大。当土地所有权人和投资人为了整合资源和资金优势而达成合伙协议并不断完善协议内容直至形成样板之后,一个有着共同利益的阶层开始浮现。单一盐井合伙关系虽然简单,却没有存在过于长久。到19世纪末,几乎所有盐井都有10个以上的来自不同家族的合伙人,而这些合伙人几乎均同时在多个盐井合伙中参股。对某一个盐井有实际经济利益的利益相关者甚至更多(并非只有合伙人才有实际经济利益)——不光有个体,还有当铺。比如,在大兴井的11个投资人中就有4个是当铺(当铺也是随着盐业生产的扩大而兴起的,在当时算是新式融资实体)。① 在客观因素和主观因素同时作用下,盐商们被迫改变已有的经营方式,开展更高级的合伙形式,实现了盐商阶层的壮大。

1.财团的出现从客观上增加了盐商阶层的多样性

到了19世纪晚期,一些盐场开始经历财政危机,既因为生产技术的落后已经无法满足大量的需求,亦因为管理技术的贫乏已无法对人力和物力资源进行统筹运作。再加诸政治因素的干预,一些濒临破产的企业欠下了大笔的债务,以至于无法找到自救之办法。在这样的背景下,1896年出现了第一个财团,即渝沙财团。该财团由来自重庆等地的大量商人汇聚而成,他们承担了企业的债务,并对当时自贡最强的盐井合伙进行了重组。最可贵的是,重组基本上是通过一系列契

① Madeleine Zelin, "Managing Multiple Ownership at the Zigong Salt Yard", *Contract and Property in Early Modern China*, Standford, Stanford University Press, 2004, pp. 233 - 234.

约完成的，涉及债务偿还、管理结构的调整、资产的重新分配。此后直至20世纪20年代现代银行诞生前，财团均是自贡盐场最重要的资金来源与最主要的金融机构。① 这些财团性质的组织为盐商阶层的壮大发挥了积极的作用：一方面，它们使经历资金周转困难但是依然有人力资源储备的商人们有重新翻盘的机会；另一方面，它们本身也作为投资人加入诸多企业，从而增加了盐商阶层的多样性，使商事个体与商业组织百花齐放。比如，在自贡盐业契约中便可以看到相当一部分投资者并不是个人，而是财团或者是当铺。②

2. 盐井推煎权持有的分散化扩大了盐商阶层规模

盐业井份的商品化极大地促进了自贡的生产力。正是因为井份可以自由地售卖，所以对于部分有生产潜力的盐井而言，即便原来开发它的合伙人因为资金链断掉之原因而无力继续开发，也有源源不断的人承接继续。而对于盐井份额持有者而言，即便苦于财政危机无法继续开采盐井，仍希望能够保留自己对盐井份额的享有资格。所以他们更倾向于引进上中下节契约人，重新划分份额，而不是直接将自己的份额转手他人。正因如此，到19世纪末20世纪初，基本上所有具有生产潜力的盐井都经历了一次或多次的份额重组。这便意味着盐业合伙关系的复杂性更进一步，份额持有更加分散。《民国二十一年天龙井上中下节契约》中的天龙盐井合伙便是极为典型的例子。③ 可见，盐井推煎权的商品化和份额持

---

① Madeleine Zelin, "A Critique of Rights of Property in Prewar China", in Robert Gardella (ed.), *Contract and Property in Early Modern China*, Stanford, 2004, p. 31.

② Ibid., p. 32.

③《民国二十一年天龙井上中下节契约》，民国二十一年(1932年)，自贡市档案馆藏，档案号：3-5-4020-16。天龙井所在土地原本属于郭氏及其儿子袁秀阳和袁秀芝。一开始郭氏和两个儿子只是简单地与毛志远和德和号(高井社堂)形成了合伙开发盐井的法律关系。按照契约，作为土地所有人，袁氏的份额是10份，德和号的份额是20份。但于1910年，德和号将自己份额中的16份转让给了中节约人，李五美堂。李五美堂同时向袁氏购买了5份地主份，于是李五美堂所占份额共计21份，此时袁氏共计5份地主份，德和号则只有4份。又于1927年，德和号将4份中的一份出售给了他人，李伯权。同年，李五美堂将自己所占有的21份中的8份出售给了廖忠厚堂，只保留了13份。再于1928年，李五美堂将余下13份中的8份通过下节约转让给了秀阳熔炉合伙人，只保留了5份中节地主份额(地主份额无须按月支付开凿成本)。虽然李五美堂因为所占有的是地主份额无须支付成本，但是德和号和李宝权均应对自己份额支付开凿成本。后来对于德和号和李宝权所持有的共计4份的井份被下节约人永祥熔炉合伙购买。而袁氏的5份地主份额也被李四友堂购买。于是天龙井的份额持有关系如下：地主井份共计十份，五份由李四友堂持有，五份由李五美堂持有。非地主井份共计20份，永祥灶4份，廖忠厚堂8份，秀洋灶8份——德合号所持有的份额从20份到4份再到3份，而李五美堂所持有的份额则从16份增加到21份再减少到最后的5份。

有的分散化则为每一个个体提供了进入盐商阶层的准入券，通过提供份额分红机会为社会成员开启了自由、独立、平等意识之窗，从而解除了由差序格局所形成的对个体意志之禁锢，并通过吸纳社会成员壮大了阶层力量。

3. 宗亲合伙的发展赋予了盐商阶层先锋性

宗亲合伙与其他合伙区别之处便在于宗族内部的垂直化经营管理。虽然大多数堂在盐业产业中的投资组合都是多样化的，大多数资金被投入到一小撮盐井或熔炉的一部分份额中，但宗亲合伙发展则是兼顾了盐业生产的方方面面，即不仅涉足开采环节，还有运输环节与出售环节。一方面，宗族所拥有的土地可用于开凿盐井，其在盐井、熔炉、卤水管道等方面的投资使该合伙有能力保证卤水和熔炉之间的自给自足，而其在长江沿岸码头的发展则保证了合伙对湖广、云南、四川等地盐业市场的占领；另一方面，通过宗亲合伙下对共同资产的份额持有和分红使宗亲内部每一个家庭都能过上很好的生活，并且共同资产的融合亦可有效地防止分家与个别家庭成员对共同财产的侵吞。此外，就风险规避而言，通过宗亲合伙在其他盐业企业的投资所获得的利润可使该合伙有能力分散开凿新井的风险。比如，神医堂和李四友堂便是宗亲合伙的典型例子，从会计部门到交际部门、从运输部门到销售部门、从股东大会到经理人，一应俱全。①

二、盐商群体对中国近代社会转型的推动

（一）时代背景及群体构成

本书所讨论的盐商群体存在于清朝末年。众所周知，封建社会时期的社会经济处于自然经济状态：自然经济中的“自”意味着自给自足，民众从各自所拥有的生活资料和生产资料中可以得到满足而无须或没有途径借助他人所有的同类物；自然经济中的“然”意味着顺其自然，民众并没有想要“革新突变”的想法，更缺少试图将自然经济中已经存在的初等程度的商品经济扩大化的先锋者。但盐商阶层所存在的清末民初已出现商品经济的萌芽且蓬勃发展。在本书第五章至第八章中已证明幼小的资本主义萌芽随着资本在盐业产业中的组合和裂变而获得了发展空间。随着产盐技术的发展，②以及川盐济楚所造成的四川地区食盐出路的

---

① Madeleine Zelin, “Managing Multiple Ownership at the Zigong Salt Yard”, *Contract and Property in Early Modern China*, Standford, Stanford University Press, 2004, pp. 236 – 237.

② 譬如，在卤水开采环节盐井深度的增加和卤水烧制环节天然气的引进。

扩大,资本主义萌芽进一步发展,创造了盐场的繁荣景象,并带动了一批富裕的盐商群体的出现。譬如,盐场经营前期的“王三畏堂、李四友堂、胡慎怡堂、颜桂馨堂”四大盐业家族,以及抗日战争后期出现的“熊、侯、罗、罗”四大盐业家族,皆为盐商群体的代表,不仅拥资高达百十万,而且形成了现代经营模式,①以高盈利的表征吸引了地主、农民、手工业者加入盐商阶层。这一方面得益于建立于土地上的各种契约对私人财产的保护;另一方面得益于习惯法的发挥作用。就前者而言,清末的土地归私人所有,如何对自己所拥有的土地进行开垦和最大化利用成为各土地所有权人极力解决的问题,而土地则成为盐商群体发展的一个契机,从租佃地基开始启动探寻盐脉、开凿盐井、推煎经营的程序。因此土地契约功不可没,它不仅促成了土地相关不动产的买卖、租佃、借贷,而且促成了在交易过程中各种担保方式的多样化和灵活性,譬如在盐业借贷契约中就不难见到综合运用抵押、保证、质押等担保方式的情形(详见第四章)。而为了进一步确认土地契约的功能,官方也开始转变对待私人财产的态度,逐渐通过优惠的政策或宽容的态度或扶持或允许民间资本的壮大及其在乡村经济领域的进驻。就后者而言,清末民初的法律在盐业产业领域所做的贡献并不显著,甚至可谓微弱。而盐业产业从业者的权益在交易活动中并没有受到严重损害,这不得不归功于当时在盐井开凿、运营过程中形成的习惯法。盐业产业的习惯法在当时不单助力了自然经济向商品经济的转变,而且在盐业契约当事人之间发生冲突时亦起到了调和矛盾的作用,有效减少了纠纷的扩大。退一步讲,即便当时就盐业产业的生产运营有相应的成文法,也未必会起到立法者预期的作用。因为即便是在商品经济有喜人发展的清末时期,身份等级制度依然未完全被破除,家庭仍然是主要单位,地域之间的封闭情况也没有得到长足的缓解,习惯法较之成文法的接受程度更广、更易执行。②

盐商群体由两部分人构成:不拥有土地的商人和拥有土地的农民。其一,就不拥有土地的商人而言,较易理解为何其是盐商群体的一部分。盐商是随着盐业产业发展而逐渐浮现的一个因盐致富的阶层,他们代代承接,不断演进,甚为庞大。他们所体现出来的精明强干、工作理性,以及对利润的热衷,表现出与同时期

---

① 孙建三、黄健著:《遍地盐井的都市:遍布盐井的都市:抗战时期一座城市的诞生》,广西师范大学出版社2005年版,第120~121页。

② 眭红明:“清末民初民商事习惯调查之研究”,南京师范大学法律系2004年博士学位论文,第19~21页。

西方国家商人相类似的特质。[1]《辞源》有云,“商,贩卖货物之人”,从中可看出盐商与晋商的不同,后者是传统意义上的商人,但盐商却在贩卖食盐之外更加注重对盐井、灶、笕、号的经营,早已超出传统商人的范畴,是“工”与“商”的结合,[2]不论是在盐井开凿契约中还是在盐业上中下节契约中,不论是在承首人契约中还是在盐业合伙契约中,都可看到盐商为了维持盐井日常运营在资本聚合方面以及管理模式等方面所付出的努力。其二,就拥有土地的农民而言,似乎较难理解为何他们也是盐商群体的一分子,因为在人们的传统观念中,农民是以土地为生的,勤勤恳恳耕种农作物的群体,与理性、精明的商人似乎是并轨而行的两条线。但透过盐业契约所反映出来的清末民初的盐业产业却成功地实现了农民群体内部的分化。鉴于务农并不是获利的最快方式,土地所有权人开始倾向于以出租土地的租金、利息等收入营生。[3] 除去盐业买卖契约、盐业借贷契约不论,就盐业租佃契约、盐井开凿契约、盐业上中下节契约、盐业承首人契约、盐业合伙契约而言,均体现出从出佃人身份向盐井合伙人身份的转变,而不论该农民是只拥有土地的所有权人,或是从土地所有权人处承佃土地开凿盐井并拥有盐井推煎权的农民。此处分别举一例以说明。(1)就土地所有权人身份转变而言,以《嘉庆元年天元井承首人约》为例:首先根据“立合约人刘坤伦、张仕瑛,情二人合伙承首同办,写得谢晋昭名下天井坝,平地开凿新井一眼,取名天元井”可知,此约中的土地所有权人即出佃人是谢晋昭,客人即承佃人是承首人刘坤伦和张仕瑛;其次根据“井出微水、微火,以帮做井使用,地主不得分班;至大水、大火,停工住凿起推,二十四口各出使费,并各立名承课注册,子孙永远管业”可知,一旦井见大功,产出大量卤水天然气,则土地所有权人由出佃人的身份转变为合伙人,与客人共享收益共担风险,此即约中所谓“二十四口各出使费”。(2)就从土地所有权人处承佃土地开凿盐井并拥有盐井推煎权的农民而言,以《民国三十二年泰丰井复淘约》为例:首先根据“立承佃水火油废井三十天日份文约人同荣灶经手余海珊,今凭证佃到同福和灶经手刘韵琴名下,于民国二十二年国历二月二十日,佃得潘选清名下先年祖父在新区地名龙洞沟,锉办成功盐井一眼,地脉日份三十天,原名泰丰井”可知,本约

---

① [荷]皮尔·弗里斯著:《从北京回望曼彻斯特:英国、工业革命和中国》,苗婧译,浙江大学出版社2009年版,第65页。

② 尹华江著:《贡井盐业历史文化研究文集》,四川大学出版社2010年版,第49页。

③ [荷]皮尔·弗里斯著:《从北京回望曼彻斯特:英国、工业革命和中国》,苗婧译,浙江大学出版社2009年版,第46页。

中的土地所有权人并非出佃人刘韵琴，而是潘选清。其次根据“如依约照上开日期兴工淘锉，至见大功之日为止，此约继续有效。其年限依照原约，俟咸水火油起推之日批字起限，以后见功之时，除去缴井用费之外有余，出佃人白红进班，即照三十天分派红息”可知，出佃人即拥有盐井他物权的农民自盐井见大功始成为合伙人，与盐井复淘人一同享有盐井收益，即约中所言“照三十天分派红息”。

（二）盐商群体对社会转型的推动

1. 通过建立自治共同体推动

盐业共同体的建立是基于盐商们的共同观念，比如，在食盐产业重要性、盐井产量的预期，盐业生产活动规则等方面所达成的共识。盐业共同体的建立有助于共同体成员提高商业决策的合理性以及对市场信息获取的及时性。

在“再福井合伙约”①中，“大关”一词虽然出现在契约文本中，却没有对其主要功能和职责进行详细的描述，“纪元厂大关契约”中却更为详尽地展现了盐井共同体的特征。② 该约的第1条“本契约成立纪元厂大关。对富荣东盐场自流井如下盐井进行管理：世宏盐井、洪福盐井、宏远盐井、宏珍盐井、红沁盐井、鸿海盐井、洪顺盐井。在尚义豪盐井结案之后，还将对天海盐井和深海盐井进行管理”揭示了大关的由来——9个盐井合意成立的共同体。第一，关于为何盐井之间要成立共同体，可根据该约的第5条（“如果大关所管理的盐井中出现份额变化，大关必须首先通知有股份变化的盐井的所有股东以防止份额的变化将带来的混乱。个人不得私自对自己所持有份额进行处分，必须由大关统一进行”）作出猜测：盐业合伙由于资金融通的缘故常会有新旧份额的变动——新的合伙人借由上中下节契约的缔结而进入；旧的合伙人借由上中下节契约而部分转让份额。但是在盐业生产发展到鼎盛时期时，一个合伙人同时在多个盐业合伙中持有份额已并不鲜见，假若任由他们处分份额将可能导致盐业合伙的连锁亏损（因无限责任之故）和产权模糊。第二，至于为何大关是具有自治性质的共同体，可基于以下理由推断：（1）成员均同意由大关对盐井生产所需资源进行整合和统一调配（第2条“大关的职责是对如上九个盐井进行控制并负责盐井运行所需要的自然资源”）。（2）成员均同意各出部分资金建立大关的资金池以便专门用于盐井自治事宜（第

---

① Madeleine Zelin, “Managing Multiple Ownership at the Zigong Salt Yard”, *Contract and Property in Early Modern China*, Standford, Stanford University Press, 2004, pp. 259 ~ 260.

② Ibid.

4条“大关会被给予一定量的资金。但大关必须对开支每六个月汇报一次。如果资金不足,股东将召开大会并根据各自的份额追加资金供大关使用”)。(3)成员均同意由大关负责监督份额变动以防止变动异常带来的损失(第5条“如果大关所管理的盐井中出现份额变化,大关必须首先通知有股份变化的盐井的所有股东以防止份额的变化将带来的混乱。个人不得私自对自己所持有份额进行处分,必须由大关统一进行”)。(4)成员均同意由大关对盐井生产所涉及的内部纠纷、外部交涉进行统一管理(第3条“大关将选任一名经理,对所有盐井进行总体负责。还将选出两名监事,对所有内部和外部事务进行负责,还将选出两名外交官,协助经理处理所有合伙企业外部事务。所有的事务都将被集体讨论和决定。以上职位将在自愿的基础上决定,所有职位可聘请一名助手进行协助”)。

除大关外,还有行帮会馆等自治团体。自贡盐场的帮会组织则是盐业产业发展的产物,不仅数量多,而且门类齐。共有数十个,并且宗旨明确,皆是着眼于盐业生产的各行各业。其中,名称为“帮”的自治组织一般是以成员所属地域和职业为准入标准,名称为“行”的自治组织则是以其在盐业生产中的分工为准入标准,名称为“会”的自治组织则是以各社会分工所崇拜的神灵即宗教信仰为准入标准,名称为“馆”的自治组织则是以成员的原籍为准入标准。以行、帮、会、馆为组织形式的盐业自治共同体规模庞大,相互渗透,相互影响。不仅在对盐场的生产活动、宗教活动的规范方面起了极大作用,也实现了资源的整合、市场的规范、产业竞争力的提升,以及组织成员困难的解决。①

2. 通过习惯法推动

自贡盐业契约中所包括的商业惯例不仅能够充分说明习惯法的存在,而且能够说明中国近现代的习惯法在不同的商业关系中,在不同阶段中发挥了不同的作用。并且,正因为中国近代社会缺乏系统的成文法规范,习惯法是当时主要的规范形式。② 仅从本书所选取的96份盐业契约中就可以看到人们通过习惯法所表达出来的诉求,所追求的利益,所期待的回报,以及所承担的契约责任,可以看到

---

① 尹华江著:《贡井盐业历史文化研究文集》,四川大学出版社2010年版,第100页。

② Man Bun Kwan, “Custom, the Code, and Legal Practice: The Contracts of Changlu Salt Merchants in Late Imperial China”, in Robert Gardella (ed.), *Contract and Property in Early Modern China*, Stanford, 2004, p. 270.

人们所约定的争端解决规则，还可以看到人们是如何利用契约形成习惯法规则。[①] 此处要问：当时契约文化盛行，却并没有形成契约法（成文法）。为什么？因为民众对交易成本的考量已经等同于可能存在的契约法会发挥的作用。比如，为了减少交易成本，在同一个社区内，人们会发展出高度的互惠互信精神。正是这样的信任和互惠使他们可以通过未经官府确认的契约或者口头契约来实现自己的利益。[②] 因此，至清朝晚期，盐业人已经发展出一套复杂的习惯法，并能够灵活利用契约来从事商业活动。在习惯法中，家长和长辈的权威不仅被认可，而且家长和长辈的证词在产生争端的时候也得到官府的倚重。因此，一定程度上，习惯法具备了成文法的权威，造成了盐业人有限的自治空间。并且在处理财产纠纷的时候，治安官也会在结合当地习俗，行业惯例，习惯法的前提下进行调解。[③] 鉴于盐业契约主要是以盐业租佃契约和盐业合伙契约为重点，因此习惯法也主要体现在这两类契约的条款中。笔者根据"缔约—履约—解约"的顺序总结于附录一。

三、中国现代社会转型中市民阶层的培育

（一）当前的社会转型的重点任务

我国当前的经济体制所处的阶段是社会主义市场经济体制。而关于社会主义市场经济体制的具体含义，可参照《中共中央关于建立社会主义市场经济体制若干问题的决定》和《中共中央关于完善社会主义市场经济体制若干问题的决定》来理解。比如，要以公有制为主体、要建设全国统一开放的市场、要实现资源的优化配置、要处理好政府与市场关系等。在党中央的领导下，我国在经济体制方面也曾实现了多个具有历史意义的改革之举，譬如农村土地承包责任制的改革、中小企业的产权制度改革、生产资料流通体制改革等，但无可否认的是，虽然我国已经步入社会主义市场经济阶段，但市场经济的实现程度仍然尚未达到完善的程度。经济体制改革的程度直接决定着社会总发展水平，决定着社会转型的步

---

① Man Bun Kwan, "Changlu Salt Merchants in Late Imperial China", *Contract and Property in Early Modern China*, Stanford, Stanford University Press, 2004, p. 270.

② Jonathan Ocko, "The Missing Metaphor", in Madeleine Zelin et al. (eds), *Contract and Property in Early Modern China*, Standford, 2004, p. 183.

③ Madeleine Zelin, "A Critique of Rights of Property in Prewar China", in Robert Gardella (ed), *Contract and Property in Early Modern China*, Stanford, 2004, p. 24.

伐与阶段。[①] 而如何才能进一步推进并全面深化经济体制改革呢？寻找自下而上的动力并实现上下之间的结合是关键。一方面，就政府而言，应退回到"守夜人"的角色，在宏观调控方面把握方向、方针与政策，在微观实施方面要信任市场的自我调控能力；另一方面，就市场而言，应在各个领域实现以市场调配资源。比如，在农村社会的改革中，不论是集体非建设用地制度的改革，还是农村户籍制度的改革，抑或农村社会保障制度的改革，强调城市带动农村的作用固然是有效的，但要从根本上解决以上问题仍然需要想办法激发农民自身的主观能动性，使他们在社会转型的过程中主动的起推动作用而不仅仅是被动的起配合作用。不管自上而下中的"上"是指中央政府抑或地方政府，自下而上中的"下"却一定是包含农民群体的。当前的情势是"上"迫切想要推动改革的进程，"下"理解改革所带来的结果会惠及自身却未意识到自身在其中的角色会决定改革整个进程的快慢和深浅。而如果要苏醒"下"的意识，就应当创造途径让"市场经济之种子"埋在农村的每一个村落，就应当设法使"下"增加对政府的信任，更应当在处理政府和市场关系的时候尊重"下"的意见、注意聆听"下"的呼声、注意保护"下"的权益。

（二）我国市民阶层及其构成

我国市民阶层由以市场为要素配置资源的农民、商人和手工业者组成。后两者中市民气质的存在性不难证明，农民所具有的市民气质值得分析。西方市民社会理论中的市民一词的西文（burgensis）原意是住在城堡里面的人，间接指代拥有资产的逐利经济人。[②] 根据市民的定义可得出具有市民气质的社会个体应具有的要素是：其一，拥有资产；其二，以逐利为目的。首先要指出的是，我国的农民毫无疑问拥有资产，不论该资产是土地承包经营权，是宅基地，还是农业生产工具。其次要指出的是我国的农民具有目的性和逐利性。我国的历史和传统决定了农村社会中农民的目的性和逐利性，也决定了他们之所以有目的性是满足个人的物质利益需要，而绝非排斥政治因素对私的领域的占领，亦非为了避免自身成为政治国家利用的工具。因为同西方国家不同，我国的政府并不是经由个体让渡管理权和部分个人自由给统治阶层而建立起来的，因此农村社会中的农民可谓缺乏那种想要通过强调个体的目的性来避免被统治阶级当做工具使用的意识。另外，我国农民的目的性得益于我国传统社会长期以来对农业的重视，农民阶层一直都是

① 盛毅："对当前深化经济体制改革的若干思考"，载《经济体制改革》2013 年第 1 期。

② 姜涌："德语语境中的'市民社会'概念"，载《广东社会科学》2011 年第 1 期。

国家政策重点关注的对象,①国家期望能够通过农业的大力发展促进总实力的提升。由此,从而使农业的目的性自然显现,从事农业者的目的性也随之证明。

但并不是所有农民都具有市民气质,只有将自己资产交由市场配置的才能被归入市民群体,也才能在社会转型中起到主动的推动作用。因为就农业文明本身而言,虽然在与同时期其他国家农业产出相比中它曾为我国带来不胜枚举的成就感,但其对资本流动、人员流动的限制却极大地禁锢了具有市民气质农民的成长。对于部分将土地视为生存之根本、排斥将土地承包经营权作为资产进行流转收益的农民而言,并不具备市民定义中的“拥有资产”和“逐利性”,因为对于他们而言,土地或相关农业生产工具并非是可以资本化的资产,而只是能够自给自足的器物。那么如何解放禁锢尽可能多地在农民群体中培育市民气质以助力社会转型呢?盐业契约中所反映出来的拥有土地的和承佃土地的农民们的做法值得借鉴——他们将土地租佃给他人修建盐井推煎食盐,并约定一旦盐井见功,就自动将出佃人的身份转为合伙人,从此与辛辛苦苦开凿盐井争取见功的原承佃人一同享有盐井收益,承担日常开支。结合我国国情,农民也可逐步实现土地承包经营权的市场化流转:要么将自己所拥有的承包地租赁给其他农民,以成全其他农民的规模化农业耕种,并约定在承佃人收益一定年限后共享土地的财产性利益;要么将自己所拥有的承包地作为股份入股龙头企业并约定分红的条件,由掌握现代农业技术并熟知市场价格规律的龙头企业对土地实行集约化经营等。如此一来,不仅具有市民气质的农民会大幅度增加,而且在将农民从土地上解放出来之后将有助于解决农民户籍问题与农村社会保障问题。

(三)我国市民阶层培育之路

此处需要指出的是,虽然本书主张具有市民气质的个体包括农民,但并不限于农民,商人和手工业者依然是市民阶层中不可或缺的重要力量,他们与农民一同为社会转型做贡献。也正因如此,对市民阶层的培育可分类型讨论。

1. 二、三产业的市民阶层培育可通过自治型共同体达成

正如上文所述,盐业的不断发展,使自贡聚集了大量的从事工商业的人口。而由于经济状况、社会分工、追求利益的不同,盐业人口中逐渐分类建立起了会、馆、行、帮等自治型共同体。一时间会馆庙宇林立,从盐井开凿到设灶、生产、运

① 张静:“近代乡村商人阶层的崛起及其社会经济影响——以潍县帮商人为例”,载《中国农史》2006年第1期。

输、销售，各环节无一不体现出自治型帮会的浓厚色彩。① 这些帮会组织之间，或各自为政，或相互渗透，彼此之间关系甚为复杂。② 自贡盐业自治型共同体与其他地方服务于其他产业的帮会组织相比有着独特特色，展现出与西方市民社会国家自治组织类似的特征：就内部关系而言，成员之间相互信任、组织内部合作程度较高；③在组织管理上亦体现出多元性、开放性、互动性、民主性等价值理念。具体到我国当前社会中的商人和手工业者，无论所建立或准备建立的自治型共同体采取的建立标准为何、组织形式为何，也许只有在满足以下要求的情况下才有助于实现对二、三产业中市民阶层的培育，并有助于实现政府与市场相处模式上的科学性与和谐性。

第一，自治组织在设定目的上应具有外向性。具有外向性的自治组织重心并非置于管理共同体内部成员之间的事务，而是着力于对组织成员之间的以及成员与外部人的矛盾冲突予以调解，并对产业秩序予以维护。譬如盐业共同体便展现出明显的外向性特征。一方面，盐业共同体是以利益表达为主的自治型组织，不仅能够在组织成员利益受到威胁或侵犯时予以支持和保护，而且在组织宗旨的设定上也以利益争取为主，内部管理为辅，譬如当时存在的“四圣会”、“炎帝会”、“华祝会”就曾组织盐工罢工以争取不受压迫、薪酬正常化的利益。另一方面，盐业共同体在组织成员准入标准上体现出了外向型特征。与以村落、血缘、身份等为准入标准的内敛型共同体不同，盐业共同体的准入标准呈现多元化样态，籍贯、工种、地域、血缘等均成为群体凝聚的纽带，尤其是以共同利益为纽带最甚。由此可见，当前社会中的二、三产业自治型共同体亦应体现出与上述特征相对应的并更进一步改良了的“敢”的精神和“开放”的精神。“敢”意味着自治团体不仅“敢”在成员利益受到损害时及时了解诉求主动沟通以避免更进一步矛盾的深化，而且意味着在订立自治团体的准入标准时“敢”兼收并蓄。不然，与垄断组织有何异？

第二，自治组织成员关系应具有自主性。就盐业产业中的自治型共同体而言，颇具市民社会自治组织之特色，尤其体现在自治组织内部关系方面。所谓成员关系之自主性，有两层含义。其一，成员是否愿意加入组织，以及是否愿意退出

① 尹华江著：《贡井盐业历史文化研究文集》，四川大学出版社2010年版，第185页。

② 同上书，第100页。

③ 赵黎青、柏特南：“公民社会与非政府组织”，载《国外社会科学》1999年第1期。

组织,均全凭其意愿,组织不得强加干涉;其二,自治组织内部所有成员地位平等,均享有同等的发言权和表决权。笔者认为相较于传统社会中的团体,盐业共同体之所以能够实现对身份束缚的冲破,原因有二:其一,盐业共同体是基于契约而建立,而根据契约原理,立约人享有解除契约的自由,因此在无法就共同利益达到一致意见时,成员可选择退出共同体;其二,成员在退出共同体后具有利益维护、利润生产的资本,不惧退出共同体后的生产经营状态。这也是当前社会中二、三产业自治型团体应当吸收的特征。如果自治型团体中成员关系具有不平等性或身份性,与有着共同非法目标的暴力组织有何异?

第三,自治组织应通过相互协作扩大市场参与度。如果将目光投向其他产业,便会发现清朝时期中国的手工业生产趋于分散。不仅很少见到生产者的联合,而且大多数生产者都是在家从事生产。鉴于有家庭或宗族作为依托,生产者们并没有对报酬提出更高要求,也没有动力投入资金和时间去研究如何提高生产力。一方面,他们由于资金不足,无法购置规模化生产的工具,譬如大型生产工具和机器;另一方面,他们也认为没有必要去费心购置,因为家庭式作坊的生产流程并不需要这些器具。因此,在低下的薪酬、高度的自给自足的综合作用下,市场参与度十分低。① 盐业产业生产则反其道而行之,不仅具有购置规模化生产器具的资金,而且在生产规模上变家庭式作坊生产为合伙生产,因此具有较高的市场参与度。譬如,前文所举《纪元厂大关契约》,从第2条“大关的职责是对如上九个盐井进行控制并负责盐井运行所需要的自然资源”以及第4条“大关会被给予一定量的资金。但大关必须对开支每六个月汇报一次。如果资金不足,股东将召开大会并根据各自的份额追加资金供大关使用”可知,盐井生产从原料供应到资金投入均为规模化运作,从而化解了单个盐井独立经营所可能面临的资金不足的风险,扩充了盐井的资金实力,保证了卤水供应量,于整体上提高了盐井的市场竞争力,扩大了市场参与度。同理,如若当前二、三产业的自治组织成立的目的仅仅是为了在与公权力发生利益冲突时进行维护而忽略了在平素的生产经营中的技术互助和资源共享,相信即便在与政府的谈判中获得优势,也会逐渐导致自治组织成员之间的不信任和解散,更会将精力用于彼此争斗而不是潜心研究如何助力社会经济的发展。

---

① [荷]皮尔·弗里斯著:《从北京回望曼彻斯特:英国、工业革命和中国》,苗婧译,浙江大学出版社2009年版,第50页。

2. 第一产业的市民阶层培育可通过农地股份制的实施达成

盐业土地资本化以土地所有权和土地使用权的无期限分离为理论基础，以土地为枢纽，以契约为形式，以市场为运行环境，成功连接资本与劳动力，激发了民众的自由、平等的价值观，实现了资源配置的优化和对公平效率的兼顾。土地资本化运动过程中所建立的“股份制 + 永久使用权 + 市场化”模式为我国当代集体土地流转体制改良提供启发价值。当前我国集体土地利用呈现出零碎化经营、市场要素缺失、期限用途受限等特点。集体土地资本运动的过程是缺失的，虽然通过土地承包经营权的流转完成了从土地资产向土地资本的转变，但集体土地资本运行的环境是不完全的土地市场。受盐业契约中的做节制度、承首人制度、租佃合伙制度的启发，本书认为农地股份制是解决当前集体土地流转困境的可行之路。在“股份制 + 永久使用权制度 + 市场化”的总模式下，农地股份制不仅能够集中土地资源，开展规模化经营和产业化经营，实现农业先进技术的推广适用，还能够通过“集团 + 农户”的模式充分利用集团的市场优势，以保证信息获取的及时性和可靠性，根据供求关系的变化做出最有利于开拓农产品销路和提高农产品产量的商业决策，增加农产品的多样性、提高农产品竞争力，提供十足的自下而上的转型动力。其中，盐业上中下节契约中所形成的做节制度可解决农地股份制的入股资格确定的难题，永佃权制度在补漏集体土地资本运动的缺失环节、弱化土地的身份属性、与股权的长期性相衔接等方面证明了土地承包经营权的永久化科学且可行，而年限井开凿契约所采取的“客来起高楼、客走主人收”模式、子孙井契约中所体现的承首人制度则为农地股份制的市场化方案提供借鉴价值。

第三节　现时价值：提供集体土地资本化方案

一、盐业土地资本

根据资源的三大类分类——劳动力、土地、产业，资本也可作相应的分类——劳动力资本、土地资本和产业资本。前者是静态的，资源的价值自生成始至消灭终均恒定；后者是动态的，资本在运动中实现自我增值。盐业产业中的土地资本和产业资本分别包含什么内容？一方面，盐业土地资本包括未开凿盐井之前的含有盐脉的土壤、包括开凿盐井之后慢慢积累起来的红土，以及其他修建在盐井同片土地上的附着物。马克思曾说过资本和土地是可以互为固定的，不仅短期的对土地质量的改善属于土地资本如施肥等、长期的对土地性状的改善也属于土地资本如在土地上修建水渠等。[①] 由此可知不仅作用于土地本身的,为了改良其物理性质或为了改变其化学性质的投入会形成土地资本,而且作用于土地之上的所修筑的用于生产的不动产也会形成土地资本。[②] 因此,盐业土地资本包括含有盐卤成分的原生态土壤、盐井开发之后经过日积月累而形成的具有盐分沉积的后天形成土壤(红土),以及修建于含盐土地之上的不动产。另一方面,盐业产业资本包括货币资本、生产资本与商品资本。具体而言,盐业产业资本包括生产过程中投资者投放在盐井开发和经营过程中的货币资本,投资者为了开发盐井和盐井日常运营而积累的生产资本(如《民国三十年星龙井续佃约》中的"天地二车、车房、牛栅、柜房、盐仓、楻桶、盐槽、浆桶、脚缸、进水码头、笕杆、笕路、羊耳、人畜"等),[③] 以及流通过程中通过食盐销售而获得的商品资本。

(一)盐业土地资本化运行的理论基础

盐业土地资本化的理论基础有二:其一,土地所有权和土地使用权的无期限分离;其二,盐业土地的流转核心是盐井推煎权的流转。

1. 土地所有权与土地使用权的无期限分离

例如,《同治三年济兴井约》[④]

在此约中,根据"立承办子孙井业文约人李桂堂,情因杨泰安父子,今将祖遗垢垱地名石桓子业内地基,凭中出佃与桂堂名下出本开锉盐井一眼,更名济兴井,一井三基"可知,土地所有权人是杨泰安父子,土地使用权人是李桂堂。土地所有权人通过与土地使用权人缔结租佃契约,将土地使用权让渡给后者使用。根据"子孙为业,永远管理"可知,土地使用权的让渡是无期限的、可为使用权者子嗣所继承的。至于地租的缴纳,根据"其井每月昼夜水火油三十班;主人每月占地脉日份七天,桂堂每月占净日份二十三天,子孙为业,永远管理"可知,土地所有权人通过分享日份收益的方式获取地租,不论土地使用权人是李桂堂还是其继承人,均不改变土地所有权人对日份收益比例的占有。

---

① [德]卡尔·马克思著:《资本论》(第3卷),中共中央马克思恩格斯列宁斯大林著作编译局编译,人民出版社2004年版,第698页。

② 李建建:"土地资本试探",载《福建师范大学学报》1997年第3期。

③ 《民国三十年星龙井续佃约》,民国三十年(1941年),自贡市档案馆藏,档案号:8-1-728-100。

④ 《同治三年济兴井约》,同治三年(1864年),自贡市档案馆藏,档案号:3-5-4016-22。

2. 盐井经营权(盐井推煎权)是盐业土地流转核心

无论是在盐业杜卖契约、盐业摘卖契约,还是在盐业扫卖契约中;无论是在盐业租佃契约、盐业转佃契约,还是在盐业预佃契约中;无论是在盐业借贷契约,还是在盐业上中下节契约中,盐业土地流转的核心都是盐井经营权,而非土地所有权或使用权。下文挑选7例契约以证明此观点——《同治七年泩洪井杜卖约》、①《光绪二十一年自福井摘卖约》、②《民国三十五年天成井出佃约》、③《民国二十八年如川井转佃约》、④《民国二十五年济亨井预佃约》、⑤《民国三年长丰井押借约》、⑥《民国七年丰顺井上中下节契约》。⑦ 其中:《同治七年泩洪井杜卖约》中的标的是"地脉水火日份一天零三时";《光绪二十一年自福井摘卖约》中的标的是"子孙业地脉净日份共计五天";《民国三十五年天成井出佃约》中的标的是"天成井日份二十九天半";《民国二十八年如川井转佃约》中的标的是"将所余限十二年零六个月";《民国二十五年济亨井预佃约》中的标的是"井三十天内应占净日份半天";《民国三年长丰井押借约》中的标的是"愿将己下应占长丰井净日份一天,以及柜房、车房、牛棚";《民国七年丰顺井上中下节契约》中的标的是"昼夜水火油子孙净日份"。可见,盐业契约流转的核心是"日份"。论及此处不禁要问:日份的性质为何?是土地使用权?土地所有权?还是用益物权性质的盐井经营权?本书第六章上中下节契约第一节中已作分析,此处不赘述,盐井日份同当前土地承包经营权一样是用益物权性质的经营权。唯一不同的是,受到不同类型盐井使用权的限制,盐井推煎权可分为固定期限推煎权(年限井约)和无固定期限

① 《同治七年泩洪井杜卖约》,契约全文参见自贡市档案馆、北京经济学院编:《自贡盐业契约档案选辑(1732~1949)》,中国社会科学出版社1983年版,第484页。

② 《光绪二十一年自福井摘卖约》,契约全文参见自贡市档案馆、北京经济学院编:《自贡盐业契约档案选辑(1732~1949)》,中国社会科学出版社1983年版,第500页。

③ 《民国三十五年天成井出佃约》,契约全文参见自贡市档案馆、北京经济学院编:《自贡盐业契约档案选辑(1732~1949)》,中国社会科学出版社1983年版,第670页。

④ 《民国二十八年如川井转佃约》,民国二十八年(1939年),自贡市档案馆藏,档案号:7-1-1249-45。

⑤ 《民国二十五年济亨井预佃约》,民国二十五年(1936年),自贡市档案馆藏,档案号:7-1-1294-104。

⑥ 《民国三年长丰井押借约》,契约全文参见自贡市档案馆、北京经济学院编:《自贡盐业契约档案选辑(1732~1949)》,中国社会科学出版社1983年版,第973页。

⑦ 《民国七年丰顺井上中下节契约》,民国七年(1918年),自贡市档案馆藏,档案号:5-4-66-31。

推煎权(子孙井约)。

(二)盐业土地资本化的运行环境

盐业土地资本化的运行环境是完全的土地市场,即完全依靠市场配置资源的土地一级市场和二级市场。正如前文所证,盐业土地资本的流转是以盐井推煎权流转为核心,因此盐业土地一级市场便是产生盐业推煎权的含盐土地的流转,二级市场便是盐业推煎权的流转。

1. 盐业土地一级市场

盐业土地一级市场的参与者是拥有盐卤资源的土地所有权人和拥有资金缺乏盐卤资源的投资人,流转标的是含盐土地或井基,流转期限分为固定期限的租佃和无固定期限的租佃。

第一,有固定期限的租佃。例如,《嘉庆十二年万丰井起班分班约》。[①] 此约中的土地流转属于盐业土地一级市场范围的固定期限流转,原因如下:(1)根据"情因先年在王云开舒家山地基内,平地捣锉万丰井一眼,因从前字约不楚,复凭王如心等另立合约"可知,此约中的流转标的是已经开凿过的含盐土地及井基。(2)根据"三口、四口即行分班。住凿起煎之日,井主每月分昼夜水火份五天,张姓伙内每月分昼夜水火二十五天"可知,由于流转的基础是租佃,因此在井未见大功前,即所产卤水未达到契约中所约定的三、四口时,地主作为出佃人无须出锉费,而井见大功后,地主由出佃人的身份转变成合伙人,分得可推煎日份 5 天。(3)根据"年份十三年为准"可知,投资人即推煎权流转的流入方是受到时间限制的。[②] 第二,无固定期限的推煎权流转。例如,《嘉庆八年天圣井合伙约》。[③] 此约中的土地流转属于盐业土地一级市场范围的无固定期限流转,原因如下:(1)根据"承写到天后宫所置黄葛嘴凤来山地基一段,新开盐井一眼,取名天圣井"可知,此约中的流转标的是含盐土地,承佃人通过在所佃得土地上开凿新井获得二次流转的可能。(2)根据"比日议定:押头钱三十千文正,俟井成功之后,地主佃煎以还押头钱"和"地主得地脉水份六口,不出凿井使费……余有十八口,归承首

---

① 《嘉庆十二年万丰井起班分班约》,嘉庆十二年(1807 年),自贡市档案馆藏,档案号:3－5－4016－10。

② 此处的有固定期限推煎权与我国现行的土地承包经营权相类似,都是在所有权人不变的基础上赋予使用权人一定期限的占有使用收益权的用益物权。

③ 《嘉庆八年天圣井合伙约》,契约全文参见自贡市档案馆、北京经济学院编:《自贡盐业契约档案选辑(1732～1949)》,中国社会科学出版社 1983 年版,第 334 页。

任邀伙开凿，永远管业”可知，同前一个契约相类似，土地所有权人即地主在井见大功前是出佃人，通过出佃含盐土地得到地脉水份6口，至于契约中提到的押头钱，只是地主为了防止投资人怠于开发土地的防御措施。(3)根据“二十四口各立名榷纳，子孙永远管业”可知，投资人即第一次流转的流入方没有受到时间限制。

2. 盐业土地二级市场

例如，《民国十一年厚生井上中下节契约》①

此约是盐业土地二次流转较为完全之例。根据“情因上节先年在荣厂韭菜嘴南华宫业内所办厚生井一眼”和“南华宫占地脉三口”可知，井基所有权人是南华宫，根据“立出丢下节子孙业盐井水火油岩锅份合约人上节曾泽岷、王锡之，中节同德灶”可知，上节暨土地二次流转之出让人是曾泽岷和王锡之，中节暨土地二次流转之受让人是同德灶。根据“同德灶锉办至丁巳年尚未成功，停锉年余，上节催促，伙内无力，乃于己未年转丢与裕和笕裕亨灶经手张焕然接办，更名生龙井”和“裕亨灶接办修整补腔，殊腔未开拢，因裕和笕倒闭，井遂停锉。上、中两节履约催办，裕亨灶无力，自愿将井交还上、中两节，并愿将所用押头、补腔各费之四千余金减少，只收银二千两”可知，同德灶在获得经过上节提留部分的有限推煎权后，因资金不足将既有推煎权流转，初始受让人暨下节是裕亨灶。但因下节无力继续锉办盐井，只有根据约定将井交还上节和中节。又根据“兹由上节与同德灶双方将井出丢与万丰井杠升灶名下经手李筱田承办下节，取押头银四百两，见功无还。杠升灶出资锉办，见功后得子孙锅份十二口；上节不出锉费见功后得子孙锅份十二口”可知，二次受让人即第二个下节为杠升灶。因此，可知盐业土地二级市场的参与者是已经拥有盐井推煎权但缺乏资金的土地使用权人与拥有资金但缺乏土地资本的投资人，流转标的是盐井推煎权。盐井推煎权的流转以盐业上中下节契约为典型。上中下节契约是对接力资本和流水资本难题的解决，换言之，是在对资本维持原则和资本充实原则的遵守下，盐业人发明出来的股权转让模式，其实质是资本接力，不仅可保证在盐井开发运营过程中资金流不间断，各合伙人能够按月交付下一期开凿淘锉的费用，亦可保证凿井工程不会因为中途停凿而被井基所有权人收回。概言之，当原凿井契约的投资者无力继续按月缴纳凿井费用以负

---

① 《民国十一年厚生井上中下节契约》，民国十一年(1922年)，自贡市档案馆藏，档案号:41-1-2329-7。

担庞大的开销时，便可以邀请第三人加入凿井合伙，并将自己所占日份部分提留，从此不出工本，此时，原投资人便成为上节，第三人便成为下节。当下节同样感到无力负担凿井费用时，同样可以邀请第四人加入凿井合伙，并继续将自己所占日份部分提留，从此不出工本，此时，下节便成为中节，而第四人便成为下节。这便是上中下节契约的运营原理，并且，投资人在对既有推煎权进行处分时，出于保底分红的考量，方式多为对推煎权的部分让与。

（三）盐业土地资本化的运行实质

盐业土地推煎权资本化的运行实质为土地价值独立循环机制的构建。首先，从纯投资者角度考察，盐井推煎权在投入市场之前必定要先经历土地获得阶段，而获得土地的人要么通过货币购买取得土地，要么通过租佃契约缴纳租金取得土地，不论何种方式均包含了投资人产业资本的付出，因此其自然希望能够从土地的一级流转中收回在土地获得阶段所付出的成本。其次，若是从暨为投资人也为土地所有权人的地主角度考察，通过永久出租或转让土地使用权的方式，土地所有权人能获得地租，并能通过在盐井开采运营中对地脉日份的保留以获取对盐井推煎权的分享。换言之，地主不出成本仍然可以按照约定比例获得对盐井收益的分享和处分，而地主在这个阶段所获得的收益便为土地的纯增殖利益。因此，地主通过的盐井使用权的让与以及对推煎权的提留不仅收回了在土地获取阶段所付出的成本，而且还积累了可以用于再次购买土地的资金，从而完成了土地价值独立循环体制的构建。

（四）盐业土地资本化的运行流程

此处将根据马克思所建立的资本运动公式进行推导，将盐业资本家用于获取含盐土地的资金视为G，将所购买到的含盐土地视为W，将开发含盐土地的过程视为P，将开发完毕后所获得的可以用于推煎的盐井视为W’，将盐井推煎权的流转收益视为G’。

1. 阶段G－W

含盐土地资源的稀缺性和分散性，土地所有权人开发含盐土地的资金不足，以及盐业资本家缺乏土地资源三个要素共同为盐业资本家获取土地提供了可能。盐业资本家通过与土地所有权人签订盐业契约来获得土地，或通过盐业买卖契约（扫卖形式、摘卖形式或杜卖形式）或通过盐业租佃契约。但盐业资本家所获得的土地均是土地使用权，而非土地所有权，且土地使用权的期限经历了有固定期限（年限井）到无固定期限（子孙井）的转变。至此，盐业资本家完成了从G到W

的过程。

2. 阶段 W－P－W'

盐业资本家在获得含盐土地使用权后，便着手开发，进入由 P 至 W'的过程。所谓 P，即开发土地。需要说明的是，含盐土地开发成功与否是看建立于其上的盐井能否出水或出火。出微水、微火所带来的收益仅能在一定程度上收回盐井开发者的成本，只有当盐井出大水、大火，即盐井出大功，方可开始推煎运行赚取高额利润。但若之前获取的土地使用权是具有年限的，则盐业资本家可能面临盐井出大功后一定期限即必须如约将盐井所有权交还土地所有权人的命运，除非之前所获取的土地使用权是无期限的，盐业资本家方可在盐井出大功后继续享有盐井的占有使用收益之权利。此处须备注的是，在阶段 P 中，盐业资本家的成本支出以盐井是否见大功为分水岭由两部分构成：(1)盐井未见大功前，盐井开凿的使费钱(开支)完全由盐业资本家承担，土地所有权人不出任何锉本费用；(2)盐井见大功后，盐井为了赚取更多的收益而需要继续下锉的费用则由盐业资本家与土地所有权人按照对日份比例的分配共同承担。但只要盐井见微功，按照场规，盐业资本家均有权将微功所得收益用于填补开锉成本，换言之，只要盐井见微功，盐业资本家即可以收回成本。当盐业资本家开发盐井至井见大功后，便成功完成 P－W'阶段。

3. 阶段 W'－G'

当对含盐土地价值的开发过程结束后，盐业资本家便获得可以用于流转的可推煎的盐井，由此进入推煎权流转阶段。盐业推煎权的流转建立在推煎权所有人拥有永久土地使用权基础上。鉴于在推煎盐井的过程中虽然会发生利润，但也仍然需花费成本。因此推煎权的流转方式一般采取部分流转为主，全部流转为辅的方式。正如前文对盐业二级流转市场的描述，推煎权的流转最为完整的体现便是盐业资本家通过上中下节契约合伙开凿盐井。即便是再殷实的盐业资本家，面对开发周期长、投资回报慢、开发风险大的含盐土地开发工程也会出现资金不足的困难。发生此情形时，为了不使之前的投资白费，盐业资本家唯一可以做出的选择便是与其他仍然拥有资金的资本家合作，通过流转手中既有的推煎权获取保底分红的权利，此即盐业上中下节契约的缔结动因。已经耗尽资金的盐业资本家将推煎权部分让渡给拥有资金的投资人：自己作为上节，不出锉本费，占去少额的收益分配比例；拥有资金的投资人则继续开锉盐井，作为下节，占去多额的收益分配比例。由此可知，当盐井见大功后，盐业资本家已经收回成本并获取含盐土地的增殖价值。其后可将增殖部分用于再次投入含盐土地的购买,从而再度开启G-W-P-W'-G'的资本运动过程。

二、盐业土地资本对当前社会转型的价值

"斯密动力"论认为农村经济发展的四大要素是身份平等性、劳动力自由性、土地私有化和土地利益化,①盐业契约中所蕴含的恰好是这四大要素,因此盐业土地资本化能够通过促进农村经济发展推动社会转型。具体而言,盐业契约诞生于中国传统社会最巅峰状态,其中所蕴含的合伙经营制度、承首人制度、原始BOT制度,以及其所建立的"份额经营制度+永佃权+市场化"的模式,对我国农地困境的解决具有极大的借鉴价值。

(一)提供转型动力:民族自动力

中国特色社会转型自动力明显不足。政党文化与自上而下的驱动力过于强硬,迫使传统文化、商品文化与自下而上的驱动力过于微弱。虽然政府已经注意到这一点并逐渐减少对社会转型的控制,譬如实现从控制型政府向服务型政府的转变,②但传统文化、商品文化和市场依旧显得动力不足,潜力还未完全开发,无法在自上而下与自下而上的两极管道中搭建平台以实现能量的衡平。而平台的搭建离不开三大要素——土地、资本、劳动力。"土地产生地租、资本带来利润、劳动获得工资",作为社会三大基本生产要素,这个公式不论放之近代社会还是现代社会均是公理。只有三者的有机结合才能够实现社会各阶层经济政治文化总量的平衡,从而产生足以驱动社会转型的民族自动力。盐业契约成功提供了近代社会转型之动力——以土地资本为枢纽,成功连接其土地、资本、劳动力三大社会转型的主要驱动力;以契约为形式,成功激发了民众的自由、平等的价值观;以市场为载体,成功实现了资源配置的优化和公平效率的兼顾。

(二)提供转型模式:股份制+永久使用权+市场化

盐业契约所形成的"份额制经营+永久使用权+市场化"模式成功的推动了近代社会转型,并为现代社会转型提供启示。

1. 盐业份额制经营

就经营形式而言,不论是盐井开凿过程中的投资人和地主的份额制合伙,还

① 刘云生:"永佃权之历史解读与现实表达",载《法商研究》2006年第1期。

② 刘燕、万欣荣:"中国社会转型的独特性分析",载《中国经济问题》2011年第5期。

是盐井见大功后地主和投资人、投资人与投资人之间结成的份额制合伙，皆是以强强联合的优势资源互补为原则的份额制经营。之所以要采取份额制经营的方式，一方面是由盐业产业特点决定，即高风险、高投入、回报慢、市场垄断性强；另一方面是由份额制经营的好处决定，即有助于在长时期内保持资金充足，有助于综合利用所有权人和使用权人的资产，有助于促进生产要素的流动并实现经济资源联合，有助于延长盐井生命力、抵御市场风险和自然风险。细言之，份额制经营的开展步骤如下。土地所有权人和土地使用权人分别以自有资产入伙，前者通常以土地或土地及其上的井基灶基厂基入伙，后者则通常以盐井开凿技术、货币资金或人脉资源、管理技术入伙。[①] 首先，通过资产的聚合达到分属于不同所有者或占有者的生产要素的集中；其次，通过成立份额制经济组织实现对共同资产的统一经营和管理；最后，再按照各股东入伙资产作价的比重分配盐井经营利润。

2. 盐业土地永久使用权制度

就经营标的而言，正如前文所证，是围绕盐业推煎权而展开，然盐业推煎权之所以能够在土地所有权人、投资人之间充分流转，从而发挥其最大价值，根本原因是土地所有权和土地使用权的永久分离，它直接为土地所有权人和土地使用权人分别处分推煎权创造了自由的空间，彼此不受拘束。(1)当土地使用权是有固定期限时：一方面，就盐井开凿过程中的土地使用权人而言，并没有动力将推煎权用于流转，因为在固定期限内土地使用权人即投资人必须通过充分利用推煎权来收回成本并赚取足够多的收益，除非投资人自身面临资金困难无法盈利，否则不会主动积极的流转推煎权；另一方面，就盐井经营过程中的土地使用权人而言，依旧面临约定期限届至即归还推煎权的命运，其流转也自然受到租佃期限的限制。(2)当土地使用权是无期限时：一方面，不论是就盐井开凿过程而言还是就盐井推煎过程而言，土地使用权人都会希望最大程度的流转推煎权以达到节省成本、集聚劳动力的目的；另一方面，土地使用权人会形成与土地所有权人共同之目标，即保护含盐土地的生产能力，使其不致因过度开发而永久性衰竭。

3. 盐业土地市场化

在盐业份额制经营中，土地所有权人和土地使用权人均将所获得的盐井推煎权转化为长期份额权，将盐井的具体经营托付给盐业合伙组织。不仅有效节省了土地使用权人在盐井推煎权流转中所应付出的交易成本，而且有效调整了盐业生

① 譬如，承首人便是以人脉资源和管理技术入股的典范。

产结构的合理性。对土地所有权人和土地使用权人而言，不仅可以凭借长期份额权获得保底的地租，而且可以凭借盐井的经营状况获得利润分红，双倍增加了经济收入。而不论是在盐业资本家和地主之间所达成的盐业合伙组织，还是以宗族血亲为基础建立的盐业合伙组织，均是盐业土地市场化的合理支撑力：前者实现了土地资源和货币资源的整合；后者则通过利用对家族本身人力资源的知根知底与统筹安排实现了开发生产经营过程中的详细分工。两类合伙组织共同促进了盐业土地市场化内部机制的完善，为市场配置资源提供方便。投资者与地主之间成立的盐业合伙组织是横向合伙组织，其目的是克服含盐土地散落、盐井零碎化经营、盐井投资力度大、经营风险高等弱点；以宗亲血缘为基础成立的盐业家族合伙组织是纵向合伙组织，其目的是利用家族内部既存的管理体制和家长的威严而达到节省人力成本、缔约成本、技术推广成本、信息沟通成本等目的。此外，自贡盐业产业同样还阐释了这样一个现象：不断增长的国内市场会刺激大规模的资本密集型技术的发展，刺激商业协作关系从合伙向公司发展、从水平松散的结构向纵向结构的管理型公司发展。可见，不论是横向还是纵向，盐业合伙组织都是为了节省成本、高效运行、地域风险、增强实力而设，它们在盐井开发、生产、销售过程中所建立的市场化管理模式有力地推动了盐业生产技术的更新和盐业产业的高效发展，对于我国当前的土地资本流转和农业现代化经营均有极大的启发价值。

三、盐业土地资本化的启示——中国农村集体土地股份制

在党的十五大报告中，曾对股份制的益处和用途做了叙述。比如，股份制是被现代企业所广为采用的一种形式，因为在其之下可以实现所有权和经营权的相互独立和分离，分离的结果不仅有利于企业本身，更有利于整个市场的资本运作。而股份制的用途并不以地域为限，可以适用于城镇中的现代企业，也可以适用于农村相关制度的改良。为了下文讨论方便，此处有必要明确股份制的概念。股份制是一种资本组织形式，根生于商品经济，是一种通过确定入股标准，将属于不同主体的财产资本化，按股权比例分配红利的统一经营形式。① 农地股份制则是在坚持土地公有制的前提下，实现集体土地所有权和农民土地承包经营权的资本化

---

① 渠立权等："农地股份制经营的可行性分析——以江苏省南京市和淮安市为例"，载《安徽农业科学》2008 年第 35 期。

运作,其在参股条件、股份实现、风险规避、土地价值增值等方面均优于现行的各种农地流转创新模式。[①] 农地股份制并不等于农地私有制,[②]其实质是实现具有社会保障性质的土地承包经营权向具有财产权性质的股权的转化。具体而言,农户以土地承包经营权入股,将所承包的土地交由集体所有的经济组织进行统一经营,而该经济组织则根据股权的大小将土地经营所获收益以红利的形式分配给股东。[③]

(一)农地股份制方案的必要性

1. 可以突破当前集体土地流转市场之局限性

第一,可突破零碎化发包之局限性。我国集体土地流转一级市场的分类为带有计划经济色彩的主一级市场和带有市场经济色彩的次一级市场,分类流转的直接后果便是造成农村土地的零碎化承包,不便于管理监督土地的使用,也不便于开展农业集约化、规模化的现代化生产。而农地股份制模式中统一市场化运作可以整合土地资源,避免土地闲置,提高农地生产力,为第一产业价值的提升做贡献。第二,可突破市场要素缺乏之局限性。当前我国农村土地发包方与承包方之间的法律关系是无偿性质的。而就当前村集体经济组织和村民之间无偿发包与承包法律关系而言,采取股份制可以矫正不符合价值规律的承包关系,将无偿法律关系改变为有偿双务法律关系,从而不仅能够更加促进承包方为了收回成本增加盈利而勤勉耕种,而且能够促进发包方利用所收到的地租尽力引进先进技术、设备和人才用于统筹经营现代化农业生产。第三,可突破承包期限之局限性。我国集体土地最长的承包期是特殊林木的承包期,最短的承包期是耕地的承包期,而承包地的流转又不得超过承包期的剩余期限,可见集体土地经营权流转期限受承包期限的二次限制。农地股份制模式中的终身承包制不仅可以解除承包方和受让方的投入与产出无法在固定期限内成正比关系的担忧,而且可以促使承包方在二次流转期间做好监督的角色,尽心尽力保护、提高土地的生产能力,避免受让方在农业生产过程中对土地造成永久性损害。第四,可突破流转用途受限之局限

---

① 总结农地流转的创新模式,有以下几种:两田制、反租倒包制等。参见廉高波:“农地股份制:我国农村土地流转制度的优化选择”,载《西北大学学报》2005 年第 3 期。

② 渠立权等:“农地股份制经营的可行性分析——以江苏省南京市和淮安市为例”,载《安徽农业科学》2008 年第 35 期。

③ 姜爱林、陈海秋:“近年来中国农村土地股份合作制研究评述(2000~2006)”,载《南京农业大学学报》2007 年第 1 期。

性。根据《农村土地承包法》第17条、第33条可知，受到对所流转农地用途的限制，受让方即便成功获得农地使用权，也必须按照其所规定的用途使用，即用于农业耕种。流转前是用于农业耕种，流转后也是用于农业耕种，显然，除非流转后的农业耕种采取高科技、规模化经营，其获利程度相较于流转前的获利所差无几。因此，对农地流转用途的限制在相当程度上打消了受让方的积极性。农地股份制虽依旧秉承集体土地用于农业用途的宗旨，但在用途的内涵上做了根本性的扩张：一方面，不论是生态农业，还是休闲农业，均是通过现代农业经营方式对传统农业的更新；另一方面，农地股份制经济组织亦可通过与龙头企业展开合作从而在耕作品种、耕作技术上对农户进行培训和指导来发扬传统农业。

2. 可以解决农民“失地” = “失社会保障”之难题

受到盐业契约份额制的启发，本书认为农地股份制不仅是指农民以土地承包经营权入股，还可指农民以资金入股。在农地股份制中：农民通过将土地承包经营权出租给农业企业获得地租，此即第一层生存保障；农民将获得的地租的一部分投入农业企业，获得股东资格并领取分红，此即第二层生存保障；农民获得农业企业的培训资格，通过技术培训获得企业工人资格并领取工资，此即第三层生存保障。三层生存保障的效果相叠加，足以匹敌土地作为自然资源的社会保障功能。① 此外，农地股份制还可通过土地的集中经营实现劳动力的富余，从而实现农村大量剩余劳动力向乡镇企业的转移，提高农民综合素质，为城乡统筹贡献力量。②

3. 可以与土地承包责任制有效衔接

随着时代的发展生产力的提高，虽然家庭联产承包责任制已经无法满足现代农业规模化经营、效率化经营的需求，③但其在实行初期确实是农业发展的助推力。因此，即便存在制度瑕疵，家庭土地承包责任制仍然应当坚持。故而在思考农村集体土地制度创新的时候，必须在创新的同时实现新制度同家庭承包责任制

---

① 刘祚祥、陈文胜：“‘股田’合约、资产证券化与土地流转制度创新”，载《求索》2009年第12期。

② 渠立权等：“农地股份制经营的可行性分析——以江苏省南京市和淮安市为例”，载《安徽农业科学》2008年第35期。

③ 贺汉魂、王泽应：“论非私有化是土地流转的必然选择——从《资本论》看土地流转”，载《农村经济》2009年第10期。

的有效衔接，处理好巩固既有成绩与发展可能效益的关系。① 农地股份制通过对土地公有制的坚持、对农民利益最大化的促进以及对现代农业经营模式的打造能够实现与家庭土地承包责任制的有效衔接，即一方面在制度运行前提、宗旨和目的上二者不相违背相处融洽；另一方面二者可以实现优劣互补。

4. 可以培育“自下而上”式社会转型动力

当前农村土地资本化可供选择的路径有：土地承包租赁、土地经营权拍卖、土地股份合作。② 唯有最后一种方式可能实现“自下而上”式的社会转型动力。自上而下式的改革固然可以效率取胜，但却最容易忽略农民在转型过程中的意愿和收益选择权。此处暂且以浙江省嘉兴市的“两分两换”模式以及重庆市的“地票”模式为例说明。不论是在嘉兴模式中还是在重庆模式中，不论是承包地的流转还是宅基地的流转都是受到城镇建设缺地的驱动，都是以农村服务城镇建设为宗旨的，也都是以避免土地资源闲置为动力的，由政府发起并引导的农地流转。③ 在这个过程中，政府成为主动流转主体，农民成为被动收益对象。上述模式实为避重就轻，一方面无法实现农业作为第一产业产值的增加、无法调动农民对农业生产的积极性，另一方面也无法促进规模化现代化农业的诞生。而农地股份制恰能实现自下而上式的改革，通过股份收益增加农民获利，通过“集团＋农户”模式实现农业现代化经营，通过利用农业集团在农业技术和农业设备方面的优势为农民开创一片新天地，从而在“农村三结构”的转型中提供自下而上的动力。

（二）农地股份制方案的可行性

1.《农村土地承包法》和《土地管理法》的支持

第一，农地股份制符合立法目的，即保护农民经济利益的实现与避免市场化运作中权力寻租现象的发生。换言之，只要不危害这两个立法目的，灵活创新形式的集体土地经营方式是合乎法律规范的。农地股份制恰好有助于这两个立法目的的实现。第二，农地股份制符合其限制和要求。根据《农村土地承包法》第

---

① 廉高波：“农地股份制：我国农村土地流转制度的优化选择”，载《西北大学学报》2005 年第 3 期。

② 罗舒雯：“农村土地资本化趋势及管理要点”，载《中国土地》2011 年第 6 期。

③ 首先，就嘉兴市的土地改革而言：“两分两换”模式中的“两分”是指将农民的承包地和宅基地的流转相分离；“两换”是指既实现承包地换股、换社保、换租，又实现宅基地换补偿、换不动产、换住处。其次，就重庆市的土地改革而言，“地票”模式是通过将农村闲置建设用地进行复垦增加耕地总量，然后将建设用地指标用于土地交易场所的拍卖，由中标企业将建设用地指标用于在城市范围内的不动产建设。

26 条和第 17 条可知，承包方失去承包地的原因有三类：自愿交回；因迁移户口失去村集体经济组织成员资格；因擅自改变土地用途或不爱惜土地而违约。而其中并没有因转变经营方式引起的土地收回情况。第三，该法律为农地股份制留下发展空间。根据《农村土地承包法》第 42 条可知农地股份制是符合现行法律规范的，尽管该条规定是鼓励在承包方之间形成股份关系，尚未涉及发包方。第四，现行法律为农村建设用地入股留下发展空间。根据《土地管理法》第 4 条可知，国家对非农建设用地总量采取严格限制的政策，但限制并非禁止，在符合条件并依法履行程序的前提下依旧可以实现集体土地农业用地向集体土地建设用地的转化。而《农村土地承包法》第 8 条第 1 款正是为农地股份制改革留下余地的条款，只要依法批准就可以将承包地用于非农建设。

2. 农地股份制符合社会主义的意识形态

马克思在《资本论》中将资本主义兴起的根源归结于人身自由和生产资料的分离，并认为土地是统治阶级剥削农民压迫农民的必备工具。因为只有将农民与其生产资料和生活资料相分离才能凸显资本家对资源的掌控能力和对农民命运的决定能力，因为只有迫使以土地为生的农民在失去土地后变为积极谋取工作的工人才能满足资本家对廉价劳动力的巨额需求，也因为只有通过对土地的占有关系的变更才能有助于资本家实现其政治目的和经济目的。① 英国圈地运动恰好例证此规律：新兴资产阶级为了发展羊毛纺织业，强行将农民驱逐出属于自己拥有的土地，从而获得羊毛纺织业的生产基地，而失地农民则为了生计所迫，不得不接受被奴役被压迫的现实。② 农地股份制既保证了农民对土地的享有，弱化了传统观念中农民身份与土地的关系，还保证了农村土地的集体所有。不论是在改良方案中采取年限并开凿契约中的原始 BOT 模式，还是采取租佃式合伙模式，均保证了土地的集体所有。

3. 农地股份制已展开试点

家庭承包制的历史贡献便在于能够通过确定农民对土地的个人产权而起到激励农民积极耕种经营的效果。毫无疑问，该制度在实行初期曾起到非凡的效果，促进了农业产值的提高。但制度总是具有可改进之处的，家庭承包制的缺陷

---

① ［德］卡尔·马克思著：《资本论》（第 1 卷），中共中央马克思恩格斯列宁斯大林著作编译局编译，人民出版社 2004 年版，第 800 页。

② 贺汉魂、王泽应："论非私有化是土地流转的必然选择——从《资本论》看土地流转"，载《农村经济》2009 年第 10 期。

便在于:为了实现结果平等而将本应发挥规模效应的土地经营权进行了人为的分割。农地股份制之所以可行,便是因为该制度能够弥补家庭承包责任制的弊端,在坚持土地公有制的前提下,保留家庭承包责任制的历史功绩,弥补家庭承包责任制的先天缺陷,提高农民生产积极性、保证农民个人产权不被剥夺、实现土地经营权的集中整合。① 我国部分地区已经展开了农地股份制的试点工作,比如,"南海模式"、②"绍兴模式"、③"平罗模式"④等,都说明了农地股份制的"接地气"。

(三)农地股份制具体方案

受到盐业租佃契约、盐业上中下节契约、盐业承首人契约、盐业合伙契约、盐业年限井开凿契约的启发,本书建议农地股份制的具体方案实行如下:股份制 + 永久使用权制度 + 市场化。

1. 股份制

需要说明的是,农地股份制的建立是以坚持土地公有制为前提的,毕竟,农村集体土地产权制度创新的关键不在于土地所有者是谁,而在于产权所有者能否有效实现农村土地的保值增值。⑤ 农地股份制可以在坚持土地公有制的前提下实

---

① 孙彬彬:"农户参与分享土地市场化收益的机制研究——论农地股份合作的可行性",复旦大学经济系2009年博士学位论文,第124页。

② 南海模式以广东省佛山市南海区于20世纪90年代所做的土地资本化改革命名。南海模式的操作程序如下:首先将土地资源整合,按照土地质量的不同划分为农田用地、经济发展用地和商业住宅用地;其次,采取政府和企业签订租赁合同的方式,将经济发展用地和商业住宅用地出租给各类企业;最后,采取股份制度,将农田用地上的土地承包经营权换算成股份,使农民可根据股权分得红利。缺陷:农田用地没有被纳入流转范围,第三个操作规程形同虚设。

③ 绍兴模式以浙江省绍兴县于2001年所做的土地资本化改革命名。绍兴模式的操作程序如下:首先确立基本原则,即对集体土地所有权和土地承包经营权的权利人均不作变动;其次确立土地资本化运行规则,即允许农民自行将承包地内的土地使用权流转给其他个人或单位;最后,确立土地资本化运行禁止性规定,即土地使用权流转后,不得改变土地用途,不得擅自将农田用地在流转后改为建设用地。缺陷:还是没有盘活农地使用权,依然受到农业用途"瓶颈"的桎梏。

④ 该模式是以宁夏回族自治区平罗县于2006年所做的土地资本化改革命名。平罗模式的要点归纳如下:首先,农民将所承包经营的农田用地存入合作社并根据所存用地量获得相应的利益;其次,合作社将农民存入的土地借贷给企业,收取地租。这个模式得到大多数学者的支持,并认为其实现了"三方共赢"的成功效果。尤其是金融机构或者合作社可以将所赚取的差额用于建立农地风险基金,从而保证即便租赁方破产,也不会波及农户的生存和生活。点评:该模式类似于重庆的地票制度。

⑤ 谢茹:"中国农村土地产权制度的缺陷和创新",载《江西社会科学》1998年第10期。

现对农村集体土地产权制度的创新,①并且可以避免土地私有化或土地国有化方案可能带来的因相关法律政策和制度不得不废除修改而产生的制度变迁成本和因改变农民生活生产习惯而产生的改革风险。②

(1)农户入股资格的确定

总结广东省的"天河模式"、"龙岗模式"、"南海模式"所践行的农地股份制方案,③可知这些区域均是以是否拥有土地为入股标准。细言之,三个模式无不是在测量并评估区域内集体土地的基础上计算股权。④ 这种参股标准在集体经济组织成员数量保持静止以及在农业用地范围内无疑是有效的,一旦遇见集体经济组织新增成员和出现外来人员的情况,以及在农村建设用地范围内便会遭遇难题:一方面,新增成员或外来人员在短时间内无土地;另一方面,对于农村建设用地而言,集体组织成员对其并不是每一个体都享有用益物权。就此问题而言,本书认为可参考盐业契约中的做节制度,即上中下节契约解决。上中下节契约是对接力资本和流水资本难题的解决,换言之,是在对资本维持原则和资本充实原则的遵守下,盐业人发明出来的份额转让模式。以《民国七年丰顺井上中下节契约》⑤为例分析:第一,根据"今凭证顶到丰顺宝井三十天伙内名下先年置买复邑上北新罗垱地名珍珠冲业内锉办盐井一眼,原名丰顺井,以三十天为度,现无天地二车,廊厂已成荒坝,其井深二百余丈,未能成功,无力锉办,至今恒泰灶伙等承顶锉办下节"可知,此约是上中下节契约,下节约人为恒泰灶合伙;第二,根据"下节出本锉办,占昼夜水火油子孙净日份十八天;上节不出锉费,占昼夜水火油子孙净日份十二天,共成三十天,各照日份子孙永远管业"、"如井有微水、微火,以作下节客人缴井之资;俟后井成大功,除缴井、报课、挂红、酬神演戏、修立廊厂、牛只等

---

① 本书所称产权,是指在坚持农村土地集体所有的基础上,以土地用益物权为核心的土地财产权利的总和,包括土地占有权、使用权、收益权、处分权、发展权等。参见方文:"现有农村土地流转与产权制度变革困境的理论解析",载《湖北农业科学》2010年第8期。

② 赵振军:"让股份制成为农地公有制的主要实现形式——20年来国内农地制度研究发微",载《财贸研究》2007年第4期。

③ 农地股份制模式最早出现在广东省南海市。参见宋志红:"土地承包经营权入股的法律性质辨析",载《法学杂志》2010年第5期。

④ 廉高波:"农地股份制:我国农村土地流转制度的优化选择",载《西北大学学报》2005年第3期。

⑤ 《民国七年丰顺井上中下节契约》,民国七年(1918年),自贡市档案馆藏,档案号:5-4-66-31。

项余有鸿息,应照三十天均派均分”,和“如井老水火微弱,复行下锉,仍照厂规三十天日份派逗;如有拖延不逗哲,任随承首人或伙等抬办,或觅主外顶,不得生端异说”可知,上节并未退出丰顺盐井合伙,尽管上节并不是土地所有权人,却依然凭借原有的合伙人身份在不出锉本费用的前提下保留了对丰顺盐井未来收益的分享权。可见上中下节契约的实质是资本接力,不仅可保证在盐井开发运营过程中资金流不间断,各合伙人能够按月交付下一期开凿淘锉的费用,亦可保证凿井工程不会因为中途停凿而被井基所有权人收回。概言之,当原凿井契约的投资者无力继续按月缴纳凿井费用以负担庞大的开销时,便可以邀请第三人加入凿井合伙,并将自己所占日份部分提留,从此不出工本,此时,原投资人便成为上节,第三人便成为下节。当下节同样感到无力负担凿井费用时,同样可以邀请第四人加入凿井合伙,并继续将自己所占日份部分提留,从此不出工本,此时,下节便成为中节,而第四人便成为下节。这便是上中下节契约的运营原理。可见,当上节将日份转让给中节或下节后,上节或中节便既没有对盐井的实际经营权,也没有对土地的实际使用权或所有权,唯一保有的是合伙人身份,而此时上节或中节却依然是盐井合伙组织中的一员,享有获取红利的资格。因此,本书认为农地股份制的是否拥有入股资格应当不以是否拥有土地为门槛,而应当以是否拥有集体经济组织成员权为标准。

(2)集体土地所有权在股份制中的定位

本书认为集体同集体中个体一样,都应当被包括在农地股份制中。原因有二。其一,农地股份制很容易被狭义理解——理解成为农民股份制。然而“农民”毕竟不等同于“农地”。农地不仅包括能够使农民实施承包经营权的土地,也包括能够使集体实施所有权的土地。因此农地股份制中除了包括以土地承包经营权、技术、资金等参股的农民股份,还应当包括以集体土地所有权入股的集体股份。其二,在农业用地第一次流转的过程中,即在村集体经济组织或村民委员会与农户的发包承包过程中,集体无偿将土地分配给农民经营,意味着集体并没有获取理论上的地租,而前文已经证明土地资本化运营过程中应当有价值的流动,唯实现价值的流动方可建立价值循环机制,唯建立独立价值循环机制方可实现资产的保值增值。而集体没有地租收入便意味着没有资金用于土地质量的提高或用于开发宜于家庭承包的土地,更加意味着无法实现集体资产的保值增值。因此,集体土地所有权同农民土地承包经营权一样,都应当入股农地股份制。

(3)股权的形式

综合当前已经开展农地股份制的试点区域的实践,股权主要有以下三类:其一,普通股,保证红利不保底;其二,优先股,保底不分红;其三,混合股,保底又分红。① 所谓优先股,是指持有优先股的股东享有在股息红利分配上的优先权以及在公司破产清算时对公司剩余财产的优先分配权,但正因为持有优先股的股东以享有两项优先权为对价而失去了股东表决权,此为优先股与普通股的区别。② 考量到在实践中,农民与集体在土地承包关系中并不处于平等地位,发包方的行政属性容易压过其民事属性,因此为了保证农地股份制中农民权利和权益的实现,本书认为在股权类别的设置上应当适当照顾农户:其一,建议控制集体股权的比重,设置集体股为优先股;其二,建议保证农户股权比重大于集体股权;③其三,建议将农户股权设为混合股,即保底又分红。

2. 永久使用权制度

(1)盐业契约中的永佃权

盐业契约中关于盐井及地基的租佃也经历了从有期限的契约到无期限的契约的转变,其中,有期限的契约称为年限井,无期限的契约称为子孙井。虽然开凿年限井契约是“双赢”:对土地所有人而言可以最小成本实现土地资源利用的最大化;对于投资人而言可以解决缺乏资源的难题。但随着盐业资源的日渐增多,年限井契约已经无法满足投资人的需求,于是开凿子孙井契约逐渐取代年限井契约成为主流。在子孙井契约中依然存在土地所有权人和投资人的“双赢”:一方面,为了保证盐井产量的源源不绝,土地所有权人无需在约定年限届满之后费心寻找下一个投资人;另一方面,投资人(一般是承首人)和土地所有权人形成的长期良好合作习惯有利于双方合伙经营。与年限井不同,子孙井契约是在地基永佃的前提下缔结的,不仅在盐井开凿、经营方面没有年限限制,而且投资人对所开凿的盐井,所修建的盐井附属不动产亦享有永久的用益物权。例如,以下三个契约:

---

① 渠立权等:“农地股份制经营的可行性分析——以江苏省南京市和淮安市为例”,载《安徽农业科学》2008 年第 35 期。

② 吴义茂:“土地承包经营权入股有限责任公司法律问题研究”,西南财经大学法律系 2012 年博士学位论文,第 93 页。

③ 孙彬彬:“农户参与分享土地市场化收益的机制研究——论农地股份合作的可行性”,复旦大学经济系 2009 年博士学位论文,第 125 页。

《嘉庆元年天元井承首人约》、[①]《民国十一年黔川井上下节契约》、[②]《同治三年济兴井承佃约》。[③] 从这三个子孙盐井契约中，可以得出以下两个结论：其一，无期限的土地使用权可以令土地使用权人享有趋于完全的处分权，不受时间限制，更不受土地所有权人限制；其二，无期限的土地使用权可以令土地使用权人在权益分配上与土地所有权人相匹敌，更具有谈判力和竞争力。具体分析如下。①《嘉庆元年天元井承首人约》中，地主即土地所有权人是谢晋昭，佃户即土地使用权人是刘坤伦和张仕瑛。从“二十四口开锅水份，谢姓出井基、车基、过江等地，得去地脉水份陆口；余有开锅水份一十八口，交与承首二人管放。今凭中邀伙罗廷彪名下，认做开锅半口，子孙永远管业”以及“二十四口各出使费，并各立名承课注册，子孙永远管业”可知，土地使用权是无期限的，而正因为佃户拥有无期限的使用权，才有权利自行处分该使用权，作为承首人来邀请投资人对土地上所开发的盐井进行合伙经营。②《民国十一年黔川井上下节契约》中，地主即土地所有权人是李如莲，佃户即土地使用权人是黄玉书。根据“今凭出丢与德粲宝灶经手吴守先伙等承首锉办煎烧，子孙永远管业，更名德粲井”可推知，佃户黄玉书从土地所有权人李如莲处所获得的土地使用权是永佃权，而正因为佃户享有永佃权，方可有权做主将自己所拥有的土地使用权无期限的转让给受让人德粲宝灶。③《同治三年济兴井承佃约》中，地主即土地所有权人是杨泰安父子，佃户是李桂堂。根据“主人每月占地脉日份七天，桂堂每月占净日份式十三天，子孙为业，永远管理”可知，正因为土地使用权是无期限的，因此在土地权益分配上佃户足以与土地所有权人相抗衡，即佃户所占日份是23天，远远超过土地所有权人所占日份7天。

(2)永佃权的现实运用——土地承包经营权的永久化

第一，土地承包经营权永久化可以实现农民观念转变。当农民知道自己所承包的土地将面临30年期限限制的时候，他们既很难完成土地收益观念的转变(从按劳分配向按生产要素分配转变)，也很难完成土地资产属性观念的转变(从土地的实有资产属性向土地的虚拟资产属性转变)，更难以完成从初级的土地直接占有向高级的间接占有的占有方式转变。而土地承包经营权的永久化可以为农

① 《嘉庆元年天元井承首人约》，契约全文参见自贡市档案馆、北京经济学院编：《自贡盐业契约档案选辑(1732～1949)》，中国社会科学出版社1983年版，第332页。

② 《民国十一年黔川井上下节契约》，契约全文参见自贡市档案馆、北京经济学院编：《自贡盐业契约档案选辑(1732～1949)》，中国社会科学出版社1983年版，第373页。

③ 《同治三年济兴井承佃约》，同治三年(1864年)，自贡市档案馆藏，档案号：3－5－4016－22。

民收益观念、资产属性观念以及土地价值占有观念的转变留足耐心，为农民解除观念转变的后顾之忧。

第二，土地承包经营权永久化可以弱化土地的身份属性。理论上而言，当土地承包权入股农地股份制经济组织后，一方面可以通过股份制运作吸引社会资本注入；另一方面可以通过为农民进城工作提供现实可能、实现农民身份解放并推动城乡居民的互动性。但土地承包经营权当前的有限性极大限制了农民在未来农地股份制方案下的职业选择权和职业规划机会：一方面农民不得不顾虑土地承包经营权到期后经济收入来源问题，即股权退出农地股份制经济组织后是否会依旧需要通过务农来支撑生活；另一方面农民不得不顾虑土地承包经营权的期限性会打破自己对在城市务工的职业规划。[①] 而土地承包经营权的永久化则可以通过创造农民进城就业或进企业就业的机会与解除农民对生活来源的后顾之忧以实现对土地身份属性的弱化和资本属性的增强。

第三，土地承包经营权永久化可以与股权实现有效衔接。承包地的有限性与股权的永续性存在矛盾，并会在实践中阻碍农地股份制的运作。假若所入股的土地承包经营权期满时恰逢股份制经济组织收益状态最佳时，承包地因调整而撤股不符合效率原则。并且，需要注意的是，每一个农户所承包的土地种类不同、承包开始的时间不同，将导致农民股东用于入股的土地承包经营权期限的不同，农地股份制经济组织将难以平衡期限不同的股东利益，更加不可能以土地承包期为准约定股份制经济组织的解散条件。[②] 而土地承包经营权的永久化则既可以消除行政权力对股份制经营的影响，又可以避免承包经营权的期限性和股权的永续性相冲突。

第四，土地承包经营权永久化可以还农地股份制经济组织完整自由处分权。根据《物权法》第 181 条、第 184 条，《农村土地承包法》第 49 条，以及 2013 年《中共中央关于全面深化改革若干重大问题的决定》可知，从之前的农民对土地承包经营权所享有的处分权受限和农地股份制经济组织无法实现对作价入股的土地承包经营权的自由流转，[③]到《中共中央关于全面深化改革若干重大问题的决定》

---

① 何碧欣："农村土地承包经营权入股法律问题研究"，西南政法大学民商法系 2008 年硕士学位论文，第 15 ~ 16 页。

② 李东侠、郝磊："土地承包经营权入股公司问题的法律分析"，载《法律适用》2009 年第 4 期。

③ 刘俊、周春华："土地承包经营权入股农民专业合作社的三个法律疑难解析"，载《学术论坛》2009 年第 4 期。

中对农地承包经营权处分权的放宽，即可以将承包经营权为抵押等担保行为，可见政府已意识到增强农民作为用益物权人的主体属性的重要性。而除了放开对土地承包经营权流转的限制之外，通过赋予其无期限的土地使用权从而增加其在面对土地所有权人时的谈判力是较好的选择。如能赋予农民对所承包土地永久使用权，则能与集体土地所有权人相抗衡，实现农民稳定的永久的对土地的支配与处分。①

3. 市场化②

(1)“农业集团＋农户”——年限井开凿BOT模式

在第五章中笔者已分析在盐业契约的“出山约”中地主为了保证盐井所有权不旁落他人而采取“客来起高楼、客走主人收”的原始BOT模式。③ 此处以《嘉庆十二年万丰井承佃约》为例分析。根据“年份十三年为准，煎满之日，天地车、柜灶房以及筒索、黄桶、全井交还井主；牛只、家具等不在井份之内”和“自兹以后，井出水、火一二口，以作张姓捣锉使费；三口、四口即行分班”可知，地主无须出锉本费（凿井开发的费用），而且在约定的佃期届满时可无偿享有盐井及其相关附属设施的所有权。④ 受到盐业出山约的启发，本书建议农地股份制采取改良式的BOT模式。具体而言，村集体通过邀约具有农业产业实力的投资方签订合伙创立农地股份制企业的协议，约定：①由投资方出资创立农地股份制企业，制定农地流转计划、根据市场信息决定农业生产计划，而集体和农户则只需扮演股东角色，分取红利；②农户股东从企业创立一开始有权分取红利，但集体股则在投资方经营一段时间使投资方达到成本回收后才参股；③集体一旦参股，便同投资方共享收益共担成本；④约定期限届至，投资方退出合伙企业，由集体享有企业所有权；

---

① 宋志红：“土地承包经营权入股的法律性质辨析”，载《法学杂志》2010年第5期。

② 鉴于2008年中央农村工作领导小组调研之后叫停重庆市当时正在进行的“股田制公司”的改革，农地股份制创新的推进应当避免将组织形式确定为公司。因为在公司组织形式的前提下，将土地承包经营权入股的农民将会面临如下风险：第一，通过土地承包经营权的流转，承包权的授予基础即集体组织成员权资格可能被扩大；第二，农民以土地承包经营权入股后除非发生公司清算事宜无法随意取回土地承包经营权，而一旦公司破产，农民可能面临失去承包地风险；第三，入股公司的农民数量众多，可能违反现行公司法关于股份公司股东人数的规定。因此本书在农地股份制的市场化方案中未提及公司化运作模式。关于公司形式的叫停，参见李东侠、郝磊：“土地承包经营权入股公司问题的法律分析”，载《法律适用》2009年第4期。

③ 出山约，即凿井契约的另称。

④ 《嘉庆十二年万丰井承佃约》，嘉庆十二年（1807年），自贡市档案馆藏，档案号：3－5－4016－10。

⑤村集体承诺在收回农地股份制企业所有权后在农产品销售方面给予原投资方优惠。

这种模式的好处如下：第一，可避免农户在农地流转中因市场信息不对称、对市场机制不熟悉，以及彼此之间达成农业合伙成本高而产生的对市场风险抵御能力微弱的劣势；第二，农业集团既有的专业技术、专业农业生产设备以及丰富人力资源既可以从整体上提高区域农业生产力，也可以带动农户入市熟悉价格机制、供求关系等市场规律；[①]第三，可避免集体资产由于集体所有权的入股而流失。[②]此外，这个模式的最大优点便在于可实现对农民增收贷款难题的克服，因为在当前的金融政策的规范之下，不仅集体土地属于有条件抵押的范围，而且农业设施的折价也不易操作，[③]但集体土地和农业生产设备却是农民所拥有的最有价值的资产。上述模式可最大化利用集体土地和农业生产设备的价值，使其产生如同抵押后的效果。

(2)委托合伙模式——盐业承首人制度

在第七章中，本书曾列举涉及承首人的契约，并分析承首人同地主以及承首人同投资人之间的不同法律关系。“承首人”，所谓“承”，即承佃；所谓“首”，即首领。承首人是指从土地所有权人处承佃土地使用权，并组织投资者开发运营的人。承首人的出现是历史必然，具有承上启下的作用。在盐井开凿和运营过程中当事人数目的增多、盐井规模化经营雏形的初具，以及缺乏专门管理人的情势下，土地所有权人、盐井开发人、盐井投资人之间需要一个枢纽来沟通意见、传递信息、组织生产、总体负责，而承首人便是应盐业经济发展形势而出现的产物。在盐业经济发展初期，承首人只承担着组织生产、总体负责的责任；在盐业经济发展后期，承首人同土地所有权人一样，不再满足于提供生产资料与提供管理技术的角色，而要求参与到盐井合伙运营中，成为投资者群体中的一员。因此视具体盐业合伙组织的情况不同，承首人可以同时或历时承担管理人、组织人、投资人的角色。受到承首人制度启发，本书认为农地股份制的组织形式还可以采取以下方式。第一，由村集体经济组织或村民委员会同具有农业生产经验和专业管理人才的企业签订委托协议，委托该企业作为中介组织引导农民成立合伙组织，农民作

---

① 刘祚祥、陈文胜：“‘股田’合约、资产证券化与土地流转制度创新”，载《求索》2009年第12期。

② 宋志红：“土地承包经营权入股的法律性质辨析”，载《法学杂志》2010年第5期。

③ 杨俊、张晓云：“刍议集体土地使用权抵押制度”，载《农村经济》2011年第7期。

为合伙人可以土地承包经营权、资金、技术等有形或无形资产入股。在这个过程中,中介企业等同于盐业契约中的承首人角色,农民等同于投资人,村集体经济组织的角色等同于盐业契约中希望最大程度开发土地价值的地主。第二,农民股份合伙组织成立后,由中介企业负责日常事务的管理,将合伙组织所得盈利分三部分处理,一部分(建议60%)用于按照农民合伙人所占份额分配红利,一部分(建议20%)用于中介企业的管理人薪酬,一部分(建议20%)用于企业风险基金的储存。第三,当农民股份合伙组织成立一定时间后,可以允许中介组织作为新合伙人入股(或以管理技术入股,或以资金入股),共担风险共享收益。收益的分配和分享是农地股份制的核心所在,必须按照股权比重分配,因为如果依然要靠政府或村集体经济组织进行调配,则违背了农地股份制的设立初衷,使其流于形式。① 当然,此处的中介组织还可以是专门成立的土地信托投资企业或农地信用合作社等。②

(3)农地股份合作社模式

与BOT模式的股份制经济组织所有权逐渐收归集体所有不同,农地股份合作社模式自建立开始就属于集体所有,因此不存在解决因股份制导致集体资产流失的难题。总结现有文献中对股份合作社的设想,主要有以下四种:第一种,社区股份合作社形式,将村集体经营的资产折股,以家庭为单位分配给农户,再由合作社对农户所有的土地承包经营权集中运作;第二种,土地股份合作社,农民将所承包的土地统一通过入股的方式交由合作社经营,合作社则根据各农户入股经营权的权重分配红利;第三种,专业生产合作社,借助龙头企业的技术优势、专业优势、信息优势,带动农户就某一领域的农业生产结成合伙经营组织,从而避免分散经营难以抵御市场风险的可能;③第四种,投资合作社,由集体牵头,吸引社会资本,通过对集体建设用地的流转获取收益,并将收益分配给农户。④ 本书认为第一种和第二种合作社模式固然能够达到一定目的、解决一定难题,但长远看来,治标不

① 孙彬彬:"农户参与分享土地市场化收益的机制研究——论农地股份合作的可行性",复旦大学经济系2009年博士学位论文,第144~145页。

② 廉高波:"农地股份制:我国农村土地流转制度的优化选择",载《西北大学学报》2005年第3期。

③ 四川省都江堰市向峨乡采取此模式。参见冯颖等:"四川震区农地制度创新中农户参与意愿分析——以田间股份制为例",载《软科学》2011年第9期。

④ 孙彬彬:"农户参与分享土地市场化收益的机制研究——论农地股份合作的可行性",复旦大学经济系2009年博士学位论文,第146页。

治本，没有调动农户对于农业生产的积极性，也没有实现对农业现代化经营方式的推动。反而第三种和第四种方式较为灵活，不仅能够有效借助一切可以利用的资源，譬如龙头企业的各种优势，而且可以通过对建设用地和农地的综合运用凸显农地股份制的价值。因此，本书建议，如果要采用农业股份合作社模式来开展市场化运行，则应当结合第三种和第四种的优点：一方面，就农业农地而言，采用第三种合作社模式；另一方面，就建设用地而言，采用第四种合作社模式。

本章小结

盐业契约的现时价值主要体现为对当前社会转型具体路径的启示，细言之，从土地资源的利用上与市民阶层的培育上，盐业契约证明了契约文化可承担转型常量的角色，有效防止社会失范，提供转型期间的价值基准，而土地资本与市民阶层则可承担转型变量的角色，成为变自上而下式主导性转型为自下而上式主动性转型的关键。其中，市民阶层由农民、商人和手工业者构成，农民的市民气质可通过农地股份制方案的实行来培育，商人和手工业者的市民气质则可通过自治组织的建立来强化。

余　论

一切历史都是当代史，中国社会转型的一切资源都可于传统文化中发现自我镜像。如何寻找一条自下而上的转型之路是我国社会转型能否顺利进行的关键，而是否能以契约文化为转型常量、以土地资本与市民阶层为转型变量，是本书关注的重点。

社会转型的根本动因在于人类主观上的完满性与社会客观上不完满性之间的矛盾，在社会转型过程中，会呈现传统因素和现代因素并存、相替代、彼此纠缠、此消彼长的特征，社会只有在承继从传统中所得启示的同时又不断超越传统才能前进。影响社会转型的因素可分为两类：转型常量与转型变量。社会转型常量是贯穿一个国家整个社会转型的因素，不因社会形态的改变而改变，只因社会形态的变迁而更加突出，与国情地域民俗习惯没有直接关系；社会转型变量则是与社会形态紧密结合的，与国情相关的，受到经济文化政治因素直接影响并且也直接影响政治经济文化结构变动的因素，可概括理解为"人"与"物"。本书所探寻的社会转型常量为契约文化，社会转型变量为市民阶层和土地资本。本书所研究的1732～1949年的盐业契约是在地主、投资人、承首人之间基于合意缔结的，以盐井开凿、卤水开采、食盐冶炼为内容的，以买卖、租佃、借贷、合伙为形式的，以给付、作为或不作为为义务的，受到法律保护的债的协议。它以盐业租佃契约、盐业合伙契约为主要形式，凝聚了大量的资本、资源、劳动力，见证了盐业产业的起步、挫折和繁荣。它不仅代表着中国古代契约发展最成熟阶段，也代表着传统契约从古代向近现代转变的阶段。盐业契约文本中所体现出的契约文化，以及盐业契约文化中所体现出的独特制度，都展现出对传统文化因素的承继与突破，更体现出对现代因素的吸收与渴望。盐业契约不仅在不动产交易方面形成了较为成熟的流转制度，通过盐井井基、盐井井灶的买卖、租佃契约建立了不动产交易市场，而且在契约种类方面也是中国古代契约的集大成者，包含以各种盐业生产资料为标的的买卖契约、借贷契约、租佃契约等；盐业契约不仅形成了以权利、动产和不动产为混合标的物的契约种类，而且还出现了近现代才发展成熟的契约种类，比如，盐业合伙契约、盐业凿井投资契约等；盐业契约中不仅体现出“张”，即双方通过契约对权利义务、违约责任等有明确约定，而且体现出“驰”，即双方通过弹性条款的拟定将契约履行过程中的不可知因素以及地方交易文化的影响考量在内；盐业契约不仅具有现代合同的不完全性、超自然经济性、超身份等级性，还在契约内容和契约形式上针对传统契约文化做了相应改进，能够在提供公平磋商平台、规范债权行为、提供纠纷评判证据、弥补法律空白等方面满足盐商需求。

上篇。本书首先通过盐业买卖契约、盐业租佃契约、盐业借贷契约全面展现出当时契约文化对传统因素的发扬和创新。比如，盐业买卖契约虽允许妇女为缔约主体，可又以代表宗族的“堂”为主要单位；比如，标的物以不动产和动产结合为特色，却又糅合有形财产和无形财产（日份）。处于清末的古代租佃契约则从整体上呈现出从依附型契约关系向平等型契约关系过渡的趋势，从盐业人对转佃、预佃、续佃三种方式的灵活运用，可知作为盐业产业重要资源之盐井及井基的流转程度较高。盐业人通过预佃和续佃相结合保证了盐井的开凿和运营始终处于活跃状态，盐业资源更实现了以契约为媒介的市场优化配置资源。但若从盐业租佃契约内容的分析，便可知租佃双方于总体上在权利义务的分配方面仍呈现出不甚平衡的状态，虽在契约基本条款、租赁物维修方面、租赁物返还方面与现代租赁合同相一致，但在转佃条件、添附物所有权归属规则等方面仍然呈现对出佃人权益的保护和对承佃人权利的忽视。盐业借贷契约则佐证了当时商品经济的繁荣，投资人为了从地主处借到资金，综合且灵活的采用抵押、质押、典当、保证的担保方式。这一方面反映出当时社会资源分配的不平均，另一方面反映出“从身份到契约”过渡的历程依旧曲折。

中篇。除了传统契约种类外，盐业契约之所以驱动了当时社会经济形态的转型还有赖于通过年限井开凿契约、上中下节契约、承首人契约和盐业合伙契约所建立的四项制度——原始BOT制度、做节制度、承首人制度，以及盐业合伙制度。原始BOT制度建立于年限井开凿契约基础上，是基于租佃法律关系的、所有权和经营权相分离的制度，它所采取的所有权与经营权相分离、固定期限后不动产经营权收回的开凿模式与现代BOT模式惊人一致，但在动产所有权归属规则方面、固定期限计算方面、契约当事人关系方面则体现出盐业产业的特色。盐业做节制度建立于合伙人与第三方、第四方之间缔结的上中下节契约基础上，既保证了合伙组织的资本充足，亦通过准按份共有关系的达成保证了各方当事人的收益，不仅证明了日份所具有的用益物权性质，而且证明了盐业合伙所具有的强烈的资合色彩。该制度中所体现出来的当事人的流动性、份额处分方式的灵活性，以及法律关系的多元性亦可为我国集体土地制度改良所借鉴。盐业承首人制度则是在盐井开凿和运营过程中随着当事人数目的增多、盐井规模化经营的需要，以及专门管理人缺乏的情势下应运而生的，承首人担当了在土地所有权人、盐井开发人、盐井投资人之间沟通意见、传递信息、组织生产、总体负责的职责。虽然在最初的承首人制度中，承首人身兼二角，既是井基的承佃人，又是开发者合伙中的一员，享有对合伙事务的决定权以及对合伙组织利润的收益权。但随着代理成本的显现，承首人制度逐渐演变为经手人制度，从兼具合伙人和管理人的身份还原成为仅具管理人身份，从而成功消除代理成本产生的根源，更加有利于盐业生产高效稳定发展。盐业合伙制度则建立在合伙契约基础之上，是盐业人为了变现盐业资本、增强对风险的抵抗能力、分担巨额成本而采取的合作开发盐井、推煎食盐的组织形式，它既具有与现代合伙制度相似的特征，亦从合伙方式与合伙财产范围方面体现出盐业人的智慧结晶，尤其是当盐业人意识到民事合伙在面对商业风险时的抵御能力弱、在执行合伙事务方面效率低，以及在合伙内部关系处理方面内耗严重时，他们自我摸索着走上了商事合伙的道路，因此19世纪末20世纪初的盐业合伙与同时期西方的合伙关系相比，在资本积累、风险分担等方面都具有可匹敌的优势，代表了商业发展的较高级阶段。

下篇。本书研究盐业契约及其相关制度的终极目的在于为我国当前的社会转型困境寻找出路，并寻找能够助力转型的常量和变量。结合国情，本书认为常量是契约文化，变量则由人+物构成。变量中的“人”是能够决定我国上层建筑及公私关系的市民阶层，变量中的“物”是能够决定城乡发展步伐与程度的集体土地资本化程度。一方面，就转型变量之“人”而言，自贡盐业契约不仅促进了复杂商业关系的发展，培育了商人阶层，还促进了商业组织在应对不断变化的政治、技术、经济情势基础上的转型。通过盐业买卖契约、盐业租佃契约、盐业借贷契约、盐业上中下节契约、盐业承首人契约、盐业合伙份额契约，尽可能多的人获得了展开商业活动的启动资本，其中包括拥有土地的农民和拥有土地使用权的农民。因此，当盐商阶层随着盐业契约内容的完善而壮大，当土地所有权人和投资人为了整合资源和资金优势而达成合伙协议并不断完善协议内容直至形成样板之后，一个有着共同利益的阶层开始浮现，此即市民阶层。不仅财团的出现从客观上增加了市民阶层的多样性、盐井推煎权持有的分散化扩大了市民阶层规模，而且宗亲合伙的发展也体现出市民阶层的先锋性……从19世纪为了适应市场需求而产生的以资本为基础的合伙关系到19世纪末20世纪初在政治因素和经济因素的共同作用下所发展出的垂直管理的现代公司雏形，盐商阶层完成了从以血缘、宗亲、地域为联系纽带的传统旧式阶层向以资本、劳动力、产业为联系纽带的新式市民阶层的转变。在市民阶层内外关系方面，盐商们则表现出对传统因素的超越：就内部关系而言，他们通过契约结成与现代社会自治组织类似的共同体以实现对阶层内部秩序的维持以及实现对阶层共同利益的争取；就外部关系而言，他们通过“契约 + 市场”的竞争模式和对习惯法的依赖在与公权力博弈上取得了胜利，赢得自由自主的发展空间。诸上种种盐业人在市民阶层培育、发展、壮大的方面以及充实自我以获得与统治阶层协商之能力的方面所付出的努力皆值得现当代社会所学习，更是当前社会转型欲取得成功不可回避的话题——市民阶层的成熟与支持。另一方面，就转型变量之“物”而言，盐业土地资本化的过程为我国集体土地资本化提供借鉴模式。盐业土地资本包括生产过程中投资者投放在盐井开发和经营过程中的货币资本，为了开发盐井和盐井日常运营而积累的生产资本，以及在流通过程中通过食盐销售而获得的商品资本。盐业土地资本化以土地所有权和土地使用权的无期限分离为理论基础，以土地为枢纽，以契约为形式，以市场为运行环境，成功连接资本与劳动力，激发了民众的自由、平等的价值观，实现了资源配置的优化和对公平效率的兼顾。盐业土地资本化运动过程中所建立的“份额制 + 永久使用权 + 市场化”模式更为我国当代集体土地流转体制改良提供了借鉴价值。比如，利用农地股份制可解决当前集体土地流转困境：在“股份制 + 永久使用权制度 + 市场化”的总模式下，农地股份制不仅能够集中土地资源，开展规模化经营和产业化经营，实现农业先进技术的推广适用，还能够通过“集团 + 农户”的模式充分利用集团的市场优势，保证信息获取的及时性和可靠性，从供求关系的变化做出最有利于开拓农产品销路和提高农产品产量的商业决策，增加农产品的多样性、提高农产品竞争力，提供十足的自下而上的转型动力。其中，盐业上中下节契约中所形成的做节制度可解决农地股份制的入股资格确定的难题，永佃权制度在补漏集体土地资本运动的缺失环节、弱化土地的身份属性、与股权的长期性相衔接等方面证明了土地承包经营权的永久化科学且可行，而年限井开凿契约所体现的 BOT 模式、子孙井契约中所体现的承首人制度则为农地股份制的市场化方案提供了借鉴价值。

我国千百年来向往“维新”的思想已经引领着国家在保持忧患意识下的前进并取得了无数傲人成就。现在，是时候放下“崇新”的意识拾起“尚旧”的意识了，从传统契约文化中发掘能够助力当今社会转型的资源。

附录一　所涉习惯法汇总

1. 关于缔约原则。一般会在契约尾部书“彼此同意欣允，并无勉强情形”、“自合伙之后，同心协办，彼此并无异言”，以及“所有井上事件，伙等相商办理”。可知契约双方重视契约自由和缔约平等，不希望有任何胁迫、不自愿的情形发生，尤其是在合伙事务的执行上，一般会书“本井如向官府抵押贷款，必须取得双方同意，方能生效”等条款，重视所有合伙人平等参与决策的权利，涉及合伙关系未来发展重大方向的决策须由双方达成合意后方可执行。

2. 关于缔约诚信。出佃人一般会明确的在契约首部告知对方租赁物目前已被出佃的状况。譬如，“民国三十七年天成井预续佃约”中的“其井现佃与尹四全推办壹轮年限为满，俟至丙辰年九月卅日退满期限”和“光绪丁未年海流井预出佃约”中的“此井先年出佃，尚有年限数年未满”，当事人均在契约中告知对方租赁物当前的状况，即处于原佃约未到期，租赁物已出佃尚未交还给主人的状态。

3. 关于锉井费用。出佃人一般享有不负担盐井任何锉井费用的权利，而承佃人则负有全力负担锉井费用的义务，因此在契约中常见“下锉费用，由客人完全负担”的条款。

4. 关于租金。盐业契约中的租金性质特别，兼具押金性质。当承佃人按照约定用途使用租赁物并实现租约目的时,出佃人会将租金退还,并转而以股份租的方式获益。

5. 关于基址提供。盐场惯例,虽然地主不出锉费,但双方当事人会有“地主出井、车、灶及牛棚、偏厦、楻桶、过江、财门、柜房、盐仓、地坝、廊厂……一切基址”的约定,即出佃人负有提供基址以及盐井生产相关设备的义务。

6. 关于承佃人自由决策权。除了收益权,盐业契约中较特别的便是赋予承佃人的自由决策权。租佃双方一般约定承佃人在盐井见功后若遇见盐井资源贫瘠无法就已有深度产出卤水或天然气之时,就是否继续下锉盐井,承佃人有完全的自主决策权,出佃人不得强迫承佃人下锉。此即所谓“井老水枯,或下锉与否,随客自便,所有下锉使费,照三十天派出”。

7. 关于优先购买权。盐业契约中常见两类优先购买权:承佃人优先购买权和合伙人优先购买权。就前者而言,双方一般约定“客人不得购买;如有外人收买,客人不得片面交井”,即出佃人欲将盐井出售给外人时,租佃期满后承佃人不得自行将盐井交付第三人,而必须先交还出佃人;就后者而言,双方一般约定“如有出佃者,照厂规,先尽伙内承佃”,即盐井合伙内部须满足合伙人优先购买权。

8. 关于限制分红。出佃人一般负有限制分红的义务,即当盐井出微火、微水的时候,不得进班,而要允许投资人将井出微火、微水所得用于清偿凿井欠下的债务与支付劳动力费用等用途。此约定也是为了保证投资人不至在产出微水、微火后因土地所有权人的分班而丧失后续追加投资的能力。

9. 关于限制分班。当井见大功土地所有权人进班分红后,如果双方分伙经营,则有可能竭泽而渔,即为了满足自己日份推煎的需求而不顾盐井的可持续产出能力,亦不顾另一方在推煎盐井时是否能够获得相应的产出量,因此合伙契约双方一般会约定限制双方分伙经营的条款,即“须主、客相商合办,不得分班”。

10. 关于租赁物维修。(1)盐业租佃契约双方当事人一般会约定“本井木柱浸漏,客人扦正;如发现棚崩,客人刁下,主人照耽延日期、用度数目,核计年限敷补”,即租赁物出现问题一般由承佃方负责维修,但可根据自己在租赁物维修中所付出的成本、所耽误的天数,向出佃方要求敷补日期即延长租佃期限。并且如果是“灶房朽坏”则由地主出瓦桷木料,客人出工资饭食,如果“灶房倒塌”,则由出佃人培修,承佃人无须承担责任。(2)对于租赁期限的延长,最长期限是20年,即“所有井内一切耽延,概在二十年限内,不得再言敷补”。

11. 关于酬神挂红费用。契约中常见“如井有微水、微火,以作下节客人缴井之资;俟后井成大功,除缴井、报课、挂红、酬神演戏、修立廊厂、牛只等项余有鸿息，应照三十天均派均分”的约定，此乃惯例，即如若盐井出功，须先将井见微功的收益用于酬神，以祈求在接下来阶段中好运连连、井见大功。

12. 关于苛捐杂税。盐场一般有“随灶办纳”、“随井办纳”的惯例，即自契约生效后，所有苛捐杂税均由实际运营人即承佃人担负。

13. 关于通行地役权。不论是租佃契约，还是转佃契约，出佃人都负有对承佃人在自己产业内通行使用的容忍义务，即契约中常见的“其有四围地基，凡在主人业内，无论井见大小水、火，各灶修竖灶房、柜房、盐仓、楻桶、阴阳笕路、进水码头、安置水笕横安竖插、修砌车子，及人畜吃水、滚水堰塘，人畜出入路径、堆渣放卤、抬锅运炭、牵扯风蔑、取土取石，及一切应用基址，凡在主人业内，均无阻滞”。土地所有权人为保证契约目的的实现，愿意对自己所有土地的使用进行限制，容忍投资人按照有利于契约目的实现的方式使用土地。

14. 关于生产风险。在上中下节契约中，即在股份的重组和裂变中，盐商对于生产风险的承担有如下习惯做法：当上节进班后，同下节一道分担盐井的生产风险。换言之，在盐井见大功后，如果时运不济复又只产微水、微火，则上节不得以此为理由退出合伙，而须同下节一道负担开凿费用，履行出资义务。此即所谓“如井老水火微弱，复行下锉，仍照厂规三十天日份派逗；如有拖延不逗哲，任随承首人或伙等抬办，或觅主外顶，不得生端异说”。

15. 关于转佃。同现代转租合同不同，盐业契约的转佃人一般不会退出原佃约（鉴于盐业产业投入大收益见效慢的特色），不会将自己在原佃约中所佃得的租赁物全部转租出去，而会存留一部分推煎营业。当两份佃约限满之日，转佃约中的承佃人便应按照约定向转佃人履行交还租赁物的义务，而由转佃人则应按照原佃约向井主履行交还租赁物的义务。

16. 关于租赁物交还。盐业租佃契约双方当事人一般会约定“本井所有天地二车、草车房一向、瓦灶房一向，限满时照样交还”，即出佃方有租期届满要求承佃方原样交还租赁物的权利，而承佃方则负有向出佃方按时按原样交还租赁物的义务。

17. 关于借用物交还。盐业租佃契约双方当事人一般会约定“本井动用家具客人借用，另立点单，限满时照样交还；如有损坏，客人赔偿”，即如果为了盐井生产需要，承佃方可以在出佃方业内借用必需物品，但出佃方有要求承佃方于期满按照借用清单原样交还借用物的权利以及当承佃方违约时要求赔偿的权利。相应地，承佃方则对出佃方负有期满按时、按原样、按清单交还借用物的义务，以及未按时、按原样、按清单交还时按约赔偿的义务。

18. 关于红土灶身。所谓红土灶身，即是在推煎盐井的过程中所积累起来的含有盐分的土壤，十分珍贵。因此关于红土灶身的条款一般都是契约中的必备条款。红土灶身一般属于佃主所有，故承佃人负有不破坏、不挖取、不转卖红土灶身的义务，而出佃人则享有对承佃人在佃期内对红土灶身所做贡献的所有权。

19. 关于地上新增物。对于承佃人在土地上为了盐业生产之需要而增建的不动产，契约双方一般有"客人如有建筑房屋，限满时自行拆去，主人不得异说"的约定，即承佃人负有恢复原状的义务，即当租约到期的时候，不得要求出佃人对自己在承佃期间因为推煎盐井需要所建造的建筑物进行购买，而必须自行拆去，将佃主业内恢复到租赁之前的状态。如若土地所有权人在缔约时处于绝对优势，更会提出"增建天车廊厂所有费用，客人担负，年满由井主无顶打接受，不得借故拆去"的条款，即承佃人不仅向出佃人负有增建锉井、推煎盐井日份所必须的天车廊厂的义务，而且还向出佃人负有租赁期满不得借故拆除天车廊厂的义务。出佃人则享有在佃期届满时无偿拥有所增建之天车廊厂的权利，以及阻止承佃人在届满前或届满时将所增建的不动产拆去的权利。而对于承佃人增建之动产，譬如机车和锅炉，则"机车锅炉，由客人自安自拆，不与主人相涉"，即承佃人负有自行购置推煎卤水所需之机车锅炉的义务。出佃方不提供任何设备。

20. 关于内事外债。若是租佃契约，则一般有"出佃之后，如有内事不清、外事不明，主人负责理楚，不与客人相涉"的约定，即由出佃人负责产权瑕疵等事宜的处理，不论该租佃物是权利还是动产抑或不动产。如果有第三人针对租赁物发出权利诉求，则由出佃人负责与第三人相商解决，不能损及承佃人的利益。相应地，承佃人则享有不被第三人就租赁物进行困扰、阻碍的权利。同理，若是转佃契约，则由转佃人负责。

21. 关于合伙股份转让。盐场对合伙股份的被动转让和主动转让都有习惯做法。(1)在合伙股份主动转让规则方面，盐井合伙允许股份自由转让，但必须遵循伙内优先的规则，即不论是对股份的全部转让还是对股份的部分转让，都必须先满足伙内人的需求，当伙内无人愿意受让时，才可转让给伙外第三方，此即所谓"如有不能逗工本者，或出顶，或分上、中、下节锉办，先尽伙内；无人承顶，方准顶外人"。(2)在合伙股份被动转让规则方面，具体规则如下：第一，前提条件是有合伙人拖欠出资；第二，为了避免耽误盐井开锉进度，该合伙人所拖欠的出资将由其他合伙人垫付；第三，盐井一旦见功，将按照其他合伙人在对该合伙人出资上所垫付的比例将该合伙人所占份额应分得的收益归入其他合伙人所有;第四,对于该拖欠出资的合伙人,在扣除其拖欠出资之后若仍余有锅份,将交还其本人。此即所谓“即或派逗工本不按月如数逗足者,任凭伙内抬做:一经见功,计众伙所垫工本数目摊占锅份若干,归入众伙;至欠工本者,扣除锅份外,所余锅份方与本人,不得按照合约所占锅份执字索取”。

22.关于合伙股份的可继承性。如果是年限井,则股份不可继承;如果是子孙井,则股份可继承。此即所谓“但注册承课,二十四口各立名榷纳,子孙永远管业”。

23.关于解约权。按照盐场惯例,契约双方在有限的范围内享有解约自由。(1)出佃人解约权。在承佃人满足以下三种情形时,出佃人可以单方面解约:其一,在“设只取承佃之名,在六个月内尚不开工”以及“约在满一年以后,尚未动工淘锉,承佃即失淘锉效力,出佃人即有接回之权”情形下,即承佃人未履行及时动工义务时,或在契约成立后6个月内或1年内仍未开始开凿盐井时,对方享有单方面解约权;其二,在“再迟到一年期内犹不陈报盐务主管动工,乃系承佃人有意迟缓,出佃人即将稳租没收……以后出佃或自办,不受承佃人之拘束,承佃人无告诉之权抗拒出佃人”情形下,即承佃人未及时履行注册义务时,对方有权单方面解约;其三,在“如开办以后因事停搁,所停日期扣满一年,如不工作亦失承佃效力,出佃人有收回自主之权”情形下,即当承佃人违背勤勉义务时,对方有权单方面解约。(2)对解约权的限制。契约中常见“自成约后,水火消涨,盐政改变,各听天命,无赎无悔”的约定,即无论哪一方均负有不随意解约的义务。因为对盐井的经营与对一般不动产的经营不同:一方面,盐井状况的好坏直接影响卤水的质量以及产量,而且这种状况是无法预测的;另一方面,官方对食盐生产、食盐销售的政策会影响卤水的价格。因此,在盐业契约中,一般会事先约定,如若在缔结契约之后,遇见盐井的产量大增或者大降,双方都不得以此为理由毁约。虽然这个条款看似是对双方解约权的限制,但是实际上,承佃方不会轻易解约,因为在缔结租佃契约之后,承佃方已经投入大量的资金、人力、物力来组织生产,即便盐井产量微弱,也不会轻易放弃,但出佃方则不同,很难保证出佃方在看到所佃出的盐井日份井见大功之时不会反悔,要求承佃方撤出业内,返还所承佃的日份而改由自己推煎营业。因此,此约定更多的是针对出佃方。

附录二　所涉盐业契约术语释义

B

帮井:部分灶户自产井卤量不足,须租佃他人所有的盐井以获取卤水。

报课使费:按照官府要求,向相关部门缴纳课税。

C

场伙:合伙设灶煎盐。

厂规:盐场在交易习惯基础上所形成的习惯法。　25,33,78,79,85,99,107,125,147,148,170,173,224,238,239

出山约/出山契/过岗契:投资者与地主合伙开凿盐井的有固定期限契约。　76,86,228

D

杜卖:又称绝卖、杜顶、扫卖、出卖,是指永不赎回的出售。　17,18,44,49－54,56,58,60,61,121,210,213

底钱:盐井开凿之前所做准备的各项费用总称。　144

大口:开凿小口深井的第一道工序。　109

兑水:汇兑卤水。

逗楚:斗出、凑齐。

打水/踩水:取卤。

出推/推佃:租佃、出租。

佃井/典井:租佃盐井。 25,82,108,126,141,143,147,149,150

地脉日份/地脉锅份:地主所占的日份。 4,24,99,121,134,136,143,144,146–148,150,163,173,200,209,226

F

分班:分别推煎,合伙关系终止。 4,30,33,83,104–106,108,113,117,145,146,160,162,164–166,179,200,211,228,238

分关:分期。

G

过价:汇兑卤水要收的费用。

工本日份/客日份/开锅水份:投资人所占的日份或锅份。 4,24,146,147,150 144,145,164,226

H

伙等:股东。 30,63,68,70,80,115,125,127–132,137,148,150,161,167,168,223,224,226,237,239

伙佃:合伙租佃。 92,167,180,181

花车:盐车。

红土灶身:灶身四周的土壤,长期在盐卤的浸泡下逐渐形成了含卤愈来愈重的土壤,用来浸泡之后形成的水可以用来煎盐,是灶户在煎盐过程中的副产品。 70,73,74,79,84,86,87,108,240

伙内抬做:对不履行出资义务者较为有效的惩罚,虽未将其合伙人身份褫夺但从根本上剥夺了该合伙人继续分享收益的权利。 4,161,173,174,241

J

价值银:押金。

进班/起班:地主正式获得对盐井的收益资格,开始享受合伙人权利承担合伙人义务。 4,25,76,80–82,86,106–110,113,115–117,122–124,126–128,130,132,134,135,147,148,150,152,157,164,166,169,179,191,201,238,239

家伙滚子:承首人专门使用的凿井、治井工具。 142,143,145,150

226 –228,231,234,235,237 –241,256,257

团首日份/乾日份/浮锅水份:从地脉日份中拨出的承首人日份。

X

辛力钱:垫支资本中承首人报酬。

小灶户/烧灶户:有灶无井者。

Y

盐商:随着盐业产业发展而逐渐浮现的一个因盐致富的阶层。 2,4,6,17,36,38 –40,88,90,119,137,140,157,194 –201,233,235,239,257

预卖:将一定期限后才兑现的日份提前出卖。一般发生在凿井过程中或井见功后,出卖人将自己尚在租佃期内的所占份额(日份)予以出卖,待租期届满后由买受人接受管业。 5,49 –51,56 –58,60,61

摘卖:出卖人对自己所有的全业有保留的出售。 23,49 –51,54,56,58,60,61,121,210,213

一井三基:盐井及地基、厂基、灶基。 18,44,66,109,115,163,166,167,180,209

以灶统井:井灶一体,煎盐的灶户可以同时兼营汲卤之业。

押头/押山银/稳租钱:押金。 82,104,105,109,117,125,127,129,145,166,211,212

押借/借押/押业/信借:借贷。 4,21,26,54,90,92 –99,126,210

Z

灶户:有井有灶者。 86

招检:查明是否存在有账目未清的现象。

坐煎:客人可建房居住,限满该不动产亦不归地主所有。

子孙井:无固定期限租约的盐井。 7,24,28,31,103,112 –114,119,122,127,131,139,140,164,208,209,211,213,225,236,241

租盐/水租:佃盐。

租水/卤租:以产卤多少确定租金的计租方式。 76

住凿起煎:所谓住凿,指凿井;所谓煎,指用卤水煎盐。住凿起煎即凿井成功便开始推卤水煎盐。 105,211

参考文献

一、中文类参考文献

(一)著作类

1. 费孝通著:《乡土中国》,三联书店2013年版。

2. 冯卓慧著:《罗马私法进化论》,山西人民出版社1992年版。

3. 郭正忠著:《中国盐业史》,人民出版社1997年版。

4. 纪丽真著:《明清山东盐业研究》,齐鲁书社2009年版。

5. 黄风著:《罗马私法导论》,中国政法大学出版社2003年版。

6. 梁慧星著:《中国物权法研究》,法律出版社2000年版。

7. 梁漱溟著:《中国文化的命运》,中信出版社2010年版。

8. 梁治平著:《清代习惯法:社会与国家》,中国政法大学出版社1996年版。

9. 刘云生著:《中国古代契约思想史》,法律出版社2011年版。

10. 刘云生著:《制度变异与乡村贫困》,法律出版社2012年版。

11. 刘祖云著:《从传统到现代:当代社会转型研究》,

湖北人民出版社 2000 年版。

12. 李倩著:《民国时期契约制度研究》,北京大学出版社 2005 年版。

13. 马俊驹、余延满著:《民法原论》,法律出版社 2005 年版。

14. 梅仲协著:《民法要义》,中国政法大学出版社 1998 年版。

15. [荷]皮尔·弗里斯著:《从北京回望曼彻斯特:英国、工业革命和中国》,苗婧译,浙江大学出版社 2009 年版。

16. 任桂园著:《从远古走向现代:长江三峡地区盐业发展史研究》,巴蜀书社 2006 年版。

17. 史尚宽著:《民法总论》,中国政法大学出版社 2000 年版。

18. 舒瑜、王铭铭著:《微"盐"大义:云南诺邓盐业的历史人类学考察》,世界图书出版公司 2010 年版。

19. 孙建三、黄健著:《遍布盐井的都市:遍布盐井的都市:抗战时期一座城市的诞生》,广西师范大学出版社 2005 年版。

20. 苏号朋著:《美国商法》,中国法制出版社 2000 年版。

21. 佟柔著:《中国民法》,法律出版社 1990 年版。

22. 唐坚著:《崛起中的自贡盐业》,四川人民出版社 2006 年版。

23. 吴斌、宋平著:《以四川近现代盐业史料为中心:盐业纠纷解决研究》,巴蜀书社 2012 年版。

24. 吴斌、支果著:《中国盐业契约论——以四川近现代盐业契约为中心》,西南交通大学出版社 2007 年版。

25. 许慎著:《说文解字》,中华书局 1992 年版。

26. 杨桢著:《英美契约法论》(修订版),北京大学出版社 2000 年版。

27. 尹华江著:《贡井盐业历史文化研究文集》,四川大学出版社 2010 年版。

28. 叶孝信著:《中国法制史》,北京大学出版社 1996 年版。

29. 周俐、吴琦著:《清代广东盐业与地方社会》,中国社会科学出版社 2008 年版。

30. 周枏著:《罗马法原论》,商务印书馆 1994 年版。

31. 曾凡英编:《盐文化研究论丛》(第 1 辑),四川出版集团巴蜀书社 2005 年版。

32. 张玉敏著:《民法》,高等教育出版社 2007 年版。

33. 张传玺著:《中国历代契约会编考释》,北京大学出版社 1995 年版。

34. 郑玉波著:《民法债权各论》,台北,三民书局股份有限公司 1996 年版。

35. 朱勇著:《清代宗族法研究》,湖南教育出版社 1987 年版。

36. 自贡市档案馆、北京经济学院编:《自贡盐业契约档案选辑(1732 ~ 1949)》,中国社会科学出版社 1983 年版。

(二)译著类

37. [意]彼得罗·彭梵著:《罗马法教科书》,黄风译,中国政法大学出版社 1992 年版。

38. [美]贝思·辛格著:《实用主义、权利和民主》,王守昌译,上海译文出版社 2001 年版。

39. [英]巴里·尼古拉斯著:《罗马法概论》,黄风译,法律出版社 2000 年版。

40. [美]哈罗德·伯尔曼著:《法律与革命——西方法律传统的形成》,贺卫方等译,中国大百科全书出版社 1993 年版。

41. [英]亨利·梅因著:《古代法》,沈景一译,商务印书馆 1959 年版。

42. [美]麦克尼尔著:《新社会契约论》,雷喜宁、潘勤译,中国政法大学出版社 1994 年版。

43. [意]桑德罗·斯契巴尼著:《契约之债与准契约之债》,丁玫译,中国政法大学出版社 1998 年版。

44. [美]M. E. 泰格、M. R. 利维著:《法律与资本主义的兴起》,纪琨译,学林出版社 1996 年版。

45. [美]约翰·怀亚特著:《美国合同法》,汪仕贤等译,北京大学出版社 1980 年版。

46. [英]约翰·密尔著:《论自由》,于庆生译,中国法制出版社 2000 年版。

47. [德]马克思、恩格斯著:《马克思恩格斯全集》,中共中央马克思恩格斯列宁斯大林著作编译局编译,人民出版社 1997 年版。

(三)期刊类

48. 邴正:"从发展社会学的视角看中国的社会转型",载《社会科学战线》2009 年第 2 期。

49. 陈霄等:"中国城镇土地资本化路径创新:基于社会主义经济转型发展的视角",载《社会主义研究》2011 年第 3 期。

50. 陈融:"论'约因论'在英美法系的衰落",载《现代法学》2007 年第 4 期。

51. 陈英:"中国农村土地制度的变革与创新",载《黑龙江社会科学》2005 年第2期。

52. 陈年冰:“合伙企业财产的法律性质”,载《宁夏社会科学》2004年第9期。

53. 蔡文钦:“试论川南盐业资本家的经济价值观”,载《盐业史研究》2009年第6期。

54. 蔡峰华:“股东部分行使优先购买权问题探究——兼论有限责任公司股权转让限制的立法价值取向”,载《北京市政法管理干部学院学报》2003年第1期。

55. 程延军、杜海英:“论中国古代契约法律制度的基本特征及成因”,载《内蒙古大学学报》2007年第3期。

56. 丁钰:“清代盐法的公法问题管窥”,载《盐业史研究》2009年第6期。

57. 但小红:“古代契约制度与现代合同制度之比较”,载《甘肃政法学院学报》2004年第10期。

58. 方文:“现有农村土地流转与产权制度变革困境的理论解析”,载《湖北农业科学》2010年第8期。

59. 冯颖等:“四川震区农地制度创新中农户参与意愿分析——以田间股份制为例”,载《软科学》2011年第9期。

60. 付微明:“习惯法精神及其对中国传统乡村治理的作用和影响”,载《暨南学报》2013年第8期。

61. 关海庭、刘莹:“中俄传统政治文化与社会转型比较研究”,载《北京大学学报》2013年第3期。

62. 高海:“土地承包经营权入股的法律性质探析”,载《法学论坛》2011年第5期。

63. 葛杨:“马克思土地资本化理论的现代分析”,载《南京社会科学》2007年第3期。

64. 郭德宏:“中国现代社会转型研究评述”,载《安徽史学》2003年第1期。

65. 何晓星、王守军:“论中国土地资本化中的利益分配问题”,载《上海交通大学学报》2004年第4期。

66. 贺卫方:“‘契约’与‘合同’的辨析”,载《法学研究》1992年第2期。

67. 贺雪峰:“中国农村社会转型及其困境”,载《东岳论丛》2006年第3期。

68. 贺雪峰:“村民组与农民行动单位”,载《中国农史》2005年第4期。

69. 贺汉魂、王泽应:“论私有化土地流转的不道德性——《资本论》的土地流转观及其伦理蕴含探析”,载《经济问题》2009年第6期。

70. 贺汉魂、王泽应:“论非私有化是土地流转的必然选择——从《资本论》看土地流转”,载《农村经济》2009 年第 10 期。

71. 侯猛:“转型社会的乡村法律民族志:方法与对象”,载《清华法律评论》2006 年第 1 期。

72. 黄海:“论赋予农民双重地权下的土地永佃权”,载《求索》2005 年第 1 期。

73. 霍存福、刘晓林:“契约本性与古代中国的契约自由、平等——中国古代契约语言与社会史的考察”,载《甘肃社会科学》2010 年第 3 期。

74. 霍存福:“中国古代契约精神的内涵及其现代价值”,载《吉林大学社会科学学报》2008 年第 5 期。

75. 贾志民等:“市民社会与中国法治社会的构建——从商事社会向市民社会转型的法理学思考”,载《河北师范大学学报》2007 年第 6 期。

76. 江启疆:“论西方向法治社会转型的演进”,载《法学家》2006 年第 2 期。

77. 江平、龙卫球:“合伙的多种形式和合伙立法”,载《中国法学》1996 年第 6 期。

78. 江平、孔祥俊:“论股权”,载《中国法学》1994 年第 1 期。

79. 姜涌:“德语语境中的‘市民社会’概念”,载《广东社会科学》2011 年第 1 期。

80. 姜爱林、陈海秋:“近年来中国农村土地股份合作制研究评述(2000 ~ 2006)”,载《南京农业大学学报》2007 年第 1 期。

81. 姜栋:“论罗马法契约制度的发展”,载《河南省政法管理干部学院学报》2006 年第 2 期。

82. 李华:“近代四川盐业生产关系的特点”,载《盐业史研究》2011 年第 6 期。

83. 李东侠、郝磊:“土地承包经营权入股公司问题的法律分析”,载《法律适用》2009 年第 4 期。

84. 李德、郝秋华:“断裂与弥合——社会转型理论及对中国当前社会发展的反思”,载《党政干部学刊》2008 年第 8 期。

85. 李伟:“富荣地区盐业经济中资本主义生产关系的萌芽和发展”,载《盐文化研究论丛》2005 年第 1 辑。

86. 李玉生:“中国古代法与现代民法债和契约制度的比较研究”,载《法学家》2005 年第 5 期。

87. 李拥军:“论市民社会的权利——对个人、社会、国家权利关系的一种解析”，载《华东政法学院学报》2005 年第 4 期。

88. 李力：“清代语境中‘业’的表达及其意义”，载《历史研究》2005 年第 4 期。

89. 李力：“清代民间契约中关于‘伙’的观念和习惯”，载《法学家》2003 年第 12 期。

90. 刘燕、万欣荣：“中国社会转型的独特性分析”，载《中国经济问题》2011 年第 5 期。

91. 刘承韪：“契约法理论的历史嬗迭与现代发展——以英美契约法为核心的考察”，载《中外法学》2011 年第 4 期。

92. 刘祚祥、陈文胜：“‘股田’合约、资产证券化与土地流转制度创新”，载《求索》2009 年第 12 期。

93. 刘俊、周春华：“土地承包经营权入股农民专业合作社的三个法律疑难解析”，载《学术论坛》2009 年第 4 期。

94. 刘云生：“永佃权之历史解读与现实表达”，载《法商研究》2006 年第 1 期。

95. 刘笃才：“中国古代民间规约引论”，载《法学研究》2006 年第 1 期。

96. 廉高波：“农地股份制：我国农村土地流转制度的优化选择”，载《西北大学学报》2005 年第 3 期。

97. 梁治平：“习惯法、社会与国家”，载《读书》1996 年第 9 期。

98. 彭久松：“以四川自贡盐业合资经营为代表的中国契约股份制之框架式研究”，载《四川师范大学学报》1993 年第 5 期。

99. 戚攻：“论社会转型中的‘边缘化’”，载《西南师范大学学报》2004 年第 1 期。

100. 孙泽建：“从‘对象化转型’到‘漫游式转型’——近现代中国政治社会转型中的‘欠缺范式’及其超越”，载《南方论丛》2013 年第 4 期。

101. 孙育玮、张善根：“法制现代化与社会基础之重构——从乡土社会向市民社会转型的法理学思考”，载《政治与法律》2003 年第 3 期。

102. 宋志红：“土地承包经营权入股的法律性质辨析”，载《法学杂志》2010 年第 5 期。

103. 苏梅芳：“古典契约论与现代契约论的关系”，载《求索》2007 年第 4 期。

104. 宋林飞：“中国社会转型的趋势、代价及其度量”，载《江苏社会科学》2002 年第 6 期。

105. 沈亚平:"社会转型:从依附走向自主",载《社会科学论坛》2003 年第 12 期。

106. 王雪梅:"清代自贡盐业契约中习惯法实施的保障机制探析",载《盐文化研究论丛》2009 年第 4 辑。

107. 王琳、孟庆瑜:"传统中国社会自治组织探微",载《广西社会科学》2012 年第 12 期。

108. 王冰:"中国农村社会转型模式、特征和趋势分析",载《经济学家》2007 年第 4 期。

109. 吴斌:"盐业契约中的习惯法研究",载《盐文化研究论丛》2007 年第 2 辑。

110. 吴斌、陈惠:"盐业契约自由与国家干预之初探",载《盐文化研究论丛》2008 年第 3 辑。

111. 吴斌等:"盐业契约承首人制度研究",载《四川理工学院学报》2007 年第 2 期。

112. 吴斌:"盐业契约论——以自贡盐业井开凿契约为例",载《盐文化研究论丛》2005 年第 1 辑。

113. 汪崇筼:"自贡盐业与徽州商业契约文书的比较",载《盐业史研究》2011 年第 3 期。

114. 熊毅军:"关于当代社会转型研究的法哲学立场——从'礼俗社会'与'法理社会'之划分谈起",载《法制与社会发展》2005 年第 4 期。

115. 杨宏力、宁朝山:"西方不完全契约理论前沿进展",载《江苏社会科学》2012 年第 5 期。

116. 杨松涛、王彦章:"19 世纪末 20 世纪初中国商人阶层的崛起",载《学术交流》2010 年第 4 期。

117. 杨在军、张岸元:"关于近代中国股份制起源的探讨",载《江西社会科学》2003 年第 1 期。

118. 于建星:"罗尔斯契约论方法批判——兼论古典契约论与现代契约论",载《社会科学论坛》2010 年第 10 期。

119. 余明:"浅议富荣盐场的近代化",载《盐业史研究》2010 年第 9 期。

120. 乜小红:"论我国古代契约的法理基础",载《中国社会经济史研究》2009 年第 2 期。

121. 张洪林:“清代四川盐井买卖契约”,载《现代法学》2011 年第 12 期。

122. 张康之:“基于社会转型的制度重建之构想”,载《天津社会科学》2013 年第 4 期。

123. 张雪娥:“资本维持规则的困境与出路”,载《山东社会科学》2011 年第 11 期。

124. 张姗姗:“中国古代契约主体资格的限制及其文化分析”,载《河北法学》2011 年第 10 期。

125. 张静:“近代乡村商人阶层的崛起及其社会经济影响——以潍县帮商人为例”,载《中国农史》2006 年第 1 期。

126. 赵旭东:“从社会转型到文化转型——当代中国社会的特征及其转化”,载《中山大学学报》2013 年第 3 期。

127. 郑佳明:“中国社会转型与价值变迁”,载《清华大学学报》2010 年第 1 期。

128. 郑杭生:“改革开放三十年:社会发展理论和社会转型理论”,载《中国社会科学》2009 年第 2 期。

129. 郑杭生:“学术话语权与中国社会学发展”,载《中国社会科学》2011 年第 2 期。

130. 邹亚莎:“从一田二主到永佃权——清末民国民法对永佃制的继承和改造”,载《政法论坛》2010 年第 6 期。

131. 周显志、陆露:“试论我国合伙财产的立法定位”,载《河北法学》2005 年第 7 期。

132. 周世中、吴国萍:“当代中国社会结构的转型与和谐社会的建立”,载《学术论坛》2005 年第 4 期。

133. 周鸿:“阶级阶层形成理论探析”,载《学术探索》2005 年第 2 期。

134. 支果、李曜曜:“论传统契约中的契约理念——以四川自贡盐业契约为例”,载《四川理工学院学报》2008 年第 6 期。

135. 支果:“浅析盐业合伙契约的民间法特色——以四川自贡盐业契约为例”,载《四川师范大学学报》2007 年第 11 期。

136. 朱敏、王海明:“个体、社会与乡村社会转型”,载《晋阳学刊》2009 年第 4 期。

二、外文类参考文献

(一)著作类

137. A. R. Bridbury, *England and The Salt Trade in the Later Middle Ages*, Oxford, Oxford Press, 1955.

138. Hu Biliang, *Informal Institutions and Rural Development in China*, London and New York, Routledge, 2007.

139. Man Bun Kwan, *The Salt Merchants of Tianjin: State – making and Civil Society in Late Imperial China*. Hawaii, University of Hawaii' Press, 2001.

140. Madeleine Zelin, *The Merchants of Zigong: Industrial Entrepreneurship in Early Modern China*, Columbia, Columbia University Press, 2005.

141. Madeleine Zelin and Joanthan Ocko, *Contract and Property in Early Modern China*, Stanford, Stanford University Press, 2004.

142. Thomas Gold et al eds, *Social Connections in China: Institutions, Culture, and the Changing Nature of Guanxi*, Cambridge, Cambridge University Press, 2002.

(二)论文类

143. Dan Guttman, "Governance by Contract: Constitutional Visions: Time for Reflection and Choice", *Public Contract Law Journal*, Vol. 33. No. 2, 2004.

144. Gary Hamilton, "Competition and Organization: A Reexamination of Chinese Business Practices", *Journal of Asian Business*, Vol. 12, No. 1, 1996.

145. Jonathan Ocko, "The Missing Metaphor", in Madeleine Zelin, Jonathan Ocko and Robert Gardella (eds), *Contract and Property in Early Modern China*, Standford, 2004.

146. Man Bun Kwan, "Custom, the Code, and Legal Practive: The Contracts of Changlu Salt Merchants in Late Imperial China", in Madeleine Zelin, Jonathan Ocko and Robert Gardella (eds), *Contract and Property in Early Modern China*, Standford, 2004.

147. Madeleine Zelin, "A Critique of Rights of Property in Prewar China", in Madeleine Zelin, Jonathan Ocko and Robert Gardella (eds), *Contract and Property in Early Modern China*, Standford, 2004.

148. Madeleine Zelin, "Managing Multiple Ownership at the Zigong Salt Yard",

in Madeleine Zelin, Jonathan Ocko and Robert Gardella(eds), *Contract and Property in Early Modern China*, Standford, 2004.

149. Philip Huang, "Centralized Minimalism: Semiformal Governance by Quasi Officials and Dispute Resolution in China", *Modern China*, No. 1, 2008.

150. Peerenboom Randall, "Social Networks, Rule of Law and Economic Growth in China: the Elusive Pursuit of the Right Combination of Private and Public Ordering", *Global Economic Review*, Vol. 31, 2002.

151. Robert Gardella, "Contracting Business Partnerships in Late Qing and Republican China", in Madeleine Zelin, Jonathan Ocko and Robert Gardella(eds), *Contract and Property in Early Modern China*, Standford, 2004.

后　记

本书出版之日，距自己博士毕业恰两年。虽在高校任教，内心却依然是学生。无数次翻看博士学位论文，无数次梦回学生时代。从本科到博士，若是要依母校传统，我便属“古墓派”传人。犹记博一随导师刘云生教授赴自贡调研盐业契约，当时便为盐业契约文化的国际性、时代性、唯一性所吸引，并为其中所蕴含的传统契约文化、产业制度及其对现时中国社会转型之价值所震撼，遂决定将其作为博士学位论文选题进行深入研究。痴迷至极，即便是在博二远赴英国杜伦大学攻读硕士学位时，亦愿意将所搜集的盐业契约资料悉数装入行囊。还清楚记得博士学位论文功成之日，自嚎是“轻舟已过万重山”。然毕业后，随着持续对自贡盐业契约文化的研究，方感受到“轻舟未过万重山”。对于盐业契约这个宝藏而言，我还未发掘出它的2/3。于是在这两年的时光中，继续沉心静气钻研与写作。本书便是在博士学位论文的基础上作重大修改而成。

自贡盐业契约的珍贵之处便在于其集唯一性、国际性与时代性于一身。

它具有唯一性。自贡盐业文化圈是通过契约的构建与传承助力民族工业自主自强发展并成功实现近代化转型的唯一区域，其所采取的“契约＋市场”发展模式不仅培育了中国工商业发展的新力量和新网络，而且强有力地推动了中国社会的近代化转型。言其具有唯一性，还因其内在理论体系具有唯一性，本书第二章至第四章所展开的自贡盐业契约类型化研究的着力点正在于此。出现于清朝末年的自贡盐业契约代表着中国古代契约发展的最成熟阶段，也代表着传统契约从古代向近现代转变的阶段。它不仅在契约种类方面是中国古代契约的集大成者，而且还出现了近现代才发展成熟的契约种类，并形成了以动产、不动产、财产权利为综合标的物的契约。

它具有国际性。既为中国社会近代化转型的典范，自贡盐业契约的国外影响力自然无须赘言。它是一个新的研究视域，通过它不仅可还原历史，更重要的是可引导我们从历史的原型中发现助力中国社会近代化转型的必备因素，为中国当前的转型方向与转型价值理念提供借鉴与启示，本书第五章至第八章所展开的自贡盐业契约制度创新研究的着力点正在于此。庞大的盐业契约体系围绕着盐业产业资本的集聚和集中而运行，自贡盐业契约所构建的价值体系与制度创新也因此而具有国际性。自贡盐商仅通过契约便实现了资本、资源和人力的可持续结合，更在无政府干预的情况下借助契约文化实现了区域自治，创造了辉煌的盐业文明。可见，无论是在国际汉学研究领域还是在民法史学研究领域自贡盐业契约研究均有可能继“敦煌学”与“徽学”之后成为显学。研究自贡盐业契约无论是从技术层面，还是从社会经济发展层面都可有力矫正国外学界、文化界、政界对中国社会发展所持有的根深蒂固的偏见与谬论，破除西方中心主义论者的盲目优越感。

它具有时代性。自贡盐业契约所展示的并非仅是盐业产业的交易活动，而是资源与资本的可持续结合、盐商阶层的逐渐崛起，以及对当时社会转型的推动作用。本书第九章所展开的自贡盐业契约现时价值研究的着力点正在于此。一方面，经由自贡盐业契约所建立的盐文化圈不论是在农业产业结构转型上、农民职业转型上，还是在农业社会结构转型上都有值得现代社会转型借鉴之处。例如，年限井开凿契约中土地所有权人和投资人之间建立的“客来起高楼、客走主人收”的模式可为我国集体土地制度所借鉴；又如，自贡盐业契约缔约主体对身份依附性的突破以及土地所有权人在合伙中控制性地位的确立更提示了我国如何利用土地资产来强化村集体对农村经济发展的导向力。另一方面，自贡盐业契约反映了盐商阶层如何形成并成为推动社会经济形态转型的中坚力量以及如何通过共同体的缔结强化民众对平等和自由的追求，这些对现今社会转型价值观体系的注塑上均有借鉴价值。

却顾所来径，苍苍横翠微。感谢导师刘云生教授，硕博时光均在恩师门下度过，无论在治学上、科研上，还是生活上，恩师的严谨认真、潇洒乐观令我敬佩，亦令我自省。感谢我的父母，他们一直以来的理解与支持令我安心求学与工作。感谢我的先生张若曦博士，他的欣赏与爱护令我对未来充满信心。感谢何勤华教授与法律出版社财经分社沈小英社长，承蒙前辈们的提携与帮助，书稿才得以有幸收入《比较法文丛》。感谢法律出版社陈妮编辑，在她的辛勤付出下，书稿才得以顺利付梓。最后，一并感谢给予过我帮助的师长与朋友，滴水之恩，珍藏心间。

未来路遥，披荆斩棘，欢歌勇进。

徐　文

2016 年 5 月　绵阳　守初阁

图书在版编目(CIP)数据

自贡盐业契约研究/徐文著．—北京：法律出版社，2016.6
(比较法文丛/何勤华主编)
ISBN 978-7-5118-9638-4

Ⅰ．①自…　Ⅱ．①徐…　Ⅲ．①制盐工业—契约—研究—自贡市　Ⅳ．①D927.713.364

中国版本图书馆CIP数据核字(2016)第142115号

自贡盐业契约研究	徐　文　著	策划编辑　陈　妮 责任编辑　陈　妮 装帧设计　李　瞻

开本 720毫米×960毫米　1/16　　**印张** 17　　**字数** 280千
版本 2016年6月第1版　　**印次** 2016年6月第1次印刷
出版 法律出版社　　**编辑统筹** 财经出版分社
总发行 中国法律图书有限公司　　**经销** 新华书店
印刷 北京京华虎彩印刷有限公司　　**责任印制** 吕亚莉

法律出版社/北京市丰台区莲花池西里7号(100073)
电子邮件/info@lawpress.com.cn　　销售热线/010-63939792/9779
网址/www.lawpress.com.cn　　咨询电话/010-63939796

中国法律图书有限公司/北京市丰台区莲花池西里7号(100073)
全国各地中法图分、子公司电话：
第一法律书店/010-63939781/9782　　西安分公司/029-85388843
重庆公司/023-65382816/2908　　上海公司/021-62071010/1636
北京分公司/010-62534456　　深圳公司/0755-83072995

书号：ISBN 978-7-5118-9638-4　　**定价**：53.00元
(如有缺页或倒装，中国法律图书有限公司负责退换)